易播教育 ◎ 编著

直播带货
从入门到精通

北京大学出版社
PEKING UNIVERSITY PRESS

内容提要

本书由浅到深，由点到面地讲解了直播带货的多种实用技能，内容丰富、全面、实用，全书共分为十六章。第1章主要讲解了直播前需要了解的基本知识，第2章主要讲解了个性化主播人设的打造方法，第3章主要讲解了选品策略与上架法则，第4章主要讲解了直播间的场景布置技巧，第5章主要讲解了运营好直播间的9大因素，第6章主要讲解了直播带货必备的场控技巧与话术，第7章主要讲解了在抖音上高效带货的方法与技巧，第8章主要讲解了主播账号的定位方法，第9章主要讲解了利用短视频来带货的方法，第10章主要讲解了引流涨粉的方法与技巧，第11章主要讲解了利用DOU+精准投放的技巧，第12章主要讲解了使用手机拍摄与制作短视频的技巧，第13章主要讲解了通过社群为直播引流涨粉的方法，第14章主要讲解了通过社群管理维护粉丝的方法，第15章主要讲解了如何通过社群变现的方法，第16章主要讲解了利用图文配合直播带货的方法及案例。

本书不仅适合想进入主播行业的读者、主播新人、直播销售人员、销售经理，以及各大电商学院、高职高专电商专业的学生阅读，也适合有兴趣研究互联网直播营销的读者阅读，同时还适合作为图书馆收藏、企业教育的资料。

图书在版编目（CIP）数据

直播带货从入门到精通 / 易播教育编著. — 北京：北京大学出版社，2021.9
ISBN 978-7-301-32543-8

Ⅰ.①直… Ⅱ.①易… Ⅲ.①网络营销 Ⅳ.① F713.365.2

中国版本图书馆 CIP 数据核字 (2021) 第 190544 号

书　　名	直播带货从入门到精通 ZHIBO DAIHUO CONG RUMEN DAO JINGTONG
著作责任者	易播教育　编著
责任编辑	张云静　刘倩
标准书号	ISBN 978-7-301-32543-8
出版发行	北京大学出版社
地　　址	北京市海淀区成府路 205 号　100871
网　　址	http://www.pup.cn　新浪微博：@北京大学出版社
电子信箱	pup7@pup.cn
电　　话	邮购部 010-62752015　发行部 010-62750672　编辑部 010-62570390
印刷者	三河市博文印刷有限公司
经销者	新华书店
	787 毫米 ×1092 毫米　16 开本　22 印张　357 千字 2021 年 9 月第 1 版　2023 年 3 月第 3 次印刷
印　　数	6001—8000 册
定　　价	69.00 元

未经许可，不得以任何方式复制或抄袭本书之部分或全部内容。
版权所有，侵权必究
举报电话：010-62752024　电子信箱：fd@pup.pku.edu.cn
图书如有印装质量问题，请与出版部联系，电话：010-62756370

前言

"忽如一夜春风来,千树万树梨花开。"不经意间,直播热潮已席卷全球,闯入大众的视野,成为互联网生活的新时尚。而直播也与越来越多的行业相结合,创造出新时代的经济奇迹。其中,直播带货是最为直观也是最为火爆的营销形式,各路高手纷纷在镜头前大显神通,在为商家销售了大量商品的同时,也为自己赚取了高额的佣金,让无数人向往。那么,要进入这个方兴未艾的行业,主播应了解哪些知识与技能,才能少走弯路,迅速成为带货高手呢?

有的人可能认为直播带货并没有什么高深的地方,只要主播颜值高,一切都不成问题。这种观点不能说错,颜值高的确有助于销售。但实际上很多带货大咖仅仅是五官端正,颜值一般,但同样创造了千万销量,可见"功夫在诗外",真正让他们赚钱的,其实是表达技能、营销技巧等内在能力,而这些正是本书要着重讲解的知识。

本书由浅到深、由点到面地讲解了直播带货的多种实用技能,如人设打造、直播间布置、高效选品、直播话术、账号运营、视频策划与制作、粉丝吸引与管理、社群营销与变现等。意在全面地帮助读者建立对直播带货的认知,系统地帮助读者掌握与直播带货相关的技能和技巧,让读者迅速上手,从一开始就赢在起跑线上,轻松成为带货行家。本书主要内容写作于2020年10月到2021年2月,因直播行业仍处于不断发展中,所以本书中的内容可能与最新内容稍有不同,还望读者谅解并不吝赐教。

本书由具有丰富经验的图书策划导师三虎老师策划和指导,汇集了六位知名电商直播导师多年的实战技能和教学经验。六位导师覆盖了目前直播领域较火的淘宝、抖音与快手三大平台,也是三大平台的签约授课老师。他们不仅自身在电商领域创业发展,同时也在积极地参与主播的培养项目,通过实战培训,帮助品牌方和商家更快地做好直播转型,目前已帮助上百家知名品牌及数千家中小企业孵化主播。

目 录

第1章 直播带货"前戏"有哪些 001

1.1 选择适合自己的直播带货平台 002
- 1.1.1 淘宝直播 002
- 1.1.2 京东直播 003
- 1.1.3 拼多多直播 004
- 1.1.4 抖音直播 004
- 1.1.5 快手直播 005

1.2 新手直播带货易踩的雷区 007
- 1.2.1 违反平台对主播相关行为的规范 007
- 1.2.2 违反《中华人民共和国广告法》的相关规定 007
- 1.2.3 无意义挂机,无交流互动 009
- 1.2.4 直播间恶意导流 010
- 1.2.5 "三天打鱼,两天晒网" 011

1.3 带货主播必备的"直播工具" 012
- 1.3.1 拍摄工具 012
- 1.3.2 其他工具 016

1.4 直播间布光 017

第2章 如何快速成为网红大主播 019

2.1 带货网红的分类 020
2.2 塑造个性化的带货主播人设 023

2.2.1	为什么要打造主播人设？	023
2.2.2	什么是直播间人设？	024
2.2.3	规划主播人设的三要素	025
2.2.4	5个维度打造主播人设	026

2.3 头部主播的销售逻辑　　　　　　　　　　　　　　028

2.4 网红带货主播的硬核"撒手锏"　　　　　　　　　033

第3章 提升直播间销量的秘籍　　　　　　　　　　037

3.1 销量翻30倍的直播间选品规则　　　　　　　　　038

3.1.1	直播间的"人、货、场"定律	038
3.1.2	直播间的选品策略	039

3.2 解密网红直播间商品的结构与排序逻辑　　　　　041

3.2.1	直播间商品的结构	041
3.2.2	直播间商品排序的"黄金法则"	042

3.3 策划高转化率商品的优惠方案应遵守4个原则　　044

3.4 提高粉丝复购率的6大要点　　　　　　　　　　047

3.5 做好这几点，可大大降低直播间的退货率　　　　050

3.5.1	导致直播间粉丝退货的原因	050
3.5.2	如何降低直播间退货率？	052

3.6 组建一个强有力的直播团队是直播间高销量的保障　054

3.6.1	直播团队的人员配置	054
3.6.2	直播团队各岗位的职责	055

第4章 带货直播间的场景布置技巧　　　　　　　　059

4.1 如何布置让粉丝过目不忘的直播场景？　　　　　060

4.1.1	如何提升直播间"人"的魅力？	060
4.1.2	直播间"货"的展示技巧	062

4.1.3　直播间"场"的布置技巧　　066
　4.2　不同购物场景对于消费者心理的影响　　070
　4.3　直播间场景的视觉冲击　　076
　　　4.3.1　直播间商品的陈列摆放对粉丝的视觉冲击　　076
　　　4.3.2　直播间的色彩搭配对粉丝的视觉冲击　　077
　4.4　多元化场景设置更让粉丝心动　　078
　　　4.4.1　室内直播间场景的多元化设置　　078
　　　4.4.2　户外直播间场景的多元化设置　　081

第5章　必知必会的直播运营基本技能　　085

　5.1　如何设置令人"一见钟情"的直播封面　　086
　　　5.1.1　制作直播封面的要点　　086
　　　5.1.2　直播封面的制作技巧和思路　　087
　5.2　如何写出让粉丝"难舍难分"的直播标题？　　089
　5.3　如何选择合适的直播标签让粉丝更精准？　　094
　　　5.3.1　直播标签的流量分配规则　　094
　　　5.3.2　选择直播标签的具体方法　　096
　5.4　如何发布让销量翻倍的直播预告？　　098
　5.5　如何策划"完美"的直播脚本？　　101
　5.6　如何做好直播间内容，让粉丝"流连忘返"？　　104
　　　5.6.1　优质直播内容的标准是什么　　104
　　　5.6.2　优质直播内容的五要素　　105
　5.7　影响直播间权重的因素　　106
　　　5.7.1　直播间权重的分类　　107
　　　5.7.2　直播间在线数据　　108

5.7.3　直播间留存数据　　109
　　5.7.4　直播间转化数据　　113
5.8　直播间快速涨粉的诀窍　　116
　　5.8.1　直播间吸引粉丝的4大元素　　116
　　5.8.2　直播间的涨粉技巧　　118
5.9　如何进行直播数据复盘？　　121
　　5.9.1　直播数据分析　　122
　　5.9.2　直播经验总结　　124

第6章　直播带货必备的场控技巧与话术　　125

6.1　如何快速带动直播间的气氛？　　126
6.2　主播如何解决冷场和尬播问题？　　128
6.3　主播应如何巧妙回答粉丝提出的问题？　　130
6.4　主播应掌握的直播间欢迎话术　　132
　　6.4.1　直播间欢迎话术总结　　133
　　6.4.2　16个直播话术顺口溜　　134
6.5　让销量翻倍的直播话术　　135
　　6.5.1　打动粉丝的产品介绍：痛点+卖点+场景展示　　135
　　6.5.2　制造紧张气氛，激发购买欲望，让粉丝主动下单　　136
　　6.5.3　消除疑虑，给粉丝购买的理由　　138

第7章　解密抖音推荐机制，轻松玩转抖音卖货　　139

7.1　抖音核心功能简介　　140
　　7.1.1　开通抖音账号　　140
　　7.1.2　开通商品橱窗功能　　140
　　7.1.3　开通直播功能　　143

- 7.1.4 DOU+ 的使用 　144
- 7.1.5 企业蓝 V 号的功能 　145

7.2 解密抖音推荐机制，轻松获取流量　148
- 7.2.1 抖音的推荐机制 　148
- 7.2.2 获取更多基础流量 　149
- 7.2.3 获取更多叠加流量 　149
- 7.2.4 时间效应 　150

7.3 如何避开降权限流的雷区？　151
- 7.3.1 弘扬正确的价值观 　151
- 7.3.2 对于未成年人的监管 　151
- 7.3.3 刷粉问题 　152
- 7.3.4 发布内容时的注意事项 　152

7.4 抖音卖货必须重点关注两点　154
- 7.4.1 抖音重点关注的 8 大违规行为 　154
- 7.4.2 抖音禁止分享的商品目录 　155

第8章 精准定位账号，利于引流和推广　157

8.1 认识账号定位　158

8.2 身份角色定位　162
- 8.2.1 账号名字 　162
- 8.2.2 设置头像 　163
- 8.2.3 个性签名 　164
- 8.2.4 设计背景图 　165

8.3 性格风格定位　166
- 8.3.1 擅长型的性格风格 　167
- 8.3.2 包装型的性格风格 　167

8.4 内容类别定位　　168
 8.4.1　知识分享类　　169
 8.4.2　教学教程类　　169
 8.4.3　幽默搞笑类　　170
 8.4.4　剧情段子类　　171
 8.4.5　颜值圈粉类　　171
 8.4.6　商品测评类　　172

8.5 表现形式定位　　173
 8.5.1　图文形式　　173
 8.5.2　讲解形式　　174
 8.5.3　采访形式　　174
 8.5.4　剧情形式　　175
 8.5.5　Vlog形式　　176

第9章　策划有吸引力的短视频内容，让点击量飙升　　177

9.1 分析抖音账号及消费者　　178
 9.1.1　分析账号类型　　178
 9.1.2　分析消费者　　180
 9.1.3　分析粉丝类别　　182

9.2 视频内容心电图　　185
 9.2.1　找共鸣　　185
 9.2.2　抓痛点　　186
 9.2.3　存争议　　187
 9.2.4　有需求　　187

9.3 内容策划的"套路"　　188

9.3.1	短视频的封面图和标题	188
9.3.2	留下 Bug	189
9.3.3	留下记忆点	190
9.3.4	场景化	191
9.3.5	人物的身份反差	192

9.4 打造吸睛的短视频文案 193

9.4.1	6 类短视频文案	193
9.4.2	用九宫格裂变法撰写文案	195

第10章 让账号上热门，快速涨粉 197

10.1 提升账号权重，获得更多流量 198

10.1.1	抖音账号权重决定了视频播放量和点赞量	198
10.1.2	高权重的抖音账号更容易上热门、涨粉和被推荐上首页	199
10.1.3	新手如何在短时间内提升账号权重？	199

10.2 3招教你快速给账号打上标签，获得更多精准流量 201

10.2.1	产出对用户有价值的内容	202
10.2.2	定期更新原创视频	205
10.2.3	账号垂直，内容风格统一	205

10.3 带你轻松上热门、涨粉、赚流量 210

10.3.1	抖音视频上热门的规则	210
10.3.2	抖音付费让视频上热门的方法	211
10.3.3	抖音视频上热门推荐的技巧	212
10.3.4	解读 3 种不同的热点事件	213
10.3.5	新手蹭热点的 4 个注意事项	216

10.4 7 大方法教你蹭首页热门流量、快速涨粉 217

10.4.1　找准抖音热门　217
10.4.2　利用抖音合拍功能蹭热门流量　218
10.4.3　发起挑战赛增加热点　219
10.4.4　巧发定位增加爆发量　220
10.4.5　借助热点文案增加曝光度　221
10.4.6　模仿同行做同款热门视频　222
10.4.7　通过拍摄技巧来增加视频热度　224

10.5　短视频与直播配合上热门　225
10.5.1　通过直播提升账号权重　225
10.5.2　案例：短视频+直播　226

第11章　DOU+精准投放、精准曝光　229

11.1　如何选择发布视频的黄金时间？　230
11.1.1　抖音用户公认的黄金时间　230
11.1.2　在黄金时间段发布视频的技巧　231

11.2　DOU+的主要功能与投放形式　233
11.2.1　DOU+的主要功能　233
11.2.2　DOU+的投放形式　234
11.2.3　DOU+投放无法过审的原因　235

11.3　DOU+精准投放的技巧　237
11.3.1　抖音账号粉丝画像分析　237
11.3.2　按粉丝画像做精准推广投放　237
11.3.3　将内容投放在同行精准人群面前　238
11.3.4　根据目的进行系统智能投放　239
11.3.5　如何实现投放效果最大化？　239

第12章　用手机拍摄与制作短视频　241

12.1 拍摄高品质的短视频就这几招　242
- 12.1.1　设置手机分辨率，保证视频高清　242
- 12.1.2　锁定对焦、调整曝光度，保证视频画面品质　242
- 12.1.3　6种运镜手法，让短视频拍得更精彩　243

12.2 制作优质短视频的实用技巧　244
- 12.2.1　添加字幕　245
- 12.2.2　给视频配音　246
- 12.2.3　给视频添加音乐　248
- 12.2.4　给视频添加滤镜　250
- 12.2.5　调整视频比例　251

第13章　如何通过社群为直播引流？　253

13.1 六大诱饵策略设计　254
- 13.1.1　诱饵要有门槛　254
- 13.1.2　诱饵要有付出　255
- 13.1.3　诱饵要有价值　257
- 13.1.4　诱饵要有关联　258
- 13.1.5　诱饵要有品质　261
- 13.1.6　诱饵要有理由　261

13.2 如何利用共同兴趣快速建群圈粉？　262
- 13.2.1　案例：小面馆如何借船出海　262
- 13.2.2　借船出海的具体操作步骤　263

13.3 9大吸睛大法让客户主动加你　265
- 13.3.1　发广告　265
- 13.3.2　巧问答　266

- 13.3.3 化尴尬   267
- 13.3.4 @大法   268
- 13.3.5 增熟悉   269
- 13.3.6 先擒王   270
- 13.3.7 表情包   270
- 13.3.8 传声筒   271
- 13.3.9 无招之招   272
- 13.4 如何通过免费知识引流   272
  - 13.4.1 借助资讯平台的免费知识引流   272
  - 13.4.2 巧用微信群做免费知识引流   275

第14章 如何通过社群管理维护粉丝？   277

- 14.1 如何通过分工"说相声"，让群营销更轻松？   278
  - 14.1.1 社群成员的组织结构   278
  - 14.1.2 如何通过"说相声"提升社群的活跃度和成交率？   278
- 14.2 如何规范日程表，使社群运营标准化？   280
  - 14.2.1 社群营销的重要时间节点   280
  - 14.2.2 社群运营的内容规划   281
  - 14.2.3 社群运营日程规划的注意事项   283
- 14.3 如何通过"变魔术"，让客户充满期待，保持社群热度？   284
- 14.4 如何通过将"特别的爱给特别的客户"，和客户成为朋友？   287
  - 14.4.1 特别的爱给特别的客户   287
  - 14.4.2 巧设客户备注，以方便查找   288
  - 14.4.3 1分钟学会建立客户信息档案   290

第15章 如何通过社群变现？   293

- 15.1 通过"社群+直播"方式实现粉丝集中成交   294

15.2 利用"营销七部曲"进行剧本式营销   296
15.2.1 剧本式营销的执行路线   296
15.2.2 剧本式营销的策划表   298
15.2.3 剧本式营销的要点   299

15.3 让客户主动发朋友圈的4个绝招   300
15.3.1 制造新奇美景   300
15.3.2 提供拍照道具   302
15.3.3 替客户走心表达   302
15.3.4 爆款产品夺睛   303

15.4 巧妙提醒和引导客户拍照分享的7个技巧   304

第16章 如何通过图文配合进行直播带货？   309

16.1 图文结合的三大目的   310
16.1.1 图文内容"种草"，加深粉丝对商品的印象   310
16.1.2 借助图文宣传短视频和直播活动   313
16.1.3 通过图文影响用户决策，实现带货   313

16.2 九宫格、海报和长文章   314
16.2.1 九宫格形式   314
16.2.2 海报形式   315
16.2.3 长文章形式   316

16.3 图文配合直播营销的5大重点渠道   317
16.3.1 微信   318
16.3.2 今日头条   320
16.3.3 微博   322
16.3.4 手机淘宝订阅   324
16.3.5 小红书   327

16.4 案例实战：多平台配合直播玩法 328
16.4.1 利用手机淘宝订阅"盖楼"活动向粉丝"种草" 329
16.4.2 利用店铺私域营销渠道，助力"盖楼"活动 331
16.4.3 品牌联合营销，助力"盖楼"活动 333
16.4.4 利用图文微博，助力"盖楼"活动 334
16.4.5 利用今日头条、微信公众号进行直播预热与总结 335

第1章 直播带货"前戏"有哪些

随着直播行业的爆发,由于进入门槛较低,大量新人在对直播行业一无所知的情况下盲目进入。他们以为只要把手机一架,就可以直播赚钱了,然而真正做直播时却发现很迷茫。本章将从直播平台的选择、新人如何不犯错、如何为账号定位以及直播工具的准备这四个方面,为新人解答在做直播前需要做好哪些准备工作。

随着大量平台和资本的进入,直播行业已经从草根成长为社会主流,成为流量汇聚之地。2019—2020年,电商平台纷纷加强直播功能,希望通过直播重新塑造平台,占领流量的制高点;同时也希望通过直播实现用户和平台的双赢。作为即将跨入直播行业的我们,接下来就让我们进入直播的世界吧!

1.1 选择适合自己的直播带货平台

目前,主流的直播平台分为两大阵营:电商类平台和泛娱乐平台,如图1-1所示。电商类平台除了最早的淘宝直播以外,还有京东、拼多多、唯品会等。泛娱乐平台主要有抖音和快手,而其他的娱乐平台目前还没有电商直播带货的功能(如斗鱼、花椒直播),也不具备粉丝购物的氛围。

图1-1 直播平台

1.1.1 淘宝直播

淘宝可以说是中国最早开始进行电商直播的平台,这得益于淘宝自身的电商基因。虽然淘宝至今仍保持着最大的电商直播交易份额,但坦白来说,淘宝并没有建立起非常活跃的直播氛围,这可能是因为淘宝对直播商家的入驻有较高的要求。

2020年之前,淘宝直播分为店铺直播和达人直播两大类。店铺直播就是我们通常所说的天猫店铺直播和淘宝店铺直播。达人直播则是指具有达人资格的人开通的直播,必须经过淘宝官方认证的直播机构开通具有直播权限的账号才能直播。无论是店铺还是达人,都必须通过严格的审核才能开通直播。

2020年3月,淘宝直播取消了店铺直播和达人直播的门槛,所有店铺和个人都可以在淘宝上开通直播。开通淘宝直播的方法如下。

(1)下载并安装"淘宝主播"APP,然后按照图1-2所示的步骤进行注册。

图1-2 "淘宝主播"APP注册页面

（2）入驻点淘，以前需要选择三种类型，分别是商家、档口以及达人，但经过改版后，目前的入驻方式变得更为简单，只要经过实名认证即可以入驻。

> **名师点拨**
>
> 淘宝已经建立了一套较为完善的直播管理体系，有部分类目属于限制类目，是无法开通直播功能的，例如：成人用品、网络游戏点卡、游戏服务、医疗器械、计生用品等。另外，如果新开淘宝店铺且无销量的商家在开通时会碰到无法校验类目的问题，入驻反馈提示为类目不符，这需要等到店铺有销量之后，再来开通。

1.1.2 京东直播

京东是以自营和POP（Platform Open Plan，平台开放计划）商家为主的电商平台，但无论是自营还是POP商家，目前都没有知名的直播IP主播。

京东直播主要针对的是入驻京东的商家，平台默认所有商家都有直播权限。在京东平台的后台找到"京东直播"，直接进入即可。平台商家也可以通过京东内容开放平台，申请相应权限之后即可进入京东直播。

与淘宝直播一样，京东直播也可以通过京东的直播机构入驻，成为主播，模式与淘宝直播相同。不过京东直播目前还没有开放个人主播入驻权限，而是主要服务于平台的商家及签约的直播机构。在资源分配上，京东更倾向于直播机构，因为从机构中培养出红人的可能性远高于从商家中培养。

值得注意的是，京东的"京喜"社交电商平台也推出了直播功能，主要服务于京东和京喜平台上的商家。京喜直播的入驻门槛更低，只要是京东商家或者档口商家（具有批发市场的商家），都可以无门槛开通直播。更低的门槛、更自由的规则，使大家在京喜直播平台里会有更多机会。无论你是个小工厂、贸易公司还是档口，都可以去京喜平台尝试直播。

1.1.3 拼多多直播

拼多多目前已经成为国内第二大电商平台，其独特的运营模式，帮助拼多多打开了中国的下沉市场。拼多多也通过"农村包围城市"的战略，超越了京东，处于风头正盛的时候。拼多多基本以三、四、五线城市及农村市场为主，因此对产品的性价比要求会比较高。如果你拥有高性价比的产品（比如，你是工厂、档口或贸易商），那么拼多多也许是个不错的选择。

2019年下半年，拼多多推出了多多直播，只要是拼多多的商家，都拥有直播权限，都可以随时开启直播。另外，拼多多也正在组建自己的直播机构体系，目前有较大的发展空间。通过近两年的飞速发展，拼多多在下沉市场有了不小的影响力。随着平台的逐渐成熟与下沉市场人群的成长，拼多多必然会对产品、服务、品质提出更高的要求，对于一些商家来说应该还会有很多的机会。

拼多多直播也分为三种类型：商家、达人和机构。目前占比最大的还是商家直播，达到近80%；达人直播与机构直播的体量较小。如果你已经拥有拼多多店铺，那么建议你赶紧开启直播，因为前期较容易获得平台流量的扶持。

1.1.4 抖音直播

抖音作为目前最火爆的短视频平台之一，仅仅用了一年时间，就成为日活（每天活跃用户数）4亿的主流APP。无论是在街头、地铁还是商场，几乎所有的场景都能看到有人在玩抖音。作为现象级产品，同时又天生带有直播基因，抖音走上直播电商之路也是很容易的。

众所周知，抖音能赢得用户的青睐，主要是靠短视频。抖音是通过"短视频聚粉，直播变现"这样一条快捷而简单的途径崛起的。但在火爆的2019年，抖音并未把直播作为主要的变现途径，而是试图通过短视频链接商品的形式，以内容对用户进行种草。虽然这样做可以通过建立多个账号，运用矩阵带货的模式，但这样的带货模式很难让大部分商家掌握。因此在2019下半年，抖音被快手的直播电商所碾压。于是在2020年，抖音开始大力布局直播带货，并成功签约罗永浩、董明珠等名人的直播首秀，同时也成立了电商部门，专门推动直播电商的发展。可以预见，抖音直播的爆发期即将到来。

抖音作为一个短视频娱乐平台，它与淘宝、京东、拼多多这类购物平台最大的不同，就是它没有建立成熟的商城后台。因此，目前抖音主要是通过链接淘宝、京东店铺来卖货的。不过，抖音也在打造自己的抖音小店，随着抖音小店购物功能的不断完善，抖音直播也会有更大的发展空间。

目前开通抖音直播权限的方法非常简单，只要是年满18周岁的成年人都可以申请开通直播功能。与其他电商平台不同的是，在抖音平台开通直播功能后，还需要开通商品橱窗功能，这样才可以在直播中售卖产品。要开抖音小店，就必须提供企业营业执照。

1.1.5 快手直播

快手是国内第二大短视频平台，日活用户达3亿。快手和抖音已经成为短视频领域的两大巨头，不过两个平台的差异还是相当大的，无论是用户人群还是平台定位和变现方式，都完全不一样。快手的用户以三、四线城市和小镇青年为主，而抖音的主要使用人群在一、二线城市；快手平台以记录和分享生活为主要定位，而抖音以记录美好生活为定位；快手平台的主要收入来自粉丝对主播的礼物打赏，虽然是短视频平台，但走的是直播秀场模式，抖音平台的主要收入来自商业推广，付费的是企业，而不是使用抖音的用户。基于用户人群、平台定位以及变现方式的特点，快手平台更容易诞生草根级主播，因此，快手是目前对于草根创业者或者个人创业者最为友善的一个平台。

在2018年年底，快手主播"散打哥"在快手首届"卖货节"当天直播带货的销售额是1.6亿元，由此引爆了整个社会对快手直播带货能力的关注度。2018年淘宝主播小薇（某头部主播化名）"双11"直播带货的销售额是3.3亿元，但快手当时并没有给"散打哥"太多的流量资源，他全凭自己的粉丝，而小薇是由淘宝给予巨大的流量扶持而打造出来的，相比之下，快手可谓一鸣惊人。2019年，快手直播带货形成了星火燎原之势。

目前快手在打造自己的快手小店的同时，也在借助淘宝、京东的货源体系。快手的主播既可以将商品上传到快手小店，也可以直接链接到淘宝或京东。

名师点拨

通过前面的介绍，相信你已经对目前主流的直播平台有所了解。每一个平台都有它独特的优缺点，我们可以利用表1-1所示的表格来选择自己适合的平台。

● 表1-1 直播平台的选择

参考因素	淘宝	京东	拼多多	抖音	快手
你是企业	✓	✓	✓	✓	✓
你是个人			✓	✓	✓
你只有一个人且不愿意入驻机构				✓	✓
你有团队或你愿意入驻机构	✓	✓	✓		
你有较强的内容创作愿望，期望打造自己				✓	✓
你只想卖货，没有精力做其他的	✓	✓	✓		
你的产品是标品且竞争激烈	✓	✓	✓		✓
你的产品有调性且有溢价	✓	✓		✓	

除了本章介绍的几个主流的电商直播平台之外，还有很多小型的电商直播平台，如小红书、蘑菇街、微信等，这里就不一一介绍了。但无论我们选择哪一个直播平台，都需要从自身的特点和拥有的资源考虑，才有可能成为直播平台上一颗璀璨的明珠。

直播作为一个新兴行业，每时每刻都在发生变化，这也给商家或个人提供了很多直播的商机，有时行动比选择更加重要，此刻正在看书的你，是否已经开始规划自己的直播事业了呢？

1.2 新手直播带货易踩的雷区

直播带货作为一个新兴行业，从开始的局面混乱到现在的逐步规范，过程中伴随着种种非议，直至今日，各个直播平台仍在不断地推出新规，用于完善直播中出现的各种问题。作为一名新手主播，初入平台首先要了解各个平台的直播规则，了解直播中常犯的错误，这样才能避免触碰直播平台的红线。下面将为大家罗列新手主播容易触碰的5个直播雷区，以免大家在直播过程中"踩雷"。

1.2.1 违反平台对主播相关行为的规范

主播容易触碰的第一个雷区就是违反平台对主播相关行为的规范。根据大多数直播平台的规定，主播在直播过程中不能出现抽烟喝酒、衣着暴露、谈论政治及国家领导人、恶意辱骂造成不良社会影响等行为。

在直播过程中，平台严禁主播在直播间抽烟或喝酒。直播平台会不定时地对平台上的直播间进行检查，一旦检测到直播间有抽烟或喝酒的行为，该直播间就会受到平台的处罚。因此，主播千万不能在直播间抽烟或喝酒，更不能让抽烟、喝酒的画面出现在直播的镜头中，否则不仅会对社会造成不良影响，而且会给粉丝留下非常不好的印象。

有人也许会问，即便主播所带的商品是酒类商品，也不能在直播中喝酒吗？当然不能，如果直播间推荐的是酒类商品，那么主播可以对酒类商品进行介绍和展示，但不能喝酒。除此之外，该直播间还要上传相关直播商品的信息，并向直播平台提供商品的各项资质证明，如企业营业执照、酒类商品相关的流通证书等。只有资质齐全的酒类商品才可以在各直播平台销售。

同时，主播在镜头前也要特别注意自己的穿着，不可过于暴露。特别是女主播，严禁出现"走光"的情况。有时候可能是无意的一个动作，但也容易被举报违规。因此，女主播要尽量避免在镜头前俯身，如果的确需要俯身，则要尽量使用一只手护住胸前领口部位，以防止"走光"。

1.2.2 违反《中华人民共和国广告法》的相关规定

主播容易触碰的第二个雷区是违反《中华人民共和国广告法》的相关规定，

比如，直播中存在虚假宣传或者售卖不合格商品等情况。作为一名带货主播，一旦开始自己的主播生涯，不论粉丝数量多少，都需要为自己的销售宣传行为负责，不能违反《中华人民共和国广告法》的相关规定。

下面为大家整理了部分目前《中华人民共和国广告法》中严禁出现的宣传用语，如表1-2所示。

● 表1-2　目前《中华人民共和国广告法》中严禁出现的宣传用语

项目	严禁出现的宣传用语
与"最"有关	最、最佳、最具、最爱、最赚、最优、最优秀、最好、最大、最大程度、最高、最高级、最高档、最奢侈、最低、最低级、最低价、最底、最便宜、史上最低价、最流行、最受欢迎、最时尚、最聚拢、最符合、最舒适、最先、最先进、最先进科学、最先进加工工艺、最先享受、最后、最后一波、最新、最新科技、最新科学
与"一"有关	第一、中国第一、全网第一、销量第一、排名第一、唯一、第一品牌、NO.1、TOP.1、独一无二、全国第一、一流、一天、仅此一次（一款）、最后一波、全国×大品牌之一
与"级/极"有关	国家级（相关单位颁发的除外）、国家级产品、全球级、宇宙级、世界级、顶级（顶尖/尖端）、顶级工艺、顶级享受、高级、极品、极佳（绝佳/绝对）、终极、极致
与"首/家/国"有关	首个、首选、独家、独家配方、首发、全网首发、全国首发、首款、全国销量冠军、国家级产品、国家（国家免检）、国家领导人、填补国内空白
与品牌有关	王牌、领袖品牌、世界领先、领导者、缔造者、创领品牌、领先上市、至尊、巅峰、领袖、之王、王者、冠军
与虚假有关	史无前例、前无古人、永久、万能、祖传、特效、无敌、纯天然、100%
与欺诈有关（涉嫌欺诈或诱导消费者）	点击领奖、恭喜获奖、全民免单、点击有惊喜、点击获取、点击转身、点击试穿、点击翻转、领取奖品、秒杀、抢爆、再不抢就没了、不会更便宜了、错过就没机会了、万人疯抢、全民疯抢/抢购、卖/抢疯了
与时间有关	限时必须具体时间。今日、今天、几天几夜、倒计时、趁现在、就、仅限、周末、周年庆、特惠趴、购物大趴、闪购、品牌团、精品团、单品团（必须有活动日期）；严禁使用"随时结束""随时涨价""马上降价"等词汇

表1-2所示的这些宣传用语是主播们在直播时一定不能使用的。目前各个电商平台中都有这样一部分人，专门寻找这些问题。所以，主播在直播中宣传产品或优惠活动时，一定要规避违反《中华人民共和国广告法》的用词以保护自己。

除了要注意宣传用语之外，主播还需要注意，直播中售卖的商品的质量必须可靠，千万不能为了多获取利润而将假冒伪劣商品销售给粉丝。现在的直播平台越来越注重消费者的购物体验，一旦主播被客户投诉，就会给直播账号带来很多麻烦，严重的还会吃上官司。

1.2.3 无意义挂机，无交流互动

大家都知道直播时长会影响到直播间的排名，很多主播为了提高直播间的权重，会尽量拉长自己的直播时间。有些主播在直播时还需要处理很多与直播内容无关的事情，或者没有太多内容可以直播，这样就难免会出现长时间无意义挂机或者空挂镜头无交流互动的现象，如图1-3所示。这种情况往往是直播平台不允许出现的。

图1-3 直播间的空挂镜头

一场直播的时长一般在五六个小时，直播过程中主播也需要吃饭、上洗手间、适当休息或者处理突发事件。遇到这些情况时主播应该怎么办呢？其实直播平台在判断直播间是否有空挂机行为时，是有一套评判标准的，并不是说主播一离开镜头或者镜头前没人就被判定为挂机行为。如果主播有事需要暂时离开直播间（镜头），则可以先和直播间的粉丝们打个招呼，说明会离开多长时间，请大家不要离开直播间。主播离开直播间（镜头）的时间最好不要超过15分钟。如果主播需要长时间离开直播间，那就不要挂机了，而是选择直接下播，先让直播间的粉丝点击关注，防止下次开播时粉丝找不到直播间。

这里笔者为大家分享一个案例。有一位女主播在直播时，她的孩子就在直播间外边玩耍，不知怎么摔了一跤，把头磕破了，孩子哇哇大哭起来。这位女主播心急如焚，立马抱起孩子就送去医院，但她忘了自己还在直播，也没来得及下播，最终导致被平台判定为挂机直播，平台予以了处罚。

> **名师点拨**
>
> 一些女主播直播结束后，以为自己已经下播，于是对着镜头换衣服，结果被全程直播，非常尴尬。所以，主播们务必要养成良好的直播习惯，直播结束后一定要再三检查，确认自己已经下播后再去处理其他事情，不然就容易出现空挂镜头或者隐私外泄的情况。

1.2.4 直播间恶意导流

直播间恶意导流是指主播在直播时将直播平台的流量导入其他平台中，常见的导流形式有加微信号、扫码购买、加支付宝付款等。直播间恶意导流是各个直播平台都禁止的一种行为，也是主播容易触碰的一个雷区。

主播们在直播平台上进行直播时，直播间的流量都是平台给予的公域流量，这些流量掌握在平台手中，很多主播想将这些流量转化到自己的社交账号中（如微信、微博等），将其变为自己的私域流量，直接与粉丝建立更深层的关系。这样就会导致直播平台的流量受到极大的影响，因此，直播平台是绝对不允许主播将平台流量转化为私域流量的，也就是不允许主播在直播中或者在评论中引导粉丝添加其他平台的账号，否则平台就会将这种行为判定为违规行为，给予相应的处罚。

> **提示**
>
> 任何向站外导流的方式都不会被直播平台所允许，如果粉丝在直播间购买商品需要付款，也一定要按照平台的正常支付渠道来付款，主播和粉丝不能私下进行支付交易。一旦发生纠纷，粉丝可以向平台进行投诉，主播肯定会被处罚。

1.2.5 "三天打鱼，两天晒网"

直播是一项需要长期坚持的工作，没有哪一个主播一开始直播就能够火起来。成功也不是一蹴而就的，绝大部分主播需要通过长期的坚持和不懈的努力，慢慢地积累经验而成长起来。很多大主播之所以现在能这么火，拥有上千万的粉丝，直播一年能够卖出几十亿的商品，是因为他们从2016年直播带货兴起时，就一直在这个行业中摸爬滚打。在这一过程中，他们付出了非常多的努力，经历了非常多的艰辛。图1-4所示为小薇主播在成名之前参加直播展会，亲自搭建直播间和直播设备。

图1-4 小薇主播在成名之前

很多大主播一年365天没有一个休息日，每天都有直播。例如，琦琦（某头部主播化名）就曾自爆，2018年全年365天，自己直播了389场。正是因为有这样超越常人的毅力，才打磨出了这位直播带货"魔鬼"。琦琦的很多粉丝表示："抵挡不住他的诱惑，只要是他推荐的化妆品，都会忍不住地买买买。"这就是琦琦通过长期练习和打磨，锻炼出的强大的销售能力，这种能力绝非一朝一夕可以练就的。

任何成功都不是速成的，就算是风口行业也是一样，没有长时间的沉淀，没有实实在在提升自己的能力，就算短时间内获取到了大量流量，也没有办法将其变现。因此，刚从事直播行业的主播，一定要坚持，要想办法克服前期的种种困难，慢慢地将粉丝沉淀下来，直至爆发。

> **名师点拨**
>
> 主播的直播时间一定要固定，不要随心所欲地调整直播时间，更不能有时间就直播，没有时间就不直播；如果直播的时间不固定，主播就没有办法为自己积累稳定的粉丝。主播可以固定每场直播的时间，比如，每天19:00~22:00直播；如果主播做不到每天直播，也可以固定每周的直播时间，比如，每周一、三、五19:00开始直播；这样粉丝就可以轻松地掌握主播的直播时间，他们也会按时去直播间观看直播。

1.3 带货主播必备的"直播工具"

自2016年5月，手机淘宝正式推出淘宝直播平台以后，直播带货这种新的网络销售模式被越来越多的人所熟知，很多平台也纷纷上线了直播带货功能。直播带货能够快速普及，主要得益于直播这个行业进入的门槛非常低，理论上只要有一部可以连接网络的智能手机就可以了。但随着直播行业竞争的日渐激烈，直播应用场景的日渐丰富，对直播设备也提出了更高的要求。作为一名带货主播，最重要的就是拍摄工具。

1.3.1 拍摄工具

拍摄工具通常包括手机、照相机、补光灯、柔光灯、专业声卡、蓝牙耳机、三脚架、手持云台、充电宝&电源线等。

1. 手机

一部拥有高精度画面的手机是直播带货的必备工具，其较大的优点是方便、易操作，不受场地限制，随时随地可以开播，非常适合场地走播类直播。但是手机直播成像清晰度较差，并且网络不稳定，很容易出现延迟等情况。如果有足够的资金，建议配置专业的直播设备，包括电脑、摄像头、照相机、声卡等。无论是使用手机直播还是使用电脑直播，主播都必须配备一部手机，用于查看直播效果和用户的留言，便于及时与用户交流。

> 直播对手机性能的要求并不高，只要能连接4G或5G网络，摄像头没有磨损，拍出来的画面清晰就可以了。这里建议主播最好在直播时准备两部手机：一部登录主账号，用于直播；另一部用小号进入直播间，方便随时查看互动区的信息。

2. 补光灯

众所周知，主播直播时要保持良好的个人形象，直播间的灯光是非常重要的。同时，由于大多数直播是在室内进行的，存在光线不足的问题，因此室内直播时就需要使用补光灯来进行补光。通过补光灯可以让主播脸部的光线变化均匀而明亮，不会出现阴影，同时有些补光灯还有美颜效果，可以将主播的个人形象和气质很好地展现出来。主播使用的补光灯大多数为圆环形，有些补光灯的中间还配有手机支架，主播可以把手机放在上面，这样既能保持手机的稳定性，又能解放双手，如图1-5所示。

图1-5 补光灯

3. 柔光灯

柔光灯（见图1-6）发出的光线比较柔和，主要用于修饰拍摄对象的形态和色彩，呈现出的画面给人一种轻柔细腻的感觉。一般室内直播间灯光的光线都是呈直线的，这样比较容易产生阴影。使用柔光灯可以将室内直播间的光线变得柔和，令色温接近摄影棚打光，让主播的皮肤红润、富有光泽，肤色更均匀。而且当室内直播间的光线较弱时，开启柔光灯后，在保证更好的光线效果的同时，主播也不会感到刺眼。

图1-6 柔光灯

图1-7 直播声卡

4. 专业声卡

专业声卡是娱乐主播必备的直播工具之一，主要用于调试直播间的各种声音和音效，如图1-7所示。专业声卡可以使直播现场获得更好的音效，主播也可以利用声卡来修饰和美化自己的声音，以及控制声音效果，从而树立更好的主播形象，因此带货主播在直播中也需要使用较为专业的直播声卡。

5. 蓝牙耳机

蓝牙耳机可以保证在户外直播时，无论距离远近都能较好地接收声音，而且能较少地受到外界声音的影响，如图1-8所示。但是蓝牙耳机的待机时间一般只有3个小时左右，如果户外直播时间过长，就需要用有线耳机来保证接收声音的效果。

6. 三脚架

三脚架主要起到稳定拍摄设备（如手机、照相机等）的作用，可以保证直播画面的稳定性，如图1-9所示。如果没有三脚架，就会因为拍摄时抖动而使画面变得模糊。

图1-8 蓝牙耳机

图1-9 三脚架

> **名师点拨**
>
> 在进行微距拍摄或者在光线不足的情况下拍摄时，曝光时间较长，如果手持相机拍摄，就会造成照片虚影、晃动，这时就需要借助三脚架来拍摄。另外，在进行夜景拍摄时，通常也必须使用三脚架来固定相机。

7. 手持云台

手持云台主要应用于户外直播或者短视频的拍摄中，如图1-10所示。手持云台可以保证设备的稳定性，使运动中的画面保持清晰，因此，如果直播中有走动或者变换场景的需求，主播就可以使用手持云台来保证拍摄设备的稳定性。

图1-10 手持云台

8. 充电宝&电源线

直播的时长至少在两个小时以上，这就对手机的续航能力提出了很高的要求。因此，在室内直播时，用于直播的手机必须接上充电电源才能保证长时间直播；如果是在户外直播，则需要通过充电宝来为手机续航。一般建议选择容量在20000毫安以上的充电宝，如图1-11所示。

以上介绍的工具都是开启一场直播的必备工具，最后为大家列一张直播设备清单方便大家查看，如表1-3所示。

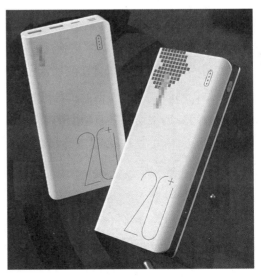

图1-11 充电宝

● 表1-3 直播设备清单

设备名称	设备简介	数量	备注
手机	手机直播	2部	尽量清空内存，每次开播前关闭所有后台程序，注意手机散热
充电宝	满电	多个	在户外环境下，推荐容量为20000毫安以上
摄影灯	柔光灯、补光灯	多个	保证主播脸部明亮，直播间光线透亮，并且有持续稳定的网络，尽量少用美颜，以完全还原真实场景、展现产品功能
专业声卡	声卡	1个	方便收音，修饰声音
支架	各尺寸支架	多个	三脚架、手机支架等
蓝牙耳机	户外环境下帮助收音及避免环境音干扰	多副	因续航问题，可以考虑准备多副蓝牙耳机或者使用有线耳机
路由器	专用于直播的路由器	1个	路由器性能稳定，网络顺畅，保证上传速度在4M/s以上
手持云台	在户外环境下可以选择适合的手持云台减少画面震动	1个	减少设备的震动

1.3.2 其他工具

直播的内容不同，直播工具也不尽相同，这里我们就以电商直播为例来介绍常用的工具。

1. 货品陈列架

带货主播少不了要在直播间展示自己所介绍的货品，为了让用户更加清晰地看到商品，同时也方便主播展示和讲解货品，需要准备一个货品陈列架。可以将大型的货品陈列架摆放在直播间的后面做背景，而小型的货品（如口红）则可以使用收纳盒，直接放在桌面上。这样不仅可以让货品的陈列井然有序，还可以营造一种专业卖场的感觉。

2. 背景布

通常情况下，我们会根据直播的内容与风格打造一个充满个性的直播间，这时选择一个符合直播场景的背景布是非常重要的。使用背景布对直播间进行装饰后，不仅可以突出直播间的美感，使顾客心情愉悦，还可以刺激顾客的消费欲望。

3. 小白板

小白板在直播中的用途很广,可以用于陈列商品规格、优惠信息、模特码数、下单链接等。小白板不仅可以展示主播讲解的重点信息,还可以让新进来的顾客第一时间了解主播正在讲解的商品信息,这样主播就不用重复讲解相同的内容了。

1.4 直播间布光

灯光设置(即布光)也是直播间布置的重头戏。大家在观看直播时会发现,有的主播看上去白皙透亮,而有的主播看上去却暗淡无光。之所以会出现这种差别,和直播间的布光有莫大的关系。下面我们就从主灯、补光灯、柔光灯和冷暖灯4种灯光的设置入手,来介绍如何布光才能令直播间显得高大上。

1. 主灯的设置

主灯一般建议选择冷光源的LED灯,有条件的话可以选择具有灯带效果的主灯,这样灯光效果会更好一些。如果直播间的面积在10平方米左右,则建议选择60W~80W的主灯。

2. 补光灯的设置

直播间前置的补光灯和辅灯尽量选择可以调节光源强度的,这样主播则可以自行将光源强度调整到自己满意的状态。利用补光灯打光时,要使灯光能够反射到主播正面对着的墙上,这样能在一定程度上形成漫反射效果。在营造软光效果时,通常还会使用到反光板,因为主播在面对正面补光的光源时,运用反光板会使主播的皮肤看上去更加令人舒适。

在使用补光灯时,也需要掌握好度,补光不能过多,否则会使光芒呈现过硬的状态,导致主播面部的曝光过度,甚至还会出现反光的情况,这就会使直播的画面效果大打折扣。

3. 柔光灯的设置

下面给大家推荐两种柔光灯的布置方案。

第一种方案是使用4个柔光灯,这样可以保证主播正面270度范围内打光,满足主播站立展示商品的打光需求,适合服装、包包等商品的展示,如图1-12所示。

图1-12 4个柔光灯的布置方案

第二种方案是使用3个柔光灯，这样可以保证主播正面180度范围内打光，能够满足主播坐着展示商品的打光需求，适合化妆品、珠宝等商品的展示，如图1-13所示。

4. 冷暖灯的设置

在基础的布光设置中，灯光分为冷光和暖光。其中冷光有增白的效果，暖光给人以温暖的感觉。下面为大家介绍两种比较经典的冷暖灯布光方式。

图1-13 3个柔光灯的布置方案

（1）主灯为冷光，辅灯为暖光，两组补光灯均为暖光。

这种布光方式的整体效果为暖光，主播在这种灯光下会显得十分自然，而且暖暖的灯光效果也会带给顾客一种温暖舒适的感觉。

（2）主灯为冷光，辅灯为冷光，两组补光灯为冷暖结合的偏冷光。

这种布光方式的整体效果为冷光，主播在这种灯光下皮肤会显得白净透亮。如果能在主播前方稍微增加一点暖色光，就会使主播白净的皮肤透出一丝红晕，这样会令主播看起来更加迷人。

第 2 章
如何快速成为网红大主播

随着直播行业热度的不断升温,越来越多的人加入直播大军,成为一名网络主播,希望利用直播获得一定的收益。在这些主播中,带货主播是一个非常庞大的群体,有些能力突出的带货主播,很快就凭借自己强大的带货能力,收获众多粉丝,成为红极一时的现象级大主播。本章将带领大家一起学习快速成长为一名网红带货主播的方法与技巧。

2.1 带货网红的分类

在"网红文化"发达的今天,网络红人随处可见,可以说是"人人皆网红"。那么要成为网红主播,是不是一定要颜值爆表或者才艺超群,又或者是段子高手呢?其实不然。作为电商带货主播,颜值高虽然能加分,但要赢得众多粉丝喜爱,创造可观的销售量和销售额,关键还在于专业销售能力和直播人设。

带货主播的主要职责就是帮助商家销售商品,因此就对主播的销售能力提出了一定的要求。下面介绍4类常见的带货网红,看看他们具有哪些特质。

1. 销售类带货网红

销售类带货网红是常见的带货网红类型,也就是大家通常所说的带货主播。这种类型的网红本身就具备带货主播的特征,即拥有一定的销售背景,能够将线下实体的销售技能运用到线上销售中。

例如,琦琦在进入直播行业以前是一名销售员,还多次获得"销售冠军"的称号。淘宝女主播小薇经营服装生意多年,曾有自己的服装店。由此可见,销售类的带货网红或多或少都有一定的商品销售经验,这也为他们进行直播带货打下了良好的基础。图2-1所示是销售类带货网红的淘宝直播账号主页。

图2-1 销售类带货网红的典型代表

2. 个人品牌类带货网红

个人品牌类带货网红几乎都有自己独有的品牌或店铺，且他们背后都拥有强大的供应链资源和市场推广资源，这也是他们带货成功的核心因素。例如，第一代淘宝网红店主——小雪（某头部主播化名），她拥有一家年销量过亿的女装店铺（见图2-2），通过微博和淘宝相结合的运营方式，小雪的粉丝数量一路高涨。

3. 专家类带货网红

专家类带货网红是指在某一垂直领域具有很强专业性的行业达人，因此他们的带货能力同样很强。例如，抖音账号"老爸评测"的主播"魏老爸"凭借25年的产品检测经验，专注于产品安全，在短视频作品中针对各种产品为粉丝进行测评和科普。他发布的内容具备很强的专业权威性，能够让粉丝和消费者信服，如图2-3所示。

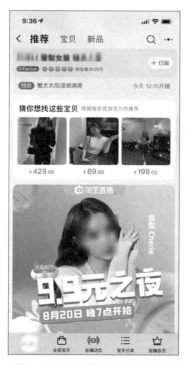

图2-2　网红小雪的淘宝店铺首页　　图2-3　"老爸评测"的短视频作品

4. 号召类带货网红

号召类带货网红通常具有极强的号召力与个人魅力，能够凭借自身在"江湖"中的地位帮助商家带货。这种类型的网红带货能力主要与自身积累的经验与口碑有极大的关联。例如，喜剧演员出身的快手主播小沈龙，凭借极强的号召力和个人魅力，在快手平台上拥有2532.6万粉丝，在直播带货领域更是战绩颇丰。小沈龙的快手账号主页如图2-4所示。

图2-4 小沈龙的快手账号主页

名师点拨

"人气网红"即号召类网红，作为一名带货主播在确认自己是否具备"网红人设基因"时，可以制作一张表格，将人气网红与带货网红的类型罗列出来，看看自己属于哪种类型，就在哪种类型后面打钩，如表2-1所示。

● 表2-1 "人气网红"与"带货网红"的类型

人气网红	打钩√	带货网红	打钩√
颜值类		销售类	
才艺类		个人品牌类	
技能类		专家类	
生活类		号召类	

通常一名带货主播要红起来,至少要具备一项人气网红或带货网红的特质。当然,兼具人气网红的特质和带货网红的特质是最好的,如某带货主播不仅颜值高,还有突出的销售能力。

2.2 塑造个性化的带货主播人设

带货主播要在众多主播中脱颖而出,就必须为自己打造一个独一无二、能让人眼前一亮的人设。大家在观看直播时,通常能感觉出有些直播间的氛围感很强,非常有吸引力,这就说明该主播的直播间人设打造得非常好。下面我们就一起来探讨一下,如何塑造个性化的带货主播人设。

2.2.1 为什么要打造主播人设?

人设是指一个人通过自己的形象、性格、爱好、语言、行为习惯、工作环境以及口头禅等多个标签,给大众留下的印象。简单来说,主播人设相当于主播对自己角色的定位。主播的人设一定要贴合自身,然后在贴合自身的基础上对自身突出的特点进行进一步的"包装"和"放大",增强自身的辨识度,让粉丝对主播产生深刻印象。

有些人会问:"带货主播直接推销商品不就好了吗?为什么还要打造主播人设?"在进行带货直播之前,主播们都应该认真思考以下几个问题。

- 消费者会不会因为主播颜值很高而购买产品?
- 消费者会不会因为主播很有意思而关注直播的账号?
- 消费者会不会因为主播很专业而认可主播?

- 消费者会不会因为主播很有趣而经常观看直播？
- 消费者会不会因为主播介绍的产品好而复购？
- 如果主播不经常直播，消费者还会不会关注账号呢？

看到上面几个问题，相信大多数人心中都有了答案。根据大数据调研，针对上述几个问题，80%的受众给出的反馈信息如表2-2所示。

- 表2-2 针对"主播人设对消费者的影响"的调查结果

序号	调查的问题	受众的反馈信息
1	你会不会因为主播颜值很高而购买产品	会
2	你会不会因为主播很有意思而关注直播的账号	会
3	你会不会因为主播很专业而认可主播	会
4	你会不会因为主播很有趣而经常观看直播	会
5	你会不会因为主播介绍的产品好而复购	会
6	如果主播不经常直播，你还会不会关注账号	不会

由此可见，主播的人设如何，将对消费者的关注、观看、购买以及复购等行为产生很大的影响，所以打造主播人设对直播带货的推进非常重要。

2.2.2 什么是直播间人设？

图2-5 "豆豆_Babe"抖音账号主页

直播间人设就是通常所说的直播间角色，也就是说一场直播需要完整的策划、编排和剧本。运营人员需要通过精心策划，让直播间粉丝的情绪一直处于高潮，使他们不想离开直播间，从而实现粉丝的转化，提高直播间的销售额。

不知道大家有没有发现，有些网红拍摄的短视频作品非常吸引人，能够快速吸引到大量粉丝。但他们一开直播就好像原形毕露了，直播的质量始终不如短视频的质量高，粉丝的期待感降低，甚至会取消关注账号。之所以会出现这种情况，就是因为主播的直播间人设做得不够好。

例如，抖音账号"豆豆_Babe"发布的短视频作品一向广受好评，收获了上千万粉丝，如图2-5所示。但该账号直播时的表现却不尽如人意，观看人数非常少。因此不少粉丝都调侃说："看豆豆的短视频疯狂爱她,看她直播想取关。"虽然是一句玩笑话,但足以说明打造直播间人设的重要性。

其实,短视频和直播是相辅相成的,运营者需要通过短视频实现快速涨粉、种草;然后通过直播迅速收获粉丝,提高销售额。因此,无论是账号人设的打造还是直播间人设的打造,都一定要提前做好,二者要相符,这样才能更好地完成增粉、销售转换等一系列工作。

2.2.3 规划主播人设的三要素

在规划主播人设时有三要素,即主播应该想清楚的3个关键问题:"我是谁,我在哪儿""我有什么优势""我的差异化是什么",如图2-6所示。

图2-6 规划主播人设的三要素

1. 我是谁,我在哪儿

这一点很好理解,就是介绍自己的名字、职业、身份以及地理位置等信息,给用户留下一个深刻的第一印象,让用户能够清楚地记住当前主播。最简单的做法是,将能够辨识主播身份的信息加入账号名中,如"化妆师小明""宝妈小红""甘肃包子姐"等。

2. 我有什么优势

这一点是加分项,主播首先要将自己身上的所有优点罗列出来,如长得好看、会才艺、会化妆、厨艺好以及种草产品的能力很强等,通过突出自身优势来俘获粉丝的心。

3. 我的差异化是什么

要在众多带货主播中脱颖而出,让粉丝关注,就必须有自己的特色,也就是打造差异化的内容和体验。主播可以从自己的服饰、妆容、人格魅力、讲话方式以及直播间背景布置等方面来打造差异化,让粉丝感受到主播身上与众不同的地方,加深粉丝对主播的记忆,并让粉丝关注主播。

运营者可以制作一张规划表来设定主播的人设定位和标签,如表2-3所示。

● 表2-3 主播人设规划表

项目	具体阐述	说明
账号昵称	化妆师晴子	昵称是印象标签,应简明扼要,忌生僻字
个人背景	二胎宝妈、有10年国外旅居经历	有助于增加差异化
从业经历	旅拍化妆师,知名杂志御用造型师,艺人化妆师	让粉丝更了解主播
教育背景	四川电影电视学院化妆系	有助于增加专业度
性格魅力	亲切、幽默、邻家姐姐	有助于增强粉丝好感
职业背景	高级化妆师	有助于增加个人履历
擅长领域	美妆/育儿	有助于增加自身优势
粉丝群体	90后、95后	明晰粉丝人群
搭建目的	带货	明晰账号目的
销售产品	美妆类/母婴类/食品类	确定与人设相符的产品类目
一句话概括	二胎宝妈化妆师晴子	简明扼要,语句通顺

通过表格可以深度剖析主播的人设定位,运营者可以将表格中的关键词重点标注出来,最终用一句话来概括,设定主播的人设定位标签。

（1）人设定位标签一定要跟人有关系,不能使用广告语或店铺名来概括。

（2）概括人设定位标签的这句话一定要通顺,例如,"我是二胎宝妈化妆师晴子"。

2.2.4 5个维度打造主播人设

图2-7 打造主播人设的5个维度

直播不同于文字和短视频可以通过艺术加工来进行一定的修饰和美化,在直播镜头前,更多地展现的是主播的真实状态。通常我们可以从图2-7所示的5个维度来打造属于自己的主播人设。

1. 主播自身定位

首先,主播应该明确自身定位。例如,某

主播自己经营着一家服装店，对服装的面料、款式、价格都非常清楚，她对自身的定位就是擅长教大家怎样进行服装搭配。主播一旦明确了自身定位，直播话术和产品的销售逻辑都应该以这个定位为基础。

> **名师点拨**
>
> 主播自身的定位是打造人设的第一步，非常重要。但作为新手主播，刚进入这个行业，也有可能对自身定位比较模糊。这就需要经过一段时间的打磨后，逐步形成更加精准的人设定位。

明确自身的定位，通常可以从主播自身的性格、兴趣爱好、职业经历、专业方向、人生阅历、家庭背景以及地域文化等方面入手进行思考，如图2-8所示。主播可以将这些内容进行多种组合，寻找属于自己的人设方向，并不断地打磨，最终形成独特的人设定位。

图2-8 建立主播自身定位的7个方向

2. 主播昵称和直播间命名

主播给自己的账号取昵称或者给直播间命名时，可以根据自己的人设定位取一个容易被粉丝记住的名字。例如，专业做服装搭配的主播，就可以给自己取名为"服装搭配师××""吃货穿搭师××"。主播在取昵称时，应该把握住两个要点：一是简单好记，二是有独特的定位。

定位明确的主播昵称，可以帮助主播筛除一部分无效流量。例如，用户要关注美食类的带货主播，而某主播的昵称却是"汽车美容师小飞"，当用户看到这个主播的昵称与自己感兴趣的方向不符时，就不会进入直播间或者关注该主播。同理，能够进入直播间或者关注主播的用户，一定是高意向客户，只要主播稍做努力，就能促成交易。

3. 粉丝昵称、粉丝团昵称、粉丝群昵称

纵观各大直播平台，优秀的主播都会给自己的粉丝取一个昵称，以此来更好地维系自己与粉丝之间的关系。这个现象的出现，最早是从艺人开始的，主要

原因是随着网络的发展,人和人之间的距离变得越来越近,粉丝们可以通过微博等平台,快速地了解艺人的动向。艺人也会通过这些平台和粉丝们互动,于是粉丝们为了更好地表达对艺人的喜欢,就给自己取了昵称,并以这个昵称来展现对艺人的支持。例如,演员杨幂的粉丝被称为"蜜蜂",歌手李宇春的粉丝被称为"玉米"。

当这样的喜欢延伸到直播中时,就形成了更为独特的昵称现象,最为明显的就是拥有"江湖气息"的快手平台,大主播们都把自己的粉丝称为"家人",还纷纷取了各种数字昵称。数字昵称简单好记,易于传播,选用的基本上是对主播有特殊意义的数字。

4. 主播自我介绍

主播在有了明确的自我定位之后,就需要为自己准备一段关于自我介绍的话术。自我介绍不用很长,内容只需要包括规划主播人设的3个要素即可。

有了清晰的自我介绍话术,主播就需要时刻向新进直播间的粉丝进行自我介绍,千万不要认为在刚开始直播时做过自我介绍就可以了,自我介绍应该是穿插在整场直播中的。

5. 直播间介绍/欢迎语

大家在观看直播的时候,会看到主播们对新进入直播间的观众进行欢迎,因为留住观众永远是主播在直播间重要的一项工作。所以,每一位主播都应该为自己设计一套直播间的欢迎语。欢迎语的内容相对较为简单,只需要在观众进入直播间时点一下他们的名字,然后欢迎他们来到直播间,并邀请他们关注当前账号。欢迎语后面还可以跟上主播的自我介绍。

2.3 头部主播的销售逻辑

大家经常会从新闻中看到,某些头部主播在淘宝、抖音或者快手等平台的直播带货销售额高达上百万元、上千万元,甚至上亿元。那么,是什么原因使这些头部主播在短短的几个小时内就收获令人羡慕的销售成绩呢？下面我们就一起来探讨一下头部主播的销售逻辑，以帮助新手主播提升自己的直播带货能力。

在电商直播行业中不难发现，有一些网红主播，粉丝数量很多，直播的观看人数却很少，直播的销售量和销售额更是惨不忍睹。例如，抖音账号"上海小阿姨"的粉丝数量高达500多万，如图2-9所示。但该账号在直播时，在线观看人数和购买率却不高，如图2-10所示。

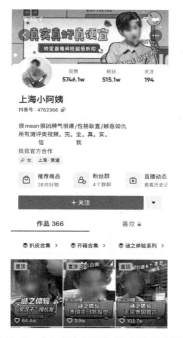 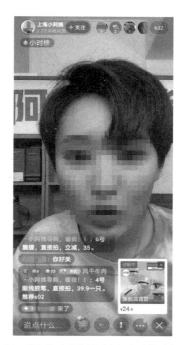

图2-9 "上海小阿姨"抖音账号主页　　图2-10 "上海小阿姨"抖音账号的直播界面

为什么会出现这种情况呢？主要原因在于，整个直播过程中主播的销售逻辑都非常混乱，对于直播节奏的掌控能力也较差，因此短时间内很难提高订单转化率。

再来看另一个案例。电商直播行业中也会有这样的情况：主播的粉丝数量不算太高，但是每场直播都可以达到上千万的销售额。例如，抖音账号"熊宝"的粉丝数量不算多，只有100多万，如图2-11所示，但该账号每场直播都能凭借主播高超的控场能力和带货能力，促使粉丝大量下单，如图2-12所示。

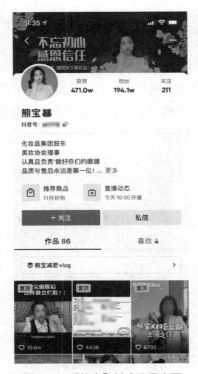 

图2-11 "熊宝"抖音账号主页　　图2-12 "熊宝"抖音账号的直播界面

由此可见,粉丝数量多的网红并不一定能成功带货,要取得好的直播成绩,关键在于对直播节奏的掌控能力要强,除此之外,主播还必须拥有清晰的销售逻辑。只要掌握一定的直播销售逻辑和技巧,即使主播的粉丝数量较少,同样也可以创造令人羡慕的带货成绩。下面为大家讲解带货主播的销售逻辑。

作为带货主播首先要知道,直播销售能够大概率地刺激消费者产生"冲动"的购物行为,在短短几分钟内就有可能激发消费者的购买欲望。因此,电商直播间通常会呈现非常"忙碌"的状态,因为主播们需要在短时间内掌握直播销售的话术和逻辑,以及消费者的心理,并一步步激发他们的购物欲望。带货主播的销售逻辑主要分为5点,依次为挖掘需求、消除顾虑、介入政策、促成决定、售后维护,如图2-13所示。

图2-13 带货主播的销售逻辑

1. 挖掘需求

挖掘需求即引发消费者的购物需求。以服饰类目的商品为例,主播通常会将商品穿戴在身上向消费者展示,如图2-14所示。大部分人是"视觉动物",当看到主播或者模特展示的服饰很漂亮时,就会产生代入感,会不自觉地幻想自己穿戴上这些商品时也一样很漂亮,从而激发出潜在的购物欲望。

图2-14 主播将服装穿在身上进行展示

2. 消除顾虑

消除顾虑即主动打消消费者的购物疑虑。网上购物最大的弊端在于消费者看不见实物,也摸不着实物,主播们只能依靠镜头展示和细节讲解让消费者了解商品,进而消除他们对商品的种种疑虑。

例如,关于服饰类商品,消费者最关心的问题无非是商品的质量。这时主播就需要主动解答消费者的疑问,通过展示商品细节、描述商品的体验感等方式,提前打消消费者的顾虑,让他们放心购买,如图2-15所示。

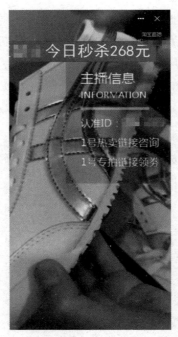

图2-15 主播向消费者展示商品细节

3. 介入决策

经过前两个阶段,消费者对商品已经有了一定的认识,并产生了购买的欲望和冲动,这时主播就需要依靠商品的核心卖点,来进一步坚定消费者的购买决心。例如,销售一款裙子时,主播会在直播中不断地向消费者强调"这个裙子很百搭""款式非常独特,不会撞衫""做工堪比商场大牌""××同款"等。消费者在听到这些销售话术后,就会下意识地坚定自己要购买该商品的决心。

4. 促成决定

促成决定是指主播利用商品的优惠信息,促使消费者最终下单购买商品。对于直播间销售的商品,前面已经给予了很多铺垫,最终能否促使消费者产生购买行为,就要看商品的优惠力度是否够大了。如果一款商品原价为100元,直播价为98元,那么消费者肯定是没有兴趣的;但如果一款商品原价为100元,直播价为49元,那么消费者下单的可能性就会非常大。

由此可见,促成决定是提高直播间转化率的关键环节,主要看的是优惠策略的设计。通常运营者会采用"限时""限量""限价"的方式,促使消费者在直播过程中快速下单。常见的话术是:"今天这个优惠在我们直播间才有,限量××份,原价××元,现价××元。"

5. 售后维护

售后维护环节对于直播销售同样很重要,消费者在直播过程中下单以后,建议商家在24小时内发货。大数据调研发现,一般超过24小时还没有发货的话,就很容易产生退货,这也意味着如果售后不及时,就会导致订单缩减。在这个环节,主播需要格外注意消费者的购物体验,要及时回答"什么时候发货""发什么快递""几天能送到家""坏件磨损怎么处理"等问题。相关售后事项,主播需要在直播时提前告知消费者,让消费者放心购买。

> **名师点拨**
>
> 要提高直播间的销售转化率,主播就需要在直播过程中掌握好销售逻辑,控制好直播节奏,通过"限时、限量、限价"的方式促使消费者快速下单。直播购物会促使消费者产生冲动消费的行为,因此建议主播将每个产品的介绍时间都尽量控制在3~5分钟,并且尽量让消费者在直播间下单转化。

为帮助各位带货主播更好地掌握直播销售的逻辑,下面将不同商品品类的直播销售逻辑的要点整理成表,如表2-4所示。

● 表2-4 不同商品品类的直播销售逻辑要点

商品品类	挖掘需求	消除顾虑	介入政策	促成决定	售后维护
服饰	好看、好搭配	面料、做工	宣传比较优势;树立独特性;强调实用性;放大正面评价	宣传利益点;提供他人评价	搭配技巧
美妆	适用、效果好	正品、安全			化妆技巧
珠宝	高档、美观	正品、无瑕疵			保养方法
食品	美味、营养	口味、健康			食用方法
家具	实用、耐用	材质			安装方法

2.4 网红带货主播的硬核"撒手锏"

优秀的网红带货主播只需"一声令下",粉丝就会"疯狂"买单。网红带货主播之所以销售转化率极高,不仅在于他们拥有清晰的销售逻辑,能够很好地把控直播节奏；还在于他们掌握了一定的直播销售技巧。下面就结合网红带货主播的案例，来看看他们的硬核"撒手锏"都有哪些。

现象级的网红带货主播——罗永浩，他的人气和带货能力相信大家有目共睹。罗永浩可以说是带货主播中的一匹"黑马"，他是2020年的4月1日才进入抖音首播的，短短2年他的抖音账号粉丝数量高达1900多万，点赞数高达4300多万（见图2-16）。虽然罗永浩进入直播行业的时间相对较晚，但他却能够快速掌握直播带货的规则、技巧和方法，才能在直播行业中站稳脚跟，而且做的如此成功。

罗永浩的成功不是偶然的，他的成功与他的经历有很大关系，他是由于公司破产才进入直播行业的，他曾经是手机界的著名"相声演员"，他创办的锤子手机因为每次开发布会都有他的精彩言论，他当时也收获了很多粉丝，所以他刚开始进入抖音直播时就吸引了很多的粉丝，他当时也创造了抖音直播的很多记录，如图2-17所示是罗永浩刚进入直播带货时的商品销量情况。

图2-16 罗永浩抖音账号主页

图2-17 罗永浩刚进入直播带货时的商品销量情况

罗永浩之所以能够让粉丝们心甘情愿追随，并购买他推荐的商品，其根本原因在于粉丝们能够通过罗永浩的推荐购买到物美价廉的优质商品。下面总结几点网红主播的带货技巧，供新手主播学习和借鉴。

1. 品控严格

网红带货主播对于直播商品质量的把控通常是非常严格的，因为品控将直接关系到直播间的转化率。比如，消费者在琦琦直播间购买的商品，其质量一般都不会太差，因为这些商品都是精挑细选出来的，并不是说什么商品都可以在琦琦的直播间被销售。直播间严把品控关，会增加商家进入达人直播间的难度，但对于消费者来说却是一件好事，也利于直播转化率的提升。

2. 优惠力度大

主播带货时，直播间给出的优惠力度一定要足够大，这样才能有效吸引粉丝下单购买。所以，优惠力度和商品价格也是头部主播争夺的一个核心点，他们会倾尽全力为自己的粉丝谋福利，提升直播间的核心竞争力。例如，我们常常可以在达人直播间看到一些品牌给出"低至3折""买一赠一"等优惠。

3. 主播的销售逻辑强

前文也提到过直播销售逻辑对于带货主播的重要性，主播的直播销售逻辑强，就能把控好直播的节奏和氛围，有效引导消费者快速下单。例如，罗永浩通过近2年的直播，已经建立起一套非常强的直播销售逻辑，对自己的粉丝人群画像也非常了解。罗永浩在直播中对货品的选择，完全是根据自己粉丝的情况来选择相应货品的。他在直播过程中会通过"种草产品""对比举例""卖点介绍""直播价格"等一套专业性很强的销售话术，带领粉丝跟随他的节奏观看直播，并最终促成粉丝的下单。

4. 粉丝经营得好

直播销售主要依靠的是粉丝，而粉丝并不像常规意义上的顾客那样只拥有买卖关系即可，主播与粉丝间更需要的是一种情感上的维系。主播们为了维系自己和粉丝之间的关系，增加自己和粉丝之间的黏性，会举办粉丝节、线下见面会、定期抽奖等活动，让粉丝充满幸福感和归属感。

名师点拨

网红带货主播的硬核"撒手锏"除了上述4点外,直播前的准备和直播经验也是非常重要的,如脚本策划、直播内容的设计、直播话术的训练,以及直播场控技巧等。

第3章

提升直播间销量的秘籍

对于很多带货主播来说,直播过程中较为关心的问题无非两个:一个是直播间的流量,另一个是直播间的销量。直播间光有流量肯定不行,必须要将流量转化成实实在在的销量,才能实现直播带货的最终目的。本章将和大家一起解密那些提升带货直播间销量的实用方法和技巧,包括直播间选品规则,直播间商品的上下架排序,直播商品优惠方案的设计,如何降低直播间的退货率、提高粉丝的复购率,以及组建一支强有力的直播团队等。

3.1 销量翻30倍的直播间选品规则

要提高直播间的销量,直播商品的选择尤为重要,因为销量好的前提就是有好的商品。直播商品的选择讲究一定的规则和策略,下面我们就一起来看看直播间选品的规则和策略。

3.1.1 直播间的"人、货、场"定律

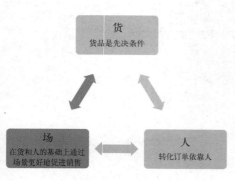

图3-1 "人、货、场"定律

图3-2 某直播间的商品列表

直播带货其实没那么复杂,主要考虑的就是"人、货、场"的问题,这就会涉及大家常说的"人、货、场"定律,如图3-1所示。

首先,直播带货肯定要有"货",商品是直播带货的前提。选对了商品,一场直播就相当于成功了一半。某直播间的商品列表如图3-2所示,可以看到,该直播间销售的商品主要以服装为主。

其次是"人",直播间的商品是由主播来销售的,这就是"人、货、场"定律中"人"的定义。在直播平台上,不同的主播销售的商品可能是一样的,拥有的粉丝数量也差不多,但销售量却有着天壤之别。主播的专业能力和销售能力都将影响直播间商品的转化,所以一场直播的转化率的高低,关键看主播带货能力的强弱。

最后是"场",即直播场景。场景的设置能够更好地帮助主播销售商品。通常,直播场景分为室内场景和室外场景。室内场景是指在直播间直播,室外场景是指在户外直播。例如,服装、化妆品等商品一般是在直播间进行直播的,如图3-3所示;但是销售农副产品,则可以将直播现场

设置在田间地头，让粉丝感受到更真实的商品采摘、打包和发货情况，增强粉丝的体验感，如图3-4所示。

图3-3 直播间直播　　　　图3-4 户外直播

总结起来，直播带货可以用一句话概括，就是"一名专业的主播将性价比高的优质商品销售出去"。

3.1.2 直播间的选品策略

选品环节在直播带货中占据了非常大的比重，做好选品，直播带货就等于成功了一半。要做好直播间的选品工作，首先要对粉丝画像进行全面的分析，然后依次按照热销排行优先、口碑款/知名品牌优先、亲身体验款优先的原则进行选品。

1. 分析粉丝画像

通过"达人后台"或者"生意参谋"等数据工具，可以非常清晰地查看粉丝画像，如粉丝的性别、年龄、风格偏好、类目偏好、地域偏好、消费能力等，如图3-5所示。

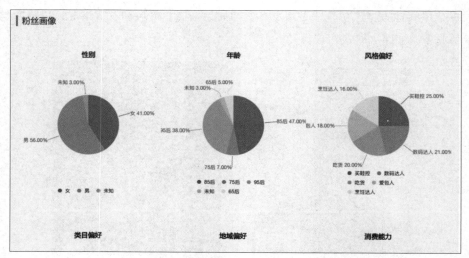

图3-5 "生意参谋"中的粉丝画像

主播只有足够了解自己的粉丝群体以及他们的相关属性,才能"对症下药",选择适合他们的商品进行推荐,进而提升直播间的转化率。例如,某主播的粉丝主要以女性为主,但该主播却在一场直播中推荐了大量的男性商品,结果这场直播的销售数据相当惨淡。所以,主播千万不要盲目自信,认为自己的粉丝什么商品都会购买。而是要对粉丝画像进行认真分析后,根据粉丝人群的相关属性来选择自己的直播商品。

2. 热销排行优先

很多主播在选择直播商品时,都会以销售经验和自我喜好为标准进行选择,但这不一定符合市场原则。其实,大多数受粉丝追捧的商品,都是市场上的热销爆款商品。所以主播在选择直播商品时,建议多查看各类热销商品排行榜,尽量选择排行榜排名靠前的商品进行直播,这些商品大多数粉丝一般都能接受。

3. 口碑款/知名品牌优先

作为消费者,一般都喜欢购买口碑好或者知名品牌的商品,因为这些商品的质量更有保障。近年来,各大电商平台为了保证平台商品的质量,杜绝假货现象的出现,对商品质量的把控和监督越来越严格,一旦发现商家或主播有售卖假货的情况,就会给予严厉的处罚。所以,主播们要尽量挑选那些质量好、口碑佳的品牌的商品作为直播商品,这样做既是对自身权益的保障,也容易消除粉丝对商品质量的担忧,从而促成更多订单的成交。

4. 亲身体验款优先：试用/试穿/试吃

亲身体验直播商品是作为一名带货主播应该具备的基本素质，主播只有在亲身体验后，才能更清楚地知道自己推荐的商品到底如何，它的卖点应该怎么介绍。也只有这样，主播推荐的商品才能更令粉丝信服，从而令粉丝产生购买欲望。因此，主播在挑选直播商品时，最好能亲身体验一下每一款直播商品，比如，提前对直播商品进行试用、试穿、试吃。

3.2 解密网红直播间商品的结构与排序逻辑

上一节我们讲解了直播间的选品规则和策略，下面我们介绍直播间商品的结构以及直播间商品的上下架顺序。直播间商品的上下架顺序也是有讲究的。下面我们就一起来了解下网红直播间带货商品的排序逻辑究竟是什么样的。

3.2.1 直播间商品的结构

直播间商品一般分为三种类型，分别是引流款、跑量款和利润款，如图3-6所示。

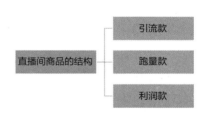

图3-6 直播间商品的结构

1. 引流款

引流款是指直播间价格相对较低，粉丝较容易下单购买的商品。通常直播间用于抽奖的商品就是引流款商品，它们存在的主要目的是聚集粉丝，获取高人气。图3-7所示的某直播间销售的袜子就是引流款商品。

2. 跑量款

跑量款是指直播间价格适中、销量较高的商品，也就是大家常说的口碑款商品。图3-8所示的某直播间销售的一款零食就是跑量款商品。

3. 利润款

利润款是指直播间单价相对较高，但可以获得高利润的商品。这种类型的商品通常需要搭配优惠方案来销售，才能获得较好的销量。图3-9所示的某直播间销售的破壁机就是利润款商品。

图3-7 引流款商品

图3-8 跑量款商品

图3-9 利润款商品

无论是达人主播还是店铺主播，直播间中都必须出现这3种类型的商品。作为一名带货主播，不能完全凭个人的感觉和喜好来向粉丝推荐商品，前期一定要做好粉丝调研以及自身的产品定位。换句话说，就是要清楚粉丝喜欢什么商品，粉丝想要什么商品，掌握粉丝的购物心理，从而有针对性地选择合适的商品上架。

3.2.2 直播间商品排序的"黄金法则"

直播间商品的上架顺序是有一定讲究的，千万不能凭个人心情胡乱上架，否则很容易得不偿失。比如，将大多数粉丝喜欢的商品安排在最后一个上架，这时很多粉丝早已没了继续听主播讲解的耐心，直播间的销量自然很难上去。其实，直播间商品的排序是有一套黄金法则的，即用引流款商品"打爆"人气，用利润款商品吸引粉丝，用跑量款商品使直播间销量持续升温，如图3-10所示。

图3-10 直播间商品排序的黄金法则

首先，用引流款商品"打爆"人气，吸引更多粉丝。

在直播间中，引流款商品的价格最低，但性价比往往是最高的，所以引流款商品特别适合用来快速提升直播间的人气，带动直播氛围。在直播过程中，很多主播会不时地进行抽奖、发福利、秒杀等活动，目的就是聚集人气，让更多粉丝围观，并通过一些实际的好处让粉丝活跃起来。这个时候就是主播上架引流款商品的最佳时机了。

然后，用利润款商品吸引粉丝，实现转化变现。

当通过引流款商品将直播间的人气聚集起来以后，粉丝就会期待下一件商品，会考虑自己能不能买到，有没有惊喜价。首先必须是十分优质的商品，才有资本让粉丝期待，其次最好选择客单价较高但性价比也较高的商品上架，如利润款商品。

大家都知道，利润款商品是高客单价商品，那要怎样保证利润款商品的性价比呢？直播间销售的利润款商品可以相对地给出一个比较优惠的价格，这样粉丝从心理上就会觉得该商品的性价比很高。例如，某主播在直播间销售一款奢侈品包包，该商品的专柜价是3000元，但直播间给出的价格只要2000元，粉丝看到后就会非常心动，认为此时购买该商品很值，随即就会下单。这也就是大家平常所说的"薅羊毛"心理，主播就可以利用粉丝的这种心理来销售利润款商品，从而取得好的销量。

最后，用跑量款商品使直播间销量持续升温。

在推出利润款商品以后，粉丝会更加期待下一件商品是什么。如果这时主播一直向粉丝推荐价格比较高的商品，那么粉丝在心理上往往会很难接受。所以，这时主播应该适时推出跑量款商品，因为跑量款商品一般是刚需商品，性价比高、口碑好、销量也高，粉丝没有理由拒绝主播推荐这样的商品。

> **名师点拨**
>
> 在运用这套黄金法则时，可以将三类商品分为一轮（即每一轮中都有一件引流款商品、一件利润款商品、一件跑量款商品），通过多轮循环的方式来推荐商品，直至这一场直播结束。粉丝的心理会跟着主播的直播节奏而变化，直播间的销量也会呈直线上升趋势。

3.3 策划高转化率商品的优惠方案应遵守4个原则

大多数消费者喜欢网上购物是因为网上购物方便快捷、选择多、覆盖广，那么，如今为什么又有大批消费者开始着迷于直播购物呢？越来越多的消费者开始尝试直播购物这种新的网络购物形态，主要原因在于消费者消费能力的升级。消费者在电商平台上购物需要自己挑选和比较商品，但很多电商平台上的商品质量参差不齐，消费者在购物的过程会存在一定的"踩雷"风险。而直播购物则不同，在直播间不仅有主播帮助消费者甄选商品，同时商品的价格也相对较为便宜。

大家在观看直播时不难发现，大多数直播间的商品的价格要低于店铺商品的价格。例如，某淘宝店铺销售的一款护肤商品，店铺的售价为149.9元，如图3-11所示。但在小薇的直播间中可以领取80元优惠券，到手价为69.9元，还有赠品，价格非常划算，如图3-12所示。

图3-11 某护肤商品的店铺价格　　　图3-12 直播间中销售的同款商品

经过对直播间消费者的调查和访问，80%的人认为从直播间购买商品更划算。

又如，淘宝平台上某销售水果的商家，店铺中一款石榴商品的价格为26.8元，如图3-13所示。而在一场直播活动中，商家更是给出了非常诱人的优惠价格，消费者只要在直播间领取优惠券购买商品就可以享受到19.8元的优惠价格，销量非常好，月销量高达7万多箱，如图3-14所示。

图3-13 石榴商品的店铺价格

图3-14 直播间的商品链接

这样优惠的价格无疑令很多粉丝心动，粉丝自然纷纷购买商品。其实，粉丝本来就对该商品有购买需求，直播的流量也相对集中，当商家在直播中给出优惠方案时，粉丝们自然很乐意购买，直播间的成交量自然就会上升。

由此可见，要提升直播间商品的转化率，就需要好好地策划一下商品的优惠方案。那么，具体应该如何策划直播间的优惠方案呢？通常在设置优惠方案时应遵守4个原则，如图3-15所示。

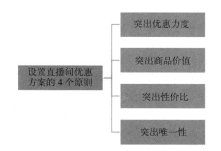

图3-15 设置直播间优惠方案的4个原则

1. 突出优惠力度

优惠力度大是粉丝选择到直播间购物的主要原因。如果一件商品原价为100元，直播价格为98元，那么对粉丝肯定没什么吸引力；如果一件商品原价为100元，直播价格为50元，还附带"买二赠一"等叠加优惠，粉丝就会觉得很划算，随即会下单。由此可知，直播商品给出的优惠力度一定要大，要具有诱惑力，还要让粉丝切实感受到直播商品的优惠力度，这样他们才会购买。

2. 突出商品价值

体现商品价值可以从两个方面入手：一是商品的品牌，二是商品的价格。从商品品牌方面入手，主播可以在介绍商品时告诉粉丝这是某知名品牌旗下的商品，也可以简单地讲解一下该品牌的文化、历史、获得的荣誉以及商品以往的销售成绩等，以此来凸显商品的价值。从商品价格方面入手，主播可以将商品的原价格与优惠后的价格对比，并在直播中多次强调商品的原价格，加深粉丝对商品价格的认可。

3. 突出性价比

在直播中要突出商品的性价比高，可以将直播商品与同类商品比较，看看自己的商品在功能、卖点以及价格等方面有什么优势，然后将其一一罗列出来并告诉粉丝。例如，某主播在直播间向粉丝介绍一款方便食品时，告诉粉丝该类商品的市场售价一般为25元，现在厂家搞活动，60元3件，粉丝就会将直播间价格与市场价格比较，这样就会觉得直播间的价格更便宜，性价比更高。

4. 突出唯一性

突出唯一性就是给粉丝一个不能拒绝在你直播间下单的理由。比如，主播可以告诉粉丝，"这个价格只在今天的直播中才有""只有关注了我的粉丝才可以领取粉丝专属优惠券"等。

下面为大家分享一个设置直播间优惠方案的范例，如表3-1所示。

● 表3-1 某品牌纸尿裤的直播间优惠方案

日期	主题	原价	直播价	直播间优惠方案	备注
6月18日	"小米妈妈"6·18母婴专场狂欢购	279元/箱	163元/箱	××牌纸尿裤6·18期间在小米妈妈的直播间，单件低至6折，每箱仅需163元，直省116元；买3箱送1箱，4箱仅需489元，直省627元；购物满1000元还赠送价值998元的惊喜大礼包	直播间抽奖福利惊喜不停，关注即可领取心意小礼物

接下来就以表3-1所示的优惠方案为例做详细解析。

时间：策划者可以任意选择合适的节日作为营销节点，如每年的"6·18""双11""双12""年货节""情人节""妇女节""儿童节"等。

主题：可以根据直播商品来确定相应的活动主题，比如，销售母婴类商品就以母婴作为活动主题。

商品价格：原价279元/箱，直播价163元/箱。

叠加优惠方案：买3箱送1箱，原价值1116元的商品，直播间下单只需489元，直省627元；并且购物满1000元还赠送价值998元的惊喜大礼包。

> **名师点拨**
>
> 该优惠案例的话术秘诀如下：
>
> （1）突出价值感：在直播过程中，主播需要不断强调商品的原价格是4箱1116元，让消费者感觉到商品的价值。
>
> （2）数字细节化：主播在直播间销售商品时，要尽可能地将数字细节化，让消费者清楚地知道自己能够省多少钱，这样他们在潜意识中就会觉得购买此商品非常划算，从而会坚定下单的决心。比如，运用表3-1所示的优惠方案，主播需要明确地告诉消费者商品的原价格是4箱1116元，在直播间下单购买只需要489元，可以节省627元。

3.4 提高粉丝复购率的6大要点

在直播带货中，粉丝就是我们的客户，要使这些粉丝都成为直播间的回头客，主播需要特别注意自己的一言一行，因为稍不留神就有可能导致"脱粉"，从而使直播间流失一个潜在客户。要提升直播间的带货销量，主播可以从以下6个方面来提高粉丝的复购率。

1. 商品质量要过硬

作为带货主播，要对自己的粉丝负责，要向粉丝推荐质量过硬的优质商品，让粉丝买到物美价廉的商品并拥有一个愉快的购物体验。只有这样，粉丝才会对主播产生信任，相信该主播推荐的商品货真价实，进而选择多次在该主播的直播间购买商品。

2. 主播需要有高情商

随着直播间粉丝数量的增多，人员就会显得比较庞杂，其中难免有一些"黑粉"，他们有可能会在直播间无理取闹，或者带乱直播节奏，为主播制造一些麻烦。遇到这种情况时，主播需要通过自己的高情商来合理处置这类突发事件。所谓的高情商就是指"会说话"，通过让大家都感觉舒服的表达方式来处理事情。主播在面对"黑粉"时，千万不能在直播过程中出现反击、辱骂等行为，否则会影响主播的个人形象，从而导致之前喜欢主播的粉丝取消关注。如果直播间的粉丝大量流失，那么必然会影响到直播间的销量。

3. 主播需要具备一定的专业度以及个人魅力

在直播带货领域，一般建议新入行的主播尽量选择垂直赛道，如美妆、服饰、美食等，因为选择垂直行业做主播，能够加深主播对该领域的专业度。例如，某资深彩妆师做主播，向粉丝销售美妆商品，粉丝就会因为主播的专业背景，自然而然地对主播产生很强的信任感。

主播的个人魅力是指主播具备公众人物的个人属性，拥有观众缘，能够自然地获得粉丝的青睐。在直播行业，并不是每个人都适合做主播，他需要具备一定的潜力，且能力高于基础门槛。

4. 主播需要了解自己的粉丝

作为一名带货主播，要成功地将商品销售出去，就必须了解自己的粉丝，知道自己的粉丝群体是谁，他们的需求是什么。例如，关注母婴类主播的粉丝大部分是宝妈或者准妈妈，因此母婴类产品的主播应该将这部分粉丝作为自己的精准粉丝，予以重点维护。

通常主播可以通过"阿里·创作平台"中的"淘宝达人"后台，查看直播间的粉丝画像，全面了解粉丝的性别占比、年龄分布等信息，如图3-16所示。

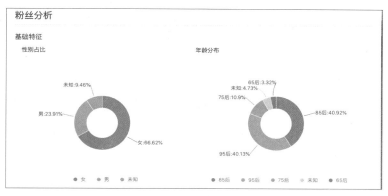

图3-16 粉丝画像

依据粉丝画像数据显示,这个账号95后占比40.13%;85后占比40.92%,是主要的粉丝群体;女性比例占比66.62%,所以从数据上来看,25~35岁左右的女性是主要的粉丝群体,那么我们后期针对这类人群进行选品和策划直播内容,包括发起相应的话题会引起粉丝的共鸣,这就是要充分了解自己粉丝的重要性了。

5. 提高粉丝黏性

一个合格的主播,要学会把粉丝当成自己的朋友,尽可能地和他们拉近距离,这样才能有效提高粉丝黏性,进而提高直播间的复购率。提高粉丝黏性的最佳方法就是多和粉丝互动聊天,聊天的话题可以很广泛。比如,可以和粉丝聊聊大家的职业,分享一下自己的购物经验,或者是分享使用直播商品的心得等。如果粉丝群体以年轻女性为主,那么和她们聊聊如何变美也是一个不错的话题。总之,不管选择什么话题,只要能够提高粉丝的黏性即可。

6. 定期开播并为粉丝争取福利

直播行业的竞争非常激烈,主播们要在这个行业崭露头角,就必须保持高活跃度,很多主播一年365天,天天都在直播。如果某主播长期不开播,那么他原先积累的粉丝,很有可能就会流失,去其他直播间购买商品,这是一个很现实的事实。

那么,是不是只要主播坚持每天开播,粉丝就一定会死心塌地追随呢?其实不是,主播和粉丝的关系也需要实际的利益来维系,如果主播不能为粉丝争取到更多福利和优惠,那么粉丝同样会离开主播。因此,作为主播要尽可能地为粉丝争取更多的福利,并让粉丝知道,这样的福利只有在该主播的直播间才能享受到。比如,告诉粉丝"这个价格是我直播间为大家争取到的,其他主播不可能有这个价格""我的粉丝可以在我直播间抽奖""仅送我的粉丝小礼品"等,如此一来,粉丝自然心甘情愿地追随该主播。

>
>
> 　　主播与粉丝之间的关系将直接影响直播间的复购率,因此,主播一定要精心维护自己与粉丝之间的关系。比如,当粉丝反映购物体验不佳时,主播要第一时间询问原因,如果是商品有问题,主播要第一时间与商家协商处理。主播用心维护与粉丝之间的关系,为粉丝着想,这些粉丝都是可以看见和感受到的,粉丝也必将忠诚地对待主播。

3.5 做好这几点,可大大降低直播间的退货率

商家在经营店铺过程中最不愿意遇到的3种情况分别是差评、退货退款和店铺被扣分。对于直播带货,直播间的退货率一直是商家和主播都很关心的,在直播间购买商品的消费者很多时候是因为冲动消费才下单的,因此直播过后有可能会产生大量退货单。这些退货单的出现不仅会降低销量、影响口碑,也会影响店铺权重。那么,商家和主播如何才能让直播间的粉丝满意、留下好评,并减少退货退款呢?

3.5.1 导致直播间粉丝退货的原因

电商市场上会有这样一种现象:每年"6·18""双11""双12"等大型活动过后都会产生大量的退货订单,不管是店铺还是直播间都一样。为什么会发生这种现象呢?其实,直播间的退货率之所以比较高,主要是因为以下4点。

1. 消费者冲动消费后的理智

大家都知道,"双11"等大型电商活动的优惠力度非常大。比如,平时原价500元的商品,"双11"期间不少商家做活动,可能只需要200元就可以买到。看到这么大的优惠力度,消费者当然会心动,抱着"不买就亏"的心理,也不管自己当下是否真的需要该商品就下单了,这也就是我们常说的冲动消费。

同理，直播间的商品主要也是以优惠力度大来吸引广大粉丝购买的，因此在直播间冲动消费的粉丝同样不少。当直播结束后，消费者回归了理智，就会发现自己当下好像根本不需要这个商品，或者这个商品并不是特别适合自己，从而产生要退单的想法。

2. 商品与预期差距太大

主播在介绍商品时，会尽可能地将商品好的一面展现给粉丝，使他们快速下单购买。所以不少粉丝在观看直播时，会对直播的商品充满期待。他们收到商品时，发现商品没有达到自己的心理预期，就会产生不满情绪，从而对自己不太需要或者不太喜欢的商品进行退货退款处理。

3. 商品存在质量或运输问题

商品的质量和运输问题也是粉丝申请退货的主要原因之一。试想，如果粉丝收到商品后，发现包装盒是坏的，里面的商品也是坏的，肯定会非常失望，觉得这次购物的体验很糟糕，随即就会选择退货，甚至有可能再也不到该主播的直播间购买商品。

4. 售后客服的服务态度不好

售后客服的服务态度也是影响直播间退货率的关键因素。例如，曾经有一名粉丝在某直播间购买了一件衣服，收到货后发现衣服尺码不太合适，找到了店铺客服，希望换一件尺码合适的衣服，但是一直处于无人接待的状态。于是该粉丝直接进入购买衣服的直播间，向主播反映了这个情况。主播倒是很热心地处理，但是店铺却不是很配合。导致很多购买过这件衣服的粉丝都在直播间的评论区吐槽，要求商家处理，主播也非常尴尬。可见，遇到这种情况不仅会影响店铺的销量、主播的提成，同时也伤了粉丝的心。

> **名师点拨**
>
> 现在各电商平台的消费者售后体系都做得非常完善，推出了如"七天无理由退款""无忧购""运费险"等服务，这些服务不仅可以保障消费者的权益，也是对商家售后服务的一种考验。

以上4种原因容易导致直播间出现退货退款的情况，当然，也有一些消费者利用消费保障政策进行恶意退款，商家和主播要学会分辨真实情况并进行处理。

3.5.2 如何降低直播间退货率？

降低直播间的退货率是有技巧和秘诀的。这里为大家总结了8字箴言，即"两大关键，四大谨慎"，如图3-17所示。

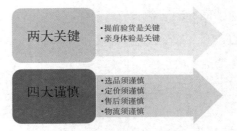

图3-17 降低直播间退货率的秘籍

1. 两大关键

主播在进行直播带货前一定要注意两个关键问题，即提前验货和亲身体验。

提前验货是指主播在进行商品销售之前，要提前查看直播商品的质量，并与合作商家商讨商品的下单、出货、物流和售后等具体问题，衡量预估粉丝的购物体验。

亲身体验是指主播对直播商品进行亲身体验，包括试吃、试穿、试用等，然后把真实的体验感受告诉粉丝，为粉丝购买商品提供真实可靠的参考意见。

2. 四大谨慎

四大谨慎是指选品须谨慎、定价须谨慎、售后须谨慎、物流须谨慎。主播在进行直播带货时，需要谨慎地选择直播商品，并对商品的价格、售后以及物流等问题进行谨慎的设置和处理。

（1）选品须谨慎。

主播在进行直播带货时，一定要谨慎选择直播商品。主要注意两点：一是商品质量以及售后服务体系要过关，二是商品要具备爆款潜质。

主播在选品时一定要提前验货，也就是提前查验直播商品的质量，最好能亲自体验一下粉丝购买及收货的过程，并且在这个基础上亲自试用，总结心得体会。

主播在选品时还应该判断商品是否具备爆款潜质。主播一般可以通过以下两个维度来进行基础排查，从而判断商品是否具备爆款潜质。

① 商品的月销量或排名榜。

一般来说，月销量较高或者热卖榜单排名靠前的商品，基本上是当下较火爆的刚需商品，主播可以通过查看市场上同类商品的月销量和销售排名，对热销商品有一个心理判断。比如，主播打算在直播间销售水果类目的商品，可以在淘宝搜索水果，按销量排序，可以看到销量排行前三的水果是猕猴桃，且月销量均在10万以上，说明猕猴桃是当下水果类目中热销的商品，如图3-18所示。

② 大类目刚需商品。

主播在选品时应该尽量选择一些大类目下的刚需商品进行直播销售。使用周期短、需求量大的服饰、美妆、食品、生活快销品等类目应作为首选。

例如，食品类目下某款螺蛳粉的月销量高达75万，如图3-19所示；生活快销品类目下某款抽纸的月销量高达85万，如图3-20所示。这些商品都属于大类目下的刚需商品，购买这类商品的消费者数量巨大，且商品的复购率也很高。

图3-18 水果类目的销量排行

图3-19 食品类目下某款螺蛳粉

图3-20 生活快销品类目下的某款抽纸

（2）定价须谨慎。

在直播过程中合理控制商品的价格也能减少直播间的退货率。对于低价商品，如9.9包邮这类价格较低的商品，消费者在收到商品后就算不是特别满意，一般也会因为嫌退货太麻烦而放弃退货。这时商家可以设置一些门槛，如退货需要自己承担邮费等，来打消消费者退货退款的念头。对于高价商品，则可以设置一些优惠策略，加大优惠力度，如向消费者赠送一些价格较高的礼物，这样也能在一定程度上降低直播间的退货率。

（3）售后须谨慎。

当粉丝在直播间购买商品后，因不满意而要求退货时，客服人员首先要保持良好的服务态度，及时回应粉丝。然后向粉丝询问退货理由，想办法让粉丝保留商品，并对粉丝进行一些福利引导，尽可能地减少退货订单的产生。如果实在无法挽回，也要尽量给粉丝留下一个好的印象，方便他们二次回购。

（4）物流须谨慎。

很多时候消费者选择退货退款的原因是商品物流出现了问题，从而导致粉丝的购物体验很差。虽然物流环节具有很大的不可控性，但商家至少可以在商品的包装上下一些功夫，将商品包装做得更细致一些，减少运输途中对商品造成损坏的概率，让消费者在收到商品时能有一个好心情，这样就会降低直播间商品的退货率。

3.6 组建一个强有力的直播团队是直播间高销量的保障

一场好的直播带货并非一个人就可以完成，而是需要拥有一个完整的直播团队。团队中各个岗位的人员要相互配合，经过精心的运营和策划，最终才能达到较佳的直播效果。下面就为大家介绍一下直播团队的人员配置，以及直播团队各岗位的职责。

3.6.1 直播团队的人员配置

一个完整的直播团队主要由主播团队和运营团队两部分组成，两个团队又可以细分出4个具体的岗位。其中，主播团队包括主播岗位和主播助理岗位；运营团队包括场控/中控岗位和运营策划岗位，如图3-21所示。

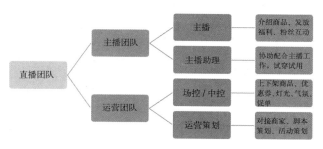

图3-21 直播团队的人员配置

主播是一场直播的终端执行方,他的工作内容主要包括展示商品、介绍商品、发放福利、与观众互动等。由于不同主播的风格、特长、气质、性格、爱好不同,因此我们可以根据产品的不同来选择适合本产品的主播进行直播。

主播助理和主播一样,也是一场直播的终端执行方,他还是主播的助手,需要协助并配合主播的一切工作,帮助主播展示商品,进行商品的试穿试用等。值得注意的是,有些商品对助理有一定的要求,比如,服装类的商品要根据不同款型选择不同风格和身型的助理。

> **名师点拨**
>
> 主播和主播助理作为直播的终端执行方,除了执行工作外,还需要做好信息反馈的工作。因为所有的直播工作执行完成以后都要进行复盘,以便于进行二次优化,提升直播效果。在进行直播复盘时,必然离不开主播和主播助理的反馈意见。

3.6.2 直播团队各岗位的职责

一个直播团队通常可以分为4个具体的岗位,即主播岗位、主播助理岗位、场控/中控岗位和运营策划岗位,下面就来看看这4个岗位的具体职责是什么。

1. 主播岗位的职责

主播岗位的职责分为3个部分,即前期准备、中期互动和后期维护,如图3-22所示。

图3-22 主播岗位的职责

（1）前期准备。

开播前主播要熟悉直播脚本的内容，熟悉该场直播的商品，了解该场直播的福利以及要点信息。只有这样，主播在开播之后对商品的介绍才能达到相对流畅的水平，进而使直播间获得更高的转化率。

（2）中期互动。

在进行直播的过程中，主播需要活跃直播间的气氛，把握直播间的节奏，与粉丝进行各种互动，及时解答粉丝问题，打消粉丝疑虑，引导新粉关注，并时刻注意自己在镜头前的表现。

（3）后期维护。

下播之后，主播需要从多个渠道（如店铺主图、店铺首页海报、店铺群等）提升个人的曝光度，增强个人人物的IP塑造（IP塑造是指个人形象以及品牌塑造）。同时，主播还要定期给活跃的粉丝发放一些专享福利（如优惠券、小礼品等），这样可以有效增加粉丝的黏性。

2. 主播助理岗位的职责

主播助理是一个辅助性岗位，它的岗位职责可以划分为3个部分：开播准备工作；配合场控、协调主播；辅助主播互动，如图3-23所示。

图3-23 主播助理岗位的职责

（1）开播准备工作。

开播前主播助理需要对外发布直播预告，并确认货品、样品以及道具的准备是否就位，检查直播设备是否齐全。

（2）配合场控、协调主播。

在开播过程中，主播助理需要配合场控去协调主播。比如，做好录制商品的讲解或直播看点，及时整理直播间商品等工作。

（3）辅助主播互动。

在直播过程中，主播助理还要协助主播活跃直播间氛围，在主播"尬场"时主动缓解气氛或者寻找新鲜话题；在直播间观看人数比较多的时候，辅助主播进行互动答疑。

3. 场控/中控岗位的职责

场控/中控主要是执行运营人员的策划方案，在运营人员和主播之间进行协调。他的工作内容包括上下架商品，帮助主播发放优惠券，布置直播间灯光和营造气氛，同时还要协助主播进行促单。场控/中控岗位的职责包括五方面内容：调试设备、软件设置、后台操作、数据监测、指令接收及传达，如图3-24所示。

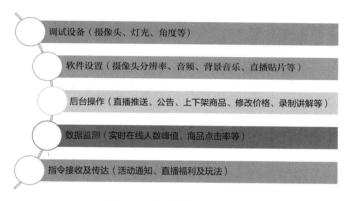

图3-24 场控/中控岗位的职责

首先，场控/中控人员在开播前要进行相关软硬件的调试；其次，开播后要负责所有相关的后台操作，包括直播推送、公告、上下架商品等；再次，需要做好数据监测工作，对实时在线人数峰值、商品点击率等数据进行监测，遇到异常情况要及时将其反馈给直播运营人员；最后，需要负责指令的接收及传达工作，比如，将运营人员的指令信息及时传达给主播和主播助理，让他们将信息告诉直播间的观众。

4. 运营策划岗位的职责

运营策划人员主要负责策划直播内容，协调直播团队各岗位之间的工作，同时还要负责与商家进行对接。运营策划岗位的职责也包括3部分内容，分别是规划内容、团队协调和复盘提升，如图3-25所示。

图3-25 运营策划岗位的职责

（1）规划内容。

运营策划人员的工作职责首先是规划正常直播的内容，撰写直播脚本。运营策划人员需要先确定这场直播的主题，比如，确定是日常直播还是官方活动直播。然后根据直播主题匹配货品和利益点，同时还要规划好开播的时间段、流量和流量的来源、直播的玩法等。

（2）团队协调。

运营策划人员需要承担团队协调的工作，团队协调分为外部协调和内部协调。外部协调包括封面图的拍摄、设计制图、产品抽样、奖品发放，以及调节仓库部门的工作等；内部协调包括调节直播人员的关系、情绪和直播时间，解决直播期间出现的问题等。

（3）复盘提升。

运营策划人员需要在各项直播工作执行完成以后，根据各部门人员的配合情况和直播数据反馈信息，针对前期制作的方案和目标进行详细的数据复盘，并给出合理的总结和建议。

> **名师点拨**
>
> 直播的实际落地需要根据商家的具体情况和人员数量进行合理的分配和安排。例如，刚刚开通直播的商家，在直播团队中配备一名主播就够了。有的商家为了节省经费，甚至由店主亲自上阵直播。除此之外，也可以由店铺内部的员工调岗来组建直播团队。
>
> 表3-2为大家总结了不同规模的直播团队，在人员数量以及主播资质等方面的要求，方便大家搭建和选择适合自己的直播团队。
>
> ● 表3-2 不同规模直播团队的人员配备
>
> | | 初始团队 | 小型团队 | 中型团队 | 大型团队 |
> | --- | --- | --- | --- | --- |
> | 团队人数 | 1~3人 | 3~10人 | 10~50人 | 50~100人 |
> | 主播类型 | 素人主播 | 进阶主播 | 机构主播 | 头部主播 |
> | 粉丝数量 | 0~1万 | 1万以上 | 100万~1000万以上 | 1000万以上 |

第 4 章

带货直播间的场景布置技巧

一个小小的直播间就是主播们的主战场,不论是大主播还是小主播,都需要在这个战场上将直播商品一件一件地销售出去。粉丝们在直播间产生的下单行为,一般会受到环境、氛围等因素的影响。因此,本章将围绕带货主播的直播间,详细地为大家讲解直播间的布置与装修,希望能够帮助读者搭建一个既有助于主播活跃气氛,又能影响粉丝情绪并提高销售量的直播间。

4.1 如何布置让粉丝过目不忘的直播场景?

如果能够拥有一个好的直播场景,让粉丝一进入直播间就感觉非常舒服,并且让人印象深刻、过目不忘,同时这个场景也能体现出主播售卖商品的方向,就能最大限度地将精准粉丝留在直播间。一个小小的手机屏幕里展示出来的直播间,要让人眼前一亮,并且尽可能多地传递出运营者想表达的信息,就需要认真地做好直播间的搭建。带货直播间的搭建,一般会分为"人、货、场"3个部分,下面我们就从这3个部分入手,为大家讲解直播间的搭建。

4.1.1 如何提升直播间"人"的魅力?

直播中"人"的部分其实非常重要,可以说,"人"就是直播间的灵魂。一个直播间如果没有人,就算布置得再华丽,也会显得十分空洞,缺少氛围。大家可能见过,有些直播间的主播并没有出镜,只是将镜头对着商品,而主播只是通过声音来介绍商品。其实这样做并不好,主播只有在出镜的情况下,才能将自己的个人魅力尽情地展现出来。而直播间也正是因为有了主播对商品的介绍,与粉丝之间的互动,以及个人魅力的展示,才能将一场带货直播变得生动有趣。

同一个直播间在主播出镜的情况下和主播不出镜的情况下,带给观众的感受是完全不同的,如图4-1和图4-2所示。通过对两张图片的对比我们可以感受到,当主播出镜时,观众的目光一定会聚集在主播的身上;但在主播不出镜的情况下,观众的目光会十分涣散,很难集中注意力。

图4-1 主播出镜的直播间

图4-2 主播不出镜的直播间

那么，主播应该如何在直播间中更好地展现自己呢？一般来说，主播在直播中需要从自身的信心、亲和力、精神状态、形象、气质和装扮等6个方面来提升自己的个人魅力，如图4-3所示。

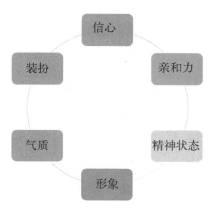

图4-3 提升主播个人魅力的6个方面

1. 信心

新手主播在刚开始从事直播工作并初次面对镜头时，难免会因为紧张或不熟悉而对自我缺乏信心。信心虽然是一种内在的心理活动，但也会通过主播的面部表情、动作以及说话的语气声调等表现出来，因此，作为新手主播，在上播前一定要充分做好心理建设。如果主播对自己的直播没有信心，则可以试想一下在平时生活中，自己和好朋友是怎么相处的，然后在直播中将粉丝当成自己的好朋友，这样主播在直播的过程中就会变得轻松从容很多，从而将自己最好的一面展现出来。而且，主播用对待好朋友的态度来对待粉丝，相信粉丝也一定会像对待好朋友一样，一直支持主播。

2. 亲和力

近年来，快手短视频APP上衍生出一种独特的电商经济形态，即"老铁经济"，如图4-4所示。所谓"老铁"，就是指老朋友。在快手上，主播和粉丝之间互相以"老铁"称呼，拉近了彼此之间的距离。

"老铁经济"之所以能成功，与主播的亲和力密不可分。大家以前看电视购物，觉得没有吸引力，是因为总感觉主持人是在打广告，没有亲和力。而现在看直播，消费者会觉得主播就像自己的朋友，直播带货就像是好朋友在为我们推荐好物一样，多了一份

图4-4 快手上的"老铁经济"

亲切感。由此可见，要做好一名带货主播，往往需要通过自身的亲和力，与粉丝之间建立起一种朋友关系，让粉丝一进入直播间，就有一种去朋友家做客的感觉。

3. 精神状态

直播是一份非常辛苦的工作，主播们需要长时间地面对镜头，有的主播甚至需要天天直播。但作为一名优秀的主播，只要一开播，一坐到镜头面前，就必须精神抖擞、满怀激情，将自己最好的状态呈现给粉丝。

4. 形象

这里所说的形象并不是说主播的外表一定要很漂亮，而是指主播的形象要能给粉丝留下深刻的印象，形成记忆点。作为一名带货主播，长相普通一点反而能让人觉得真实，也更容易让粉丝产生信任感。所以，在一些直播平台上，那些长相比较憨厚的带货主播反而更受欢迎。

5. 气质

气质与形象一样，并不是说主播的气质一定要很好，而是指主播所呈现出的气质一定要与销售的商品定位匹配。简单来说就是，主播的个人气质一定要与商品气质相符。

6. 装扮

主播的装扮与主播的形象和气质一样，必须要和销售的商品定位匹配，不能让粉丝觉得主播与整个直播间的氛围不协调。例如，某直播间销售的商品是农副产品，但主播却全身穿着名牌、打扮精致，这样会让粉丝觉得这个主播十分不靠谱，甚至有的粉丝会想："这个主播卖的商品肯定很贵，利润很高；他肯定赚了很多钱，打扮才能这么精致。"相反，如果直播间销售的是高客单价的商品，那么主播在穿着打扮上就需要注意，不可太过随意，以免影响个人形象。

4.1.2 直播间"货"的展示技巧

在直播带货中，除了主播以外，出现得最多的应该就是各种各样的商品了。关于直播间的"货"，此处分为两个部分来讲解。第一部分是货品的陈列和展示，第二部分是货品的更新。

1. 货品的陈列和展示

货品的陈列和展示一般有两种方式：一种是将销售的商品放置在主播前方进行展示，如图4-5所示；另一种是将销售的商品放置在主播的身后作为背景来陈列，如图4-6所示。

图4-5 方式1

图4-6 方式2

这两种不同的货品陈列方式，基本是根据商品种类的不同来区分的。通过图片我们可以看到，将商品放置在主播前方的这种货品陈列方式，适用于相对小件的商品，如化妆品、食品、玉石、珠宝等；将商品放置在主播身后的货品陈列方式，适用于较大件的商品，如衣服、包包、家电等。

下面我们再来看一组直播间没有陈列货品的图片，如图4-7所示。我们可以看到，如果直播间没有陈列货品，那么当观众进入直播间时就无法立刻知道主播在推荐什么类目的商品，同时直播间也无法营造良好的购物氛围。

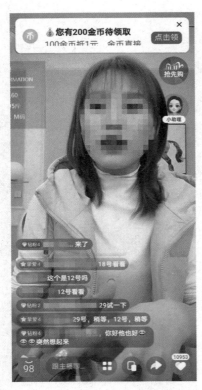

图4-7 没有陈列货品的直播间

> **名师点拨**
>
> 在商品陈列方面需要注意的是，要尽量在直播间内将商品摆放充实，让粉丝一进入直播间就能明确这个直播间所销售的商品属于哪个类目。同时，直播间内摆满商品也比较容易激发粉丝的购买欲望。所以，一个好的直播间，都是非常注重货品陈列的，会尽可能地让直播间传递出更多的信息。

2. 货品的更新

一场直播的时长通常为3～4个小时，主播在直播中需要向粉丝介绍20～30个商品。如果主播每天直播，那么一周需要介绍的商品数量大约为100个。图4-8所示的某直播间当前上架的商品数量已经达到71个。

第 4 章 带货直播间的场景布置技巧 065

图4-8 某直播间的上架商品数量

一般对于大主播来说，会有一个属于自己的选品团队。这个选品团队会先根据主播的定位和情况，进行货品的招商和筛选，最后再由主播来确定哪些商品可以入选直播间。

但对于中小主播来说，合作的商家数量和能力都非常有限。这些商家所提供的商品种类也很少，往往无法满足高频直播中商品的更新需求。因此就会导致主播在每场直播中销售的都是相同的商品。从平台的规则及要求来看，直播间的商品当然是越丰富越好。但我们可以在很多直播平台上看到这样的现象：某主播长期只销售几种固定的商品，甚至只销售一种商品，不过仍然取得了非常不错的销售成绩，这说明该主播对这种商品的认知和专业程度高。

那么，直播间的商品到底是多一些好还是少一些好呢？这需要分情况来看。如果主播的定位不是"垂直人设"，那么直播间的商品数量当然是越多越好，因为商品的数量和种类越多，就意味着粉丝的覆盖面越广。如果主播的定位是走"专业垂直"路线，那么直播间的商品的数量和种类必然会有所局限，而主播只要在这个商品品类中好好深耕，也能成为一个垂直品类的KOL（关键意见领袖）。

> **名师点拨**
>
> 直播间商品数量的多少，往往建立在性价比高低基础之上。也就是说，在直播间中，性价比高的商品，数量相对会多一些；性价比低的商品，数量相对会少一些。

4.1.3 直播间"场"的布置技巧

直播间的场景一般分为室内和户外两种。不同的直播间场景带给粉丝的感觉也是完全不同的，但一个好的直播场景一定是与商品完美结合的。粉丝一进入直播间，就会受到直播场景的影响，从而增加下单的可能性。

1. 室内直播场景

室内直播场景主要是指在室内环境下通过镜头所呈现出来的场景。室内直播场景的打造主要分为4部分：画面清晰度、灯光、背景和画面比例。

（1）画面清晰度。

目前的直播方式主要分为两种：一种是推流直播，一种是手机直播。推流直播是指通过电脑与电脑摄像头组合进行直播。在这种直播方式下，能够影响直播清晰度的主要是电脑摄像头的成像效果。如果在室内直播时选择的是推流直播这种方式，那么建议选择专业的推流摄像头，以保证视频的成像效果，如图4-9所示。

图4-9 推流摄像头

> **名师点拨**
>
> 直播带货对电脑的配置基本上没有太多要求，使用普通电脑直播即可；如果是游戏直播，则会对电脑的显卡等配置提出一定的要求。

手机直播是指直接利用手机进行直播。现在大多数主播会选择以手机作为主要的直播设备，如果用手机直播时出现了直播画面不清晰的情况，那么可能是由于手机性能方面的问题所造成的,如手机内存不够、手机网络不稳定、手机摄像头像素太低等。所以,建议主播在直播时一定要配备一台内存充足、摄像头像素高、性能稳定的手机。如今市场上大部分品牌的旗舰机型都符合手机直播的需求。另外,主播还可以利用手机外置摄像头来提高直播画面的清晰度,如图4-10所示。

图4-10 手机外置摄像头

(2)灯光。

灯光是直播场景中最为重要的元素之一,一个好的直播间,它的灯光处理做得是非常到位的。纵观那些大网红的直播间可以发现,他们的直播间中放着各种各样的灯具,如射灯、柔光灯、补光灯等。在开启一场直播时,一定要注意直播间的打光效果,不要出现光线过暗和光线过曝的情况。图4-11所示为直播间不同的打光效果,分别为光线过暗、光线过曝、光线较好。

光线过暗　　　　　　光线过曝　　　　　　光线较好

图4-11 直播间不同的打光效果

（3）背景。

直播间的背景将决定直播间的调性。一个好的直播间，其背景可以提升商品的价值，体现商品的品牌以及直播间的氛围。图4-12所示的这组背景，虽然单从画面上看显得很典雅，但整体画面呈冷色调，这样冷淡的色彩往往很难激起粉丝的购物欲望。

图4-12 冷色调的直播间背景

那么，什么样的直播间背景才能激起粉丝的购物欲望呢？通常来说，那些色彩丰富、画面感充实的直播间背景，更容易让人产生购物的欲望。因为粉丝一进入这样的直播间，就仿佛进入了一个商品的世界，如图4-13所示。

图4-13 能激起粉丝购物欲望的直播间背景

（4）画面比例。

一个直播间所呈现的画面比例如果控制得很好，就会让进入直播间的人感觉非常舒服。在直播间中，人、货、场3个元素都有各自合适的呈现比例。当然，根据不同的场景、不同的商品，画面的比例设置会有所不同。在调整直播画面比例时有一个原则：既能够清楚地近距离展示商品，让粉丝看到主播的表情和动作，也能把布置好的背景展示给粉丝。如图4-14所示，左图中人、货、场3个元素的画面比例十分不协调；而右图中人、货、场3个元素的画面比例就很和谐。

图4-14 直播间画面比例对比

2. 户外直播场景

户外直播场景的打造主要需要注意以下3个要点。

第一，注意直播时的光线。在户外直播时，主播要注意，不要逆光直播。如果直播时间是正午时分，就尽量选择在可以遮阳的地方直播，避免太阳直射，否则会因为光线过强而导致直播画面曝光过度。

第二，注意网络的稳定性。直播画面如果断断续续、十分卡顿，那么肯定是留不住粉丝的。所以，主播在户外直播时一定要保证网络的稳定和顺畅，这样才能给粉丝带来好的观看体验，从而将粉丝留在直播间。

第三，注意画面的稳定性。主播在户外直播时，使用的直播设备一般是手机。如果直接手持手机在户外走动，则有可能出现直播画面抖动等情况，这时主播就需要为自己配备一个手机稳定器，也就是手持云台，如图4-15所示。手机稳定器可以保证主播在户外走动时，直播画面依然稳定，从而给粉丝带来较好的观看体验。如果主播不打算配备手机稳定器，那么至少也应该配备一个自拍杆，这样才能使直播画面比例更加合理。

图4-15 手机稳定器

4.2 不同购物场景对于消费者心理的影响

在上一节中我们了解了带货直播间中"人、货、场"3个部分的搭建技巧，通过学习，我们可以搭建出一个光线明亮、布局合理的直播间。但作为带货直播间，不仅要光线明亮、布局合理，更重要的是，要能提升商品的品质。

要打造能够提升商品品质的直播间，首先需要了解购物场景对消费定位的影响，也就是要弄清楚不同直播场景的差异是什么。例如，要弄清楚消费者在线下购买服装时，会选择去专卖店购买还是去街边摊购买。在不同的购买场景下，商品的价格和品质必然会有所不同。下面就以线下购买服装的不同场景为例，为大家分析一下不同购物场景对于消费者心理的影响。通常线下购买服装的场景可以分为6大类：地摊、街边小店、超市、服装市场、专卖店、高端商场，如图4-16所示。

图4-16 线下购买服装的6个场景

1. 地摊

一提到地摊货，大家首先想到的肯定是那些价格低廉、品质较次的商品，事实也确实如此。因为地摊购物场景（见图4-17）主要面对的消费群体是经济能力较差的消费者，如农民工、学生等。

图4-17 地摊购物场景

消费者在地摊上购买商品时，不仅要面临一个比较嘈杂的购物环境，还要学会砍价。而且地摊购物还很难有售后保障，当买回家后发现商品有质量问题再返回寻找摊主时，很可能已经找不到摊主。

当然，地摊购物也有它的优势。很多无关紧要的生活小物件就可以在地摊上购买，这些小物件不仅价格便宜，而且有些小物件在其他地方很难寻到。所以，地摊购物时大家常常会用到一个字："淘"。淘商品的过程中，大家有可能会遇到好的商品，也有可能会遇到坏的商品，这其中就有一些运气的成分了。

2. 街边小店

街边小店（见图4-18）售卖的商品相对来说，比地摊上售卖的商品品质要好一些，价格也要高一些。而且消费者购买街边小店的商品比购买地摊上的商品要更放心一些，因为街边小店毕竟有一个门店，一旦商品出现问题，消费者可以找到店主进行相关处理。这种街边小店一般是做熟客生意，口碑对店铺来说非常重要，商品一旦出现质量问题，很多店主也愿意妥善处理，为自己店铺赢得一个好口碑。但街边小店同样存在讨价还价、购物环境嘈杂等问题，并且商品的品质也远远达不到中高端消费者的要求。

图4-18 街边小店购物场景

3. 超市

大家在超市购物时，基本上会有一个共识：超市的商品是明码标价的，消费者不用考虑讨价还价的问题，觉得价格合适就可以购买。在超市购物，商品品质相对也有一定保障，如果商品出现问题，超市方面基本上可以做退换货处理。但是超市里销售的服装，款式一般比较老气，档次也较低，体现不出品质感，很少有大品牌的服装会出现在超市中。因此，在超市购买服装的消费者一般是对服装款式没有过多要求的中老年人。而且超市中销售的商品种类丰富，是名副其实的商品零售大市场，所以购物环境同样十分嘈杂，如图4-19所示。

图4-19 超市购物场景

4. 服装市场

服装市场的商品一般品质不错，款式新颖，价格也比较划算。当消费者选择去服装市场购物时，他的消费目的是非常明确的，就是想选购到心仪的服装。在服装市场（见图4-20）中购物，消费者的选择范围比较广，可以购买到低、中、高不同价位和档次的服装，但消费者需要面临与商家讨价还价、购物环境嘈杂、试穿不便等问题。服装市场中有些商家只喜欢接待前来进货的批发商，对待散客的态度很差，会给消费者带来不好的购物体验。

图4-20 服装市场购物场景

5. 专卖店

专卖店的特点就是商品品质较高，商家服务周到，消费者的购物体验良好。在专卖店购物时消费者会发现，店铺中服务人员的服务态度都比较好，会耐心地为顾客介绍商品。另外，专卖店的购物环境（见图4-21）往往也比较舒适，有专门的更衣室和休息区，能够带给消费者更好的购物体验。专卖店的商品价格要比前文所列的几种购物场景中的同类商品的价格高一些，但商品的品质也更好一些，而且商品都是明码标价，如果有特价或者折扣商品，服务人员也会如实相告。

图4-21 专卖店购物场景

6. 高端商场

高端商场往往装修豪华，光线明亮、布局大气，给人一种高端的品质感，如图4-22所示。在高端商场购物，消费者从进店，到挑选衣物，再到离店，服务人员会全程给予专属的贴心服务。消费者不仅能享受到舒适的购物体验，还有一种被尊重的感觉。有些品牌甚至会在客户生日时寄送小礼物给客户，让客户得到心理上的满足感。

高端商场的商品价格通常都比较昂贵，商品品质也非常不错。但商品本身的价值也许要低于消费者的实际花费，因为消费者更多的是在为品牌的尊贵感和一系列完善的服务买单。

图4-22 高端商场购物场景

在分析了6种购物场景之后，现在回到直播间场景的布置上。运营者可以根据直播商品的定位、用户人群以及目标消费者的消费习惯等来布置直播间。如果直播间销售的商品属于低价商品，那么直播间场景应该设计为地摊和街边小店的风格；如果直播间销售的商品属于中端商品，那么直播间场景设计为超市或市场风格会比较合适；如果直播间销售的商品属于高端商品，那么直播间场景就应该设计为类似于专卖店和高端商场的风格，在场景上体现出一种品质感。

有些读者可能会问，虽然自己直播间销售的是比较便宜的商品，但仍然想将直播间装修得豪华一些，可不可以呢？当然可以。适当地提升直播间档次对商品品质感的提升也是有一定帮助的，但一定要掌握好直播间装修的尺度，直播间装修风格不可与商品风格差距过大。

大家可以试想一下，如果直播间销售的是价格很便宜的商品，且该类商品的品质也一般，但直播间的装修却很豪华。粉丝可能就会受到直播间场景的影响，认为该直播间销售的商品品质很好，从而拉高粉丝对商品品质的期望值。当粉丝实际收到商品时，就会产生落差感，这样就有可能会增加商品的退货率和差评率。同理，如果直播间销售的商品品质非常好，但直播间的场景布置得很混乱、环境很差，那么自然会给粉丝造成一种商品价格虚高的印象，这样非常不利于商品的销售转化。因此，在搭建直播间场景时，运营者一定要根据商品的定位来合理确定直播间风格。

4.3 直播间场景的视觉冲击

关于直播间场景的布置,还有一个重要因素会对直播间的氛围营造和销量提升造成一定影响,那就是直播间场景的视觉冲击。人的视觉感官是十分敏锐的,当一个人的视觉感官受到深刻影响时,就能对某一事物留下深刻印象。由此可知,直播间场景的视觉冲击力越强,对粉丝的吸引力也就越强。

直播间场景的视觉冲击一般分为两个部分:第一部分是直播间商品的陈列摆放对粉丝的视觉冲击;第二部分是直播间的色彩搭配对粉丝的视觉冲击。

4.3.1 直播间商品的陈列摆放对粉丝的视觉冲击

在直播间中,整齐、合理地陈列商品,能给粉丝带来很强的视觉冲击,从而增强粉丝对商品的购买欲。

如图4-23和图4-24所示,虽然两个直播间销售的商品都是化妆品,但这两个直播间所带给粉丝的视觉冲击感是完全不同的。如图4-23所示的直播间,陈列的商品数量较少,且不是特别明显,整个画面显得很单薄。在这种情况下,主播需要更卖力地介绍,通过说话内容来补足画面的不足。如图4-24所示的直播间,画面感非常强,多种商品的陈列摆放已经完全将购物环境营造出来。这时粉丝进入直播间的目的也会更明确,主播在讲解商品的过程中会相对轻松些。

图4-23 直播间的商品陈列没有视觉冲击感　　图4-24 直播间的商品陈列有视觉冲击感

4.3.2 直播间的色彩搭配对粉丝的视觉冲击

那么，是不是只要在直播间中将商品放满，就能营造出视觉冲击力很强且受粉丝欢迎的直播场景呢？下面先来看图4-25所示的某直播间场景，虽然陈列摆放了很多商品，但灯光昏暗，背景色彩单调，看久了就会有一种很诡异的感觉，让人十分不舒服。这样的场景布置所带来的效果就属于一种负面的视觉冲击。

因此，在布置直播间场景时，不仅要通过合理的商品陈列摆放，将画面充实起来，同时，还要学会利用色彩搭配，来增强画面的视觉冲击力。

无论是在线上还是在线下，每逢促销，商家都喜欢使用红色元素来装扮店铺，以增加喜庆感。例如，"双11"期间，京东"双11"主会场就会选用红色作为页面背景，如图4-26所示。

促销活动期间，商家和电商平台都愿意选用鲜艳的色彩来布置店铺和会场，这是因为鲜艳的颜色不仅能彰显喜庆的气氛，还能使人保持一种兴奋的状态。在这种情况下，消费者的消费欲望就有可能被最大限度地激发出来。

优秀的直播间场景布置，一般会选用比较鲜艳的颜色来进行搭配。图4-27所示的这几个直播间的场景，使用了很多视觉冲击力极强的颜色，再加上陈列充实的货品，很容易让粉丝产生购物欲望。

图4-25 某直播间的场景图

图4-26 京东"双11"主会场页面

图4-27 视觉冲击力极强的直播间场景

> **名师点拨**
>
> 这里需要强调的是，虽然鲜艳的颜色能让人情绪高涨、精神亢奋，但这种类型的色彩也不能长时间使用。因为时间长了，这种鲜艳的颜色会让人产生精神上的疲惫。所以，运营者在布置直播间场景时，要经常针对直播间的色彩搭配进行一定的调整。

4.4 多元化场景设置更让粉丝心动

多元化的直播场景能够有效提高粉丝对直播间的好感，本节将为大家详细讲解多元化直播场景的设置。带货直播间的多元化场景设置，主要是通过直播场景的变换来实现的。经常变换直播场景，既能给粉丝带来新鲜感，又能增强粉丝购买商品的意愿。下面我们就从室内直播间场景和户外直播间场景两方面入手，来探讨多元化直播场景的设置。

4.4.1 室内直播间场景的多元化设置

室内直播间的场景设置主要分为三层，第一层是近距离展示商品的空间，第二层是主播，第三层是主播背后的背景和货架，如图4-28所示。室内直播间场景的布置和变换主要是通过第三层的改变来实现的。

在室内直播间场景的多元化设置中，可以通过装饰背景墙、更换直播间场景以及放置物品等方式，向粉丝传递各种信息。运营者首先要清楚自己要向粉丝传递什么信息、要达到什么目的，然后根据自己的目的打造多元化的直播间场景。

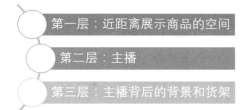

图4-28 室内直播间的布置

案例 1

某销售童鞋类商品的直播间，在布置直播间场景时通过一张背景海报来向粉丝传递信息，即自己的直播间销售的是童鞋，如图4-29所示。由于从手机镜头里很难体现出直播商品的大小比例，因此粉丝在进入该直播间时，很难一眼就分辨出该直播间销售的商品是童鞋还是成人鞋。这时运营者通过背景墙上带有卡通Logo的海报，向粉丝传递出一个信息：这个直播间销售的商品是童鞋。这样做使直播间的风格更加明确了，还可以帮助直播间筛选出意向粉丝。

图4-29 某销售童鞋类商品的直播间

案例 2

某销售运动服装类商品的直播间,直接将直播间搬到了线下门店中,将直播场景设置为专卖店风格,以店面作为直播间的背景,如图4-30所示。粉丝一进入这个直播间,就会感觉自己像是走进了一家运动专卖店。通过这样的场景设置,能够让粉丝深切地感受到该直播间拥有众多款式的运动类品牌的商品,这样一来有需求的粉丝自然会留下。

图4-30 某销售运动服装类商品的直播间

案例 3

在某直播间中,主播面前的地上摆放着很多商品和红包,画面上打出了"送"的字样,证明这些商品和红包是用来给粉丝发福利的,如图4-31所示。当前直播场景下所释放出的这些潜在信息,能够有效地将那些想获取福利的粉丝留在直播间,从而增加直播间的人气。

图4-31 某直播间为粉丝准备的福利

名师点拨

室内直播间的场景布置千万不要一成不变，直播场景需要根据不同的时节、活动和需求进行变换和调整。

4.4.2 户外直播间场景的多元化设置

市场上的大多数商品是在室内直播间进行直播的，但也有一些商品由于性质特殊，更适合在户外场景下进行直播，如生鲜、水果类商品。这种类型的商品特别适合在市场、工厂、种植基地以及野外等场景下直播，主播可以在这些场景下，通过边走边播、现场演示、亲身体验等方式向粉丝更加全面地介绍商品，以增强商品的真实性。

下面还是通过3个实际案例来介绍户外直播间场景的多元化设置。

案 例 1

图4-32所示的直播场景是草莓的包装车间,主播在包装车间现场为粉丝展示草莓的挑选和包装过程。那么,这样的直播场景会给粉丝传递什么样的信息呢?首先,粉丝能够直观地看到草莓的挑选和包装过程,打消对草莓可能不新鲜、包装和运输过程中可能会损坏等顾虑。而且从直播画面中粉丝也可以了解到,草莓从原产地直接发货,没有中间商,价格应该是很实惠的。由此可知,这样的户外直播往往会取得比较好的销售成绩。

另外,主播在这样的场景中也会显得比较轻松,不用一本正经地介绍商品。主播既可以通过与粉丝互动的方式来介绍自己这边的情况,也可以根据粉丝的要求,在直播中展示草莓的挑选和包装过程,同时,主播还可以通过试吃来讲解草莓的味道。

图4-32 户外直播场景1:草莓的包装车间

案例 2

在图4-33所示的直播场景中，主播采用的是边走边播的形式来进行直播的。可以看到，主播走进一片果园里，直接从树上摘下新鲜的芒果，一边试吃一边向粉丝介绍芒果的成熟度和口感。通过这个直播场景，同样会让粉丝感受到直播间销售的芒果特别新鲜，而且是原产地直接发货。另外，这种边走边播的直播形式，会使直播画面随着主播的走动而发生变化，能给粉丝带来一定的新鲜感，从而提高粉丝观看直播的兴趣。

图4-33 户外直播场景2：果园

案例 3

在图4-34所示的直播场景中，主播通过现场演示的方式，向粉丝展示自己在野外环境下，利用简单的工具来烹煮食材的过程。在直播过程中，主播不仅向粉丝展示了做菜的过程和技巧，还通过描述为粉丝反馈食物的味道。这样的直播场景既生动又有趣，还很接地气，非常有吸引力。

图4-34 户外直播场景3：野外烹煮食物

通过对以上多种直播场景的分析我们可以发现，多元化的直播场景可以带给粉丝不同的直播感受。运营者在布置直播间场景时，可以结合直播的产品和直播的目的，有针对性地对直播间的场景进行设置和调整，从而提升直播间的粉丝留存率，并提高直播商品的转化率。

第 5 章
必知必会的直播运营基本技能

随着直播行业竞争的日益激烈，要做好带货直播，并非打造一个合格的主播、搭建一个吸引人的直播间这么简单，还需要不断地优化直播运营工作。目前直播行业稀缺的人才不是主播，而是运营人员。一个合格的运营人员，既需要做好主播定位、货品筛选、直播内容规划、直播数据分析等工作，还需要做好直播后的复盘以及粉丝维护等工作。直播运营是推动直播顺利进行的关键，就如同一支部队的后勤保障一样，一场战斗要想打赢，后勤保障工作必须要做好。

5.1 如何设置令人"一见钟情"的直播封面

直播封面是主播在直播时，直播间向所有用户展示的一张图。淘宝直播平台上的部分直播封面图如图5-1所示。直播封面图的好坏将决定用户是否会进入直播间观看具体的直播内容，对于直播间的引流来说，好的直播封面图将发挥至关重要的作用。所以，要有效提升直播间的点击率和流量，首先需要制作一张具有吸引力的直播封面图。

图5-1 淘宝直播平台上的部分直播封面图

5.1.1 制作直播封面的要点

直播封面是每一个观众在观看直播前都会看到的第一张图片，很多观众正是因为直播封面做得有亮点，才选择进入直播间观看具体的直播内容的。那么，如何才能制作一张具有吸引力的直播封面图呢？一般来说，制作直播封面需要掌握以下几个要点。

- 直播封面图的画面比例一定要合理，这样的封面图视觉冲击力更强，让人看着也更舒服。

- 直播封面图上的人物要尽量和主播一致，不要有太大差距。
- 直播封面图要追求美观，直播的商品价值越高，封面图就越要有质感。
- 直播封面图上的文字应该尽量简洁，不要出现太多文字，文字的数量尽量控制在10个字以内，突出重点文字即可。
- 直播封面图要完整，最好不要有拼接和边框。
- 直播封面图应该尽量选择鲜艳的色彩来搭配，因为色彩亮丽的图片往往更具有吸引力。

总的来说，一张优秀的直播封面图肯定是人物与商品的整体比例协调、画面优美、色彩鲜艳的。只有这样的封面图才能让观众一眼就注意到它，进而进入直播间观看直播。

> **名师点拨**
>
> 一张直播封面图的效果到底好不好，最终还是要通过实际的测试数据来衡量。在做直播封面图测试时，运营人员至少要准备5张以上的封面图，每张封面图经过三天或一周的测试，然后根据每张封面图的点击率，选出最优的那一张封面图，作为当前这一阶段的直播封面图。

5.1.2 直播封面的制作技巧和思路

针对不同商品类目的直播封面，制作技巧和思路会有稍许的差异。下面为大家介绍3种常见的直播类目的封面图的制作技巧和思路。

1. 服装潮牌类

服装是电商领域中最热门的行业类目之一，也是流量竞争最激烈的几个类目之一。在这个行业中，直播封面最重要的是要展现出画面的美感。在制作服装潮牌类直播封面图时，对主播的发型、服装、搭配、姿势都有一定要求，运营人员要尽可能地将主播在服装搭配上的美感展现出来。服装潮牌类直播封面示例如图5-2所示。

图5-2 服装潮牌类直播封面示例

2. 护肤美妆类

护肤美妆类目直播封面图的制作主要以主播的颜值为核心。运营人员可以从主播的眼睛、眉毛、嘴唇和发型等方面入手,为主播打造一个精致的妆容,以突出商品的调性和卖点。护肤美妆类直播封面示例如图5-3所示。

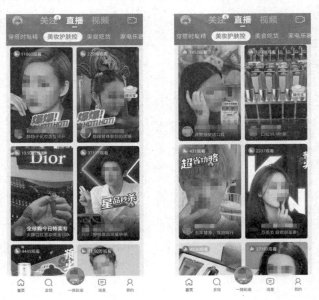

图5-3 护肤美妆类直播封面示例

3. 美食类

美食类目主要包含零食、小吃、主食以及生鲜等。大家都知道，作为食物，必须色、香、味俱全才能有吸引力。在制作美食类直播封面时，主要关注的是食物的视觉表现，即色、香、味中的"色"。运营人员不仅要注重商品本身的细节展示，还要特别注意商品的摆放，力求做到画面美观，让人一看就能充满食欲。美食类直播封面示例如图5-4所示。

图5-4 美食类直播封面示例

5.2 如何写出让粉丝"难舍难分"的直播标题？

直播标题与直播封面图一样，其主要作用都是吸引观众进入直播间，以达到为直播间引流的目的。在撰写直播标题时，运营人员需要通过对重点信息的表达，将直播的核心内容直接展示在观众面前，引起他们的兴趣，进而吸引他们进入直播间。下面是为大家总结的直播标题的常见类型，以帮助大家掌握常见类型的直播标题的写作技巧。

1. 痛点型标题

痛点型标题主要是表达用户的核心痛点，然后提出解决方案。这种类型的直播标题，以用户在生活中的烦恼为核心，将商品与解决方式联系在一起，并巧妙地将它们运用到标题中。只要能准确抓住用户的核心痛点，就能吸引用户的注意力。

例如，某场直播的标题为"大象腿大屁股水桶腰的神奇显瘦穿搭"，如图5-5所示。这一标题对于想通过穿衣搭配来掩饰身材不完美的用户来说，就非常具有吸引力。他们一看到这样的标题就会产生要进入直播间观看直播，进一步寻求解决方法的冲动。

在撰写痛点型标题时，运营人员要深入挖掘用户的需求点，了解用户想解决的问题，然后将其与商品的功效联系在一起，如此便能轻松吸引用户的注意力。

图5-5 痛点型标题示例

2. 逆向表达型标题

逆向表达型标题主要是以制造反差，引起观众注意为目的。逆向表达需要以逆向思维为基础，例如，作为商家肯定都希望用户在看到直播标题后能够进入直播间，因此按照常规思维，通常会将直播标题设置为"跌破底价！走过路过不要错过！"。但如果按照逆向思维来设置标题，则可以将标题设置为"别点，点就省钱"，如图5-6所示。

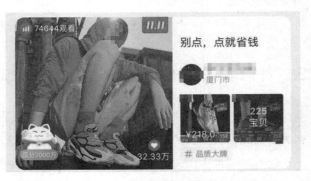

图5-6 逆向表达型标题示例

图5-6所示的直播标题就是采用逆向表达的方式撰写的。该标题先是用"别

点"一词来制造反差,引起用户的好奇心,然后告诉用户"别点"的原因就是省钱。如果这时直播的商品刚好是用户感兴趣的,那么他们进入直播间的可能性就会非常大。类似的逆向表达型标题还有"小贵,但有很多人买"等。

3. 悬疑型标题

悬疑型标题主要是以引起用户强烈好奇心为目的。好奇是人的天性,人人都有好奇心。悬疑型直播标题能够有效吸引用户的注意力,提升他们对直播内容的兴趣,进而促使他们进入直播间观看直播。例如,"跳绳真的减脂吗?""四肢不胖唯独肚子大该怎么瘦身?"等直播标题就属于悬疑型标题,如图5-7所示。通过这些标题能够传递出一种莫名的兴奋感,从而激发用户的好奇心和观看兴趣。

图5-7 悬疑型标题示例

4. 热点型标题

热点型标题主要是借助当下的热点事件来吸引用户进入直播间。大部分人都容易对当下的热门事件或人物产生浓厚兴趣,因此运营人员便可以通过"蹭热点"的方式来撰写直播标题,利用热点事件的热度来提高直播间的点击率,提升直播间的流量。例如,小米新款手机一推出,就会有很多主播打上相关的标题来蹭热点,如图5-8所示。

图5-8 热点型标题示例

5. 教学型标题

教学型标题给用户传递了这样一种信息：用户在此直播间不仅能购买商品，还能快速学习一些与直播商品相关的实用小技能。教学型直播标题就是抓住了用户希望从直播中获得实际利益的心理，在标题中明确告诉用户，可以通过观看直播学到某种小技巧或小技能。例如，"五分钟教你快速美甲""汉服发型基础手法"等都属于教学型标题，如图5-9所示。

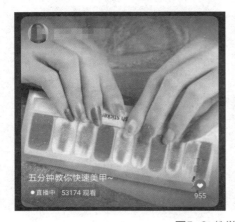

图5-9 教学型标题示例

6. 紧迫型标题

紧迫型标题主要是为用户制造一种紧迫感，让他们产生"错过很可惜"的想法，从而加快用户进入直播间的速度。例如，"大牌口红美妆黄金100秒抢购""保价双11新鲜百香果限时拍减10"等直播标题，就是为了迎合用户"求便宜"的心理而创作的紧迫型标题，如图5-10所示。每当用户看到这种类型的直播标题时，就会因为担心错过好货而选择进入直播间观看直播并抢购商品。

图5-10 紧迫型标题示例

7. 幽默型标题

幽默型标题主要是通过幽默搞笑的表述来吸引用户的注意力。例如,"您的11月正在派件~""今天'金'多到爆"等直播标题的表述就非常幽默,如图5-11所示。幽默型标题不仅能有效吸引用户的目光,还能为直播标题的创作注入新鲜血液。

图5-11 幽默型标题示例

> **名师点拨**
>
> 直播标题是吸引用户进入直播间的关键因素。笔者根据词性的不同为大家整理了一些可以运用于直播标题的高频营销词汇,以供运营人员参考。
>
> - 名词:专场、盛宴、福利、折扣、豪礼、狂欢、惊喜、大赏、大促、好礼、好货、精品、优惠等。
> - 动词:登场、抢、嗨、玩转、××开启/来了/来袭、大放送、巨惠、特卖、直降、速来、势不可挡等。
> - 形容词:限量、限时、超强\值\低\划算、震撼、火爆、满分、热门、心动、高档等。
> - 感叹词:高能、燃爆、秒秒秒、购购购等。
> - 副词:××不停、××多多、不×会亏、值得×、××翻倍等。
> - 量词:一大波、全场等。

5.3 如何选择合适的直播标签让粉丝更精准?

直播标签是直播平台对每一个直播间的定位和归类。比如,某直播间的标签是美食类的,那么平台就会在分配流量时,将该直播间推送给经常浏览美食类目商品的用户。因此,一个直播间的直播标签越精准,它的观众就越精准,这将有助于提升直播间的转化率和销售量。

5.3.1 直播标签的流量分配规则

在淘宝直播平台上我们可以看到,该平台有许多按照垂直类目划分的标签,而一个大的频道下又有非常多的细分标签,如图5-12所示。

图5-12 淘宝直播平台上的直播标签

例如，某场直播的商品以穿搭类商品为主，那么该场直播的大标签就是"时髦穿搭"。这个标签下又可以细分出很多小标签，如"每日上新""当季新款""大码穿搭"等，如图5-13所示。又如，某场直播的商品以美食类商品为主，那么该场直播的大标签就是"吃货力荐"。这个标签下又可以细分出"方便速食""休闲零食""进口食品"等小标签，如图5-14所示。

图5-13 穿搭类商品的直播标签

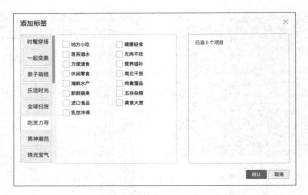

图5-14 美食类商品的直播标签

由此可见，直播标签的数量非常庞大，而且划分得非常细，能够切实帮助商家和达人更精准地找到适合自己的直播标签。每一个标签都拥有自己的权重，直播间在某一个标签下直播，达到相应时间后自然会有相应的积累权重。直播标签的权重是由直播间过往的综合表现所决定的，如果直播间的表现好，那么它的权重就高，流量自然也多，反之亦然。

很多直播平台的直播标签是根据直播的内容分析得出的，下面我们就以淘宝直播平台为例，为大家介绍直播标签的设定。

淘宝直播平台上有一个标签排名规则，假设某直播间一直在A标签下直播，那么该直播间的直播时间越长，数据越好，排名就会越高；但如果该直播间突然将直播标签换成了B标签，那么所有的直播数据都会从头开始计算，直播间的排名也会被重新计算。所以，一般情况下运营人员都不愿意轻易更换直播标签，否则会严重影响直播间的权重和排名。

直播间在发布直播时，运营人员需要自行选择直播标签。淘宝直播平台的直播标签流量分配系统，会从直播间人群、货品分类、直播主题三个方面，对直播间的"人、货、场"进行分析，从而为直播间分配相应的流量。只要主播专注于某一类商品的推荐，且直播间观众的留存率越高，购买转化率越好，该直播间的标签就会越精准，系统分配流量的精准度也会越高，继而系统也会推送更多的流量给到该直播间。

5.3.2 选择直播标签的具体方法

直播标签能够为直播间带来精准流量，提高直播间的转化率，让直播的效果更好。所以，选择一个适合自己直播间的直播标签就显得非常重要。那么，究竟应该如何选择直播标签呢？下面就为大家介绍两种选择直播标签的方法。

1. 统计Top主播的直播标签和时段

在选择直播标签时，建议运营人员先根据Top主播每天的直播时段和直播标签来制作一张统计表格，如表5-1所示。

● 表5-1 Top主播每天的直播时段和直播标签

排名	主播名称	直播时段	直播标签
1			
2			
3			
4			
5			

这个表格的作用在于可以最大限度地帮助运营人员避开那些竞争较为激烈的直播时段和直播标签。例如，某直播间的直播标签为"包包"，直播时段选在较为热门的19:00~23:00。如果在同一直播标签下、同一直播时段中，有多个粉丝数量过千万的大主播在直播，那么粉丝数量较少的直播间就很难在这个直播标签下和直播时段中获得流量。

选择直播时段时，有两种比较普遍的思维。第一种思维是在流量高峰期开播，第二种思维是选择冷门时段开播。对于新手主播而言，一般建议选择冷门时段开播，如每天的2:00~8:00或者6:00~12:00。只要这些时间段没有大主播在同一个直播标签下进行直播，那么新手主播的直播间流量就很容易得到提升。当然，除了考虑直播时段外，运营人员还必须根据自己的直播商品合理选择较佳的直播标签。

2. 根据自身的竞争能力选择直播标签

对于那些比较成熟、竞争力较强的主播，在选择直播标签时可以选择流量基础较大的标签。对于那些流量不稳定、竞争力较弱的主播，则可以采用以下两种方法测试和选取直播标签。

● 通过优化直播间商品来匹配精准流量，迅速抢占一个新的标签，以此提高该直播标签的权重。

- 利用3~5天时间对相关直播标签轮番进行测试，从中选出较优的一个直播标签。

以上两种方法都是为了找到适合自己直播间、对自己直播间提升流量帮助最大的直播标签，然后长期使用和维护，从而累积更高的权重。

> **名师点拨**
>
> 直播标签一旦确定，就尽量不要大幅度地更换标签类目。如果必须要更换直播标签，也最好更换为相似的直播标签，这样便于标签权重的迁移，也不会对直播间的流量造成较大的影响。例如，某个直播间以前使用的直播标签为"当季新款"，那么在选择新标签时，就可以选择比较相近的"每日上新"来作为新的直播标签。

5.4 如何发布让销量翻倍的直播预告？

"流量时代，粉丝为王"。大家都知道粉丝是直播带货的基础，但一个直播账号在运营初期，粉丝数量是很少的，这时直播间的流量又从何而来呢？一般运营人员会在一场直播正式开播前发布直播预告，将要直播的主要内容和直播时间等信息提前告知平台的用户，以此来为直播间引流。淘宝直播平台上的直播预告如图5-15所示。

图5-15 淘宝直播平台上的直播预告

要使直播预告达到一个好的效果，成功为直播间引入流量，首先就需要从自己的私域流量入手，将这部分自己可以掌控的流量率先引入直播间，从而带动更多的流量。下面结合两个实际案例，来看看具体应该如何通过直播预告为直播间引流。

案例 1

×××减脂奶茶零基础直播销售565单

这个奶茶品牌商家首次尝试直播带货就取得了2个小时销售565单的好成绩。该品牌商家的首次直播之所以能取得成功，直播预告功不可没。该奶茶品牌商家之前一直采用的是微商代理模式，大家都知道，微商的流量大部分为私域流量，这些微商拥有大量从朋友圈中沉淀下来的粉丝。于是，品牌商家就和这些微商合作，让他们每天在自己的朋友圈发布多条直播预告和商品宣传信息。经过一周的预热宣传，在真正直播这一天，这些微商手中的私域流量被充分激活。

该奶茶品牌商家的首次直播，选择在快手平台进行，快手的同城定位功能和流量展示机制，又为直播间吸引了很多同城的陌生观众，最终2个小时成交了565单。

案例 2

某主播首次在直播间销售农机商品，销售额破万元

某主播首次在直播间为一款农机商品带货，其销售额就达到了5万元。农机商品属于小众商品，受众面比较窄，尽管该主播已经拥有几百个粉丝，但直播间的在线观看人数却始终只有十几个。按常理来说，该主播不可能取得好的销售成绩，那他是怎么使销售额破万元的呢？

前一个关于奶茶品牌的直播案例中也有说到，主播在开播前，需要利用直播预告来激活自己的私域流量，从而为直播间引流。该主播也是这样做的，他在开播前几天就将直播预告发布到了自己的私域渠道，以此来激活潜在客户和潜在粉丝。

虽然整场直播的在线观看人数并不多，但直播的转化率却很高。后期对直播数据进行分析时，运营人员发现，好几位在直播间下单购买商品的客户，都是之前在店铺浏览过该商品的客户，但此前他们并没有下单，说明他们对商品还存在一些顾虑。在看到主播和商家发布的直播预告后，这些精准的潜在客户便进入直播间观看直播，通过主播专业的讲解，他们对商品有了进一步的了解，打消了对于商品的顾虑，最终做出了下单购买的决定。

这个案例告诉我们，如果没有发布直播预告，那么可能会失去一个让潜在客户或潜在粉丝进一步了解商品的机会，从而错失一次成交的机会。由此可见，发布直播预告，提前为直播间引流是非常重要的一项工作。当为直播间引来流量以后，就需要通过主播专业的讲解来说服观众下单购买商品了。

那么，主播和商家应该如何发布优质的直播预告呢？直播预告一般分为短视频和图文两种形式。例如，抖音、快手等以短视频为主导的平台，在发布直播预告时，理想的方式就是采用短视频的形式，如图5-16所示。以短视频的形式发布直播预告时，短视频的内容将非常关键。短视频内容不能太过于直白，一定要生动有趣，具有吸引力。又如，微信、QQ等以图文为主导的平台，在发布直播预告时，主要就是采用图片+文字的形式来发布预告，如图5-17所示。

图5-16 采用短视频的形式发布直播预告　　图5-17 采用图文的形式发布直播预告

在制作直播预告时，一定要做到内容有趣、主题明确、利益点突出，这样才能吸引更多的免费流量。一条优秀的直播预告，除了要把直播的时间和利益点说清楚以外，预告的内容和形式也要吸引人。就像抖音平台的罗永浩，他的直播预告短视频除了表达直播时间外，更多的是通过剧情表达他会为了粉丝去砍价的个人人设。这样粉丝通过直播预告短视频就能知道，直播间商品的价格都很实惠，从而实现为直播预热的目的。

5.5 如何策划"完美"的直播脚本？

直播脚本将直接影响一场直播的效果，因此，做好直播脚本的策划是直播运营人员较为基础的一项工作。策划直播脚本的目的是梳理直播的流程，让整场直播能够有条不紊地进行。一般来说，直播会经历5个关键环节，如图5-18所示。

图5-18 直播会经历5个关键环节

运营人员策划直播脚本的思路主要以上述5个关键环节为主线,在这5个环节的基础上进行细化和具体的安排即可打造出一份优秀的直播脚本。下面通过表5-2所示的直播脚本策划案例,为大家展示直播脚本的具体内容。

● 表5-2 某场直播的脚本策划表

项目	详细内容
直播人员	主播1人,负责整个直播间的商品推荐、福利活动及与粉丝互动,要掌控整场直播的节奏 主播助理1人,负责粉丝群维护、红包发放、准备并协助主播展示商品
直播时间	11月1日,20:00~00:00
直播主题	秋冬新品抢购日
直播内容	(1)上新大介绍 (2)粉丝福利(包括特惠与抽奖) (3)产品介绍 (4)主播故事及产品创意思路 (5)与粉丝互动
直播简介	Hi,大家好。这里是××的直播间,我是主播××,很高兴能够在直播间跟大家见面,感谢大家一如既往的支持,我们一定努力让大家都能以优惠的价格淘到满意的商品。今天晚上的主题是××,有超级多的福利和好产品,大家一定不要错过哦 粉丝群:点击直播间头像进入主播粉丝群,了解最新活动、上新预告、粉丝大回馈等最新情报,主播××24小时在那里等候大家
直播核心要点	(1)新品、旧品联动搭配销售(提高坑位产出,让更多人体验到产品,感受到直播购物的优势) (2)通过福利、送礼、互动三大活动,吸引更多流量并留住直播间的粉丝(让利给粉丝,提高粉丝黏性) (3)介绍主播或品牌的故事以及产品的创作思路,让购物回归产品本身。比如,介绍一款新上的运动鞋时,可以为观众介绍一下这个品牌的文化,产品的制作工艺、材料、功能以及设计理念等

续表

项目	详细内容
直播活动	（1）整点1元秒杀50元无门槛优惠券 （2）今日上新特惠粉丝，新品半价限时限量抢购 （3）点赞抽奖活动 （4）有趣问答，爆款棉T恤特价送
直播流程	**20:00～20:30 开播准备**：主播调试直播设备，准备暖场；主播助理在粉丝群、朋友圈、微信、QQ、微博等一切社交媒体唤起粉丝，将其引入直播间 **20:30～21:00 正式开始直播**：主播先和粉丝们拉拉家常，聊聊身边的热点事件、自己的见闻趣事，将直播间的气氛带动起来 **21:00～23:30 进入产品介绍环节**：详细介绍产品的卖点、功能、材质等，除此之外，还可以介绍一些产品的日常搭配、同类产品价格对比、品牌价值等。并在产品介绍环节适当穿插整点1元秒杀50元无门槛优惠券、半价特惠、点赞抽奖等活动，其目的是吸引新粉丝关注，留住直播间里的观众 **23:30～23:50 介绍主播心路历程和品牌故事**：在卖货环节进入尾声时，主播可以与粉丝讲讲自己的心路历程，开播以来与粉丝之间的故事；或者讲讲直播品牌的故事以及产品的创意思路和风格。最后伺机将粉丝拉入粉丝群，建立自己的核心粉丝群体 **23:50～00:00 直播结束**：感谢粉丝的支持，希望大家介绍更多的人来关注主播，来到主播的直播间
细节及补充项	（1）开场预热：直播设备的调试尽量在前一天完成，根据实际情况在直播间增加柔光灯或反光板 （2）活动预热：整点1元秒杀活动设置在22:00进行，限量设置10张优惠券，设定闹铃，提前10分钟进行活动预热。点赞抽奖活动选择在直播间人数较多的时候进行，主要目的是留住进入直播间的观众，同时该活动也可作为主播的休息机会和冷场的补救手段 （3）主播心路历程：讲讲主播或品牌的创业历程，主要目的是引出互动话题，为下一步和粉丝互动打下基础 （4）售后说明：通过前面的铺垫，已经和粉丝达成一种比较亲密的状态，这时可以和他们说一说产品的发货和售后问题。例如，产品会存在一些细节瑕疵、发货时间比较慢等，并对此做出专业的解释，以此安抚粉丝的情绪，增强他们的信任感。这部分工作可以交由主播助理和店铺客服来完成 （5）邀请粉丝加入粉丝群：告诉粉丝今后直播间还将推出更多好的产品，邀请粉丝加入粉丝群，与其他粉丝和主播进行更多的交流。而且加入粉丝群还可以获取一份独家定制的小礼物，以此增加粉丝对主播和直播间的黏性

续表

项目	详细内容
直播总结	本场直播优先顺序如下： （1）和粉丝互动，以增加更多高黏度的核心粉丝 （2）增加更多一般黏度的粉丝 （3）直播不仅要将产品销售出去，更重要的是将直播间的理念和主播的主张传递出去

大家在策划直播脚本时，可以将上述案例作为一个模板，将自己的直播信息填入这个模板即可。不过需要注意的是，直播脚本并不是一成不变的，需要运营人员根据实际情况对其不断进行优化和调整。

直播当中的每一个环节都需要提前做好准备，策划一份清晰、详细、可执行的直播脚本，是一场直播取得良好效果的有力保障。因此，直播运营人员在直播开播前一定要制作一份完整的直播脚本，用于规范直播流程，这样才能顺利把控直播的节奏，从而达到预期的目标。

5.6 如何做好直播间内容，让粉丝"流连忘返"？

直播内容是吸引人气的法宝，也是促使商品成交的关键。无趣乏味的直播内容必然是无法有效吸引到粉丝的，更加没有办法将其转化为销售订单。那么，什么样的直播内容是好的内容呢？打造优质的直播内容又该怎么做呢？下面就针对这两个问题，为大家进行详细讲解。

5.6.1 优质直播内容的标准是什么

大家都知道，好的内容才能吸引到大量的流量，才能有效地促进销售转化。那么，到底什么样的直播内容才是好的内容呢？好的内容的定义标准是什么呢？其实，好的直播内容有一个很关键的点，就是要让粉丝产生想进入直播间观看直播的兴趣，要让粉丝有兴趣观看直播、了解直播的商品，这样他们才有可能购买商品。当然，粉丝在进入直播间后，也有可能因为主播介绍产品的方法存在问题而没有在直播间购买商品，所以，直播间的内容不仅要有趣，还必须专业，这样才能有效吸引粉丝，并实现成交转化。

归纳总结起来，优质直播内容的核心标准主要有4个，如图5-19所示。

5.6.2 优质直播内容的五要素

在知道了优质直播内容的4个核心标准以后，我们又应该如何打造优质的直播内容呢？通常我们可以从封面标题、引导关注、积极互动、专业素质和优惠福利5个方面入手来打造优质的直播内容，即优质直播内容的五要素，如图5-20所示。

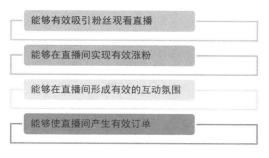

图5-19 优质直播内容的4个核心标准

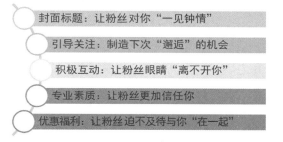

图5-20 优质直播内容的五要素

1. 封面标题：让粉丝对你"一见钟情"

粉丝对直播间的第一印象主要依赖于直播封面和标题，只要封面和标题制作得好，粉丝进入直播间的概率就大。利用"淘宝主播"APP的数据查看功能可以看到直播间的封面图点击率，如图5-21所示。一般来说，封面图点击率为3%~5%比较正常；如果封面图点击率能达到5%以上，那就算非常优秀了，这样的直播封面可以经常使用。

2. 引导关注：制造下次"邂逅"的机会

当访客进入直播间后，接下来主播就需要引导他们关注直播间账号。因为大部分进入直播间的访客，他的身份都只是一个"观众"，并不是真正意义上的粉丝，如果他们不关注直播间账号，成为直播间的粉丝，那么他们下次往往很难找到该直播间。所以，为了方便访客与直播间的下一

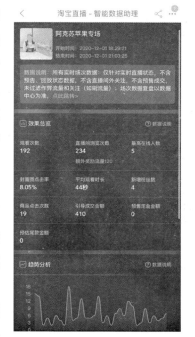

图5-21 封面图点击率

次"邂逅",主播要第一时间引导访客关注直播间账号。主播在引导访客关注直播间账号时,可以设计一些有意思的关注用语,比如,"宝宝们,动动手指点下关注,欢乐与你常相伴哦",毕竟趣味性强的语言更能吸引粉丝关注直播间账号。

3. 积极互动:让粉丝的眼睛"离不开你"

没有互动的直播间就没有灵魂,主播在直播过程中要积极引导粉丝进行互动,学会调动粉丝的积极性,让对方有参与感。能够有效提高粉丝的参与度的方法有很多,如抽奖、点赞、回答问题等;主播也可以用一些小技巧与粉丝互动,常见的就是让粉丝在留言中"扣"数字,如"666""1"等。

4. 专业素质:让粉丝更加信任你

在直播间中,主播带给粉丝的信任感以及安全感主要来自主播的专业素质,也就是主播对商品的专业认知。试想,如果主播不专业,对自己销售的商品都不了解,又怎么能向粉丝准确地介绍商品的功能和卖点呢?又怎么能让粉丝产生信任感呢?所以,主播需要努力提高主播的专业素质,这样才能加深粉丝对主播的信任感,主播才能顺利将商品销售出去。

5. 优惠福利:让粉丝迫不及待与你"在一起"

优惠福利是粉丝选择在某一直播间购买商品的关键因素。例如,A直播间和B直播间销售同一款商品,A直播间的价格为59元,且还有赠品相送;而B直播间的价格为69元,且没有赠品。面对这两个直播间,相信大多数粉丝会选择在A直播间购买商品。所以,运营人员需要提前设计好优惠方案与促销计划,尽可能地为粉丝提供更多的优惠福利,这样粉丝才会选择在你的直播间购买商品。

5.7 影响直播间权重的因素

直播间权重是指平台的评判系统通过大数据分析对直播表现做出的客观评判。直播平台的评判系统是非常"聪明"的,如果某直播间在本次直播时表现很差,那么下次该直播间直播时,平台就不会给予它更多的展示和曝光了。相反,如果某直播间在本次直播时表现很好,那么下次该直播间直播时,平台就会为其提供更多的展示和曝光机会。直播间只有在当下直播中拥有好的表现,将直播间权重做起来,才能使下一次的直播数据越来越好。下面我们就一起来看看直播间怎样才能拥有好的直播表现,以及影响直播间权重的因素有哪些。

5.7.1 直播间权重的分类

直播间权重在不同平台上的算法和规则略有不同，但不管是在哪个平台，直播间权重都分为两类：一类是静态权重，一类是动态权重，如图5-22所示。

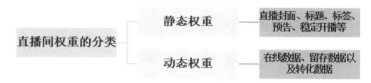

图5-22 直播间权重的分类

静态权重主要指的是直播过程中一些需要做好的基本的准备工作，包括设计好直播封面、标题、标签、预告，以及稳定开播等。

动态权重指的是系统根据直播间的各项实时数据对直播表现做出的评分，系统会以此作为直播间以后直播时流量分配的依据。动态权重包括3部分关键数据，即在线数据、留存数据和转化数据。

- 在线数据是指本场直播的累积在线观看人数。
- 留存数据是指直播间的停留人数，如图5-23所示的右上角显示的4505数字就是留存数据。
- 转化数据是指本场直播的销售金额。

图5-23 直播间留存数据

提升直播间的静态权重相对较为简单，只需设计好直播封面、标题、标签、预告等，并保持稳定开播即可。但要提升直播间的动态权重，则相对较为复杂。因为动态权重所涉及的影响因素较多，接下来我们就以动态权重所涉及的3部分关键数据为主进行讲解。

5.7.2 直播间在线数据

影响直播间在线数据的关键因素是访客的停留时长。访客在直播间停留的时间越久，说明直播内容对访客的吸引力越强，直播间的热度也会越高。访客停留时长主要是受直播内容和直播间环境两大因素影响的。

1. 直播内容

如果访客一进入直播间就立马退出了，那肯定是没有办法为直播间增加热度的。所以，留住进入直播间的访客就显得至关重要。访客最终选择停留在直播间以及停留多久，更多地取决于直播的内容。为此直播脚本的策划必不可少，主播一定要梳理清楚直播的内容，并且要掌控整场直播的互动节奏，让整场直播有趣而不枯燥。

一般来说，直播内容中可以设置抽奖或者送礼等小活动，来吸引访客的注意力，比如，观看直播时长达到1分钟即可领取优惠券。主播需要在直播过程中向访客反复强调这些活动，引导访客关注直播间，从而锁住访客，这样就可以相应地提高访客的停留时长。

例如，某直播间设置的"主播好礼"活动，首先是关注主播可以领取"59-10"的优惠券，其次是观看直播满10分钟可以领取"40-5"的优惠券，如图5-24所示。

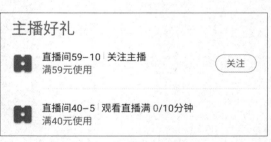

图5-24 某直播间设置的"主播好礼"

2. 直播间环境

很多商家或达人会忽略直播间的布置，但直播间的环境和背景布置非常重要。直播间的环境，是访客对该直播间的第一印象，如果第一印象不好，那么访客自然不会愿意留在直播间与主播进行深入互动。

为此，运营人员一定要注意直播间的背景布置，直播间的背景一定要与主播或者品牌的风格统一，如图5-25所示。

图5-25 直播间的背景要与品牌风格相统一

5.7.3 直播间留存数据

直播间留存数据的好坏可以很好地印证直播间是否有能力让更多粉丝经常回访，同时，好的留存数据也可以为直播间排除"刷粉"的可能性。直播间留存数据主要与粉丝回访、同时在线人数、引导关注和互动分享这4方面的权重有关。

1. 粉丝回访

粉丝回访主要涉及3部分内容，分别是主播的个人魅力、商品的更新速度以及粉丝等级设置。

（1）主播的个人魅力。

直播中有一个很重要的概念，即"关注欲"，只有提高粉丝的关注欲，才能最大限度地提高粉丝回访的可能性。那么什么是"关注欲"呢？简单来说，关注欲就是主播具备足够的个人魅力，能让粉丝喜欢他、关注他，从而让粉丝产生每天都想看该主播直播的欲望。例如，头部主播琦琦和小薇，有很多粉丝喜欢他们，有些粉丝即使不购买商品，也会坚持每天去他们的直播间"打卡"，观看他们的每一场直播。

（2）商品的更新速度。

商品的更新速度对于粉丝回访来说也是非常重要的。在直播带货领域，翡翠玉石行业之所以能做得风生水起，其主要原因在于该行业的商品几乎都是孤品，每一次直播的商品都不一样，能够带给粉丝很强的新奇感，从而迫使他们长期留守直播间。翡翠玉石行业的商品更新频率远远大于其他任何一个行业，这也为销售该类商品的直播间留存粉丝奠定了很好的基础。

（3）粉丝等级设置。

运营人员为了提高粉丝回访率，可以对直播间粉丝进行分等级设置。比如，某直播间将粉丝分为新粉、铁粉和钻粉等，不同的粉丝等级享受不同的待遇，拥有不同的福利，如图5-26所示。粉丝的等级越高，可以获取的福利也越多，这样就会促使很多粉丝每天到直播间"打卡"，以提升自己的粉丝等级。

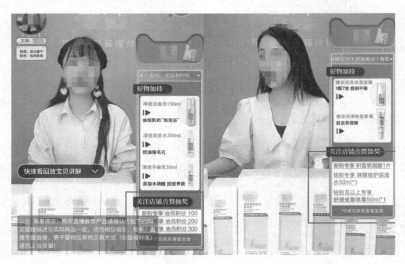

图5-26 某直播间的粉丝分层设置

2. 同时在线人数

在直播过程中，每分钟都有人进来，每分钟也会有人出去，因此直播间的同时在线人数总是不断变化的，如图5-27所示。直播间的运营者需要通过设置直播的内容、商品和福利，最大限度地将进入直播间的访客留在直播间，这样才能有效提升直播间的同时在线人数。

图5-27 直播间不断变化的同时在线人数

我们在判断一个主播的能力时，常常会参考的一个数据就是同时在线人数，因为同时在线人数反映的是主播的留客能力。例如，每隔半小时观察一次直播间在线人数，如果是正增长，说明主播留客能力较强，能不断地将访客留在直播间；反之，则说明主播的留客能力较差，需要在内容和直播技巧上进行一些调整和改进。

不过在观察这个数据时，需要注意一些外在因素的影响，例如，主播从18点开播，19点以后直播间同时在线人数开始正增长，此后不断有人进出，这很有可能是因为到了晚高峰时段，是平台流量的自然增长所带来的结果。所以在下播后复盘的时候，运营人员还需要参考直播间观看次数以进行对比。

3. 引导关注

在直播过程中，主播会通过各种方法吸引访客关注直播账号。但要让进入直播间的访客关注主播的直播账号，将其变为主播的粉丝，就必须给访客一个充分的理由，也就是前文中所说的激发访客的关注欲。访客关注直播账号常见的理由有以下几个。

- 访客很喜欢直播间的商品，虽然这场直播没有购买商品，但下次观看直播时有可能会购买商品，关注直播间是为了方便下次能够快速找到该直播间。

- 直播间的活动很丰富，经常为粉丝发福利，比如，每场直播都有整点发红包的活动。
- 关注主播、关注直播间可以领取优惠券等福利，如图5-28所示。

除了上述所列的理由以外，访客关注直播账号的理由还有很多，关键就看直播间给出的关注理由有没有吸引力，能不能成功让访客点击"关注"按钮。

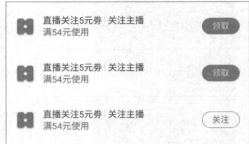

图5-28 关注主播领取优惠券

 提示 这里需要注意，直播间引导访客关注直播账号时，要尽量少使用后台自动弹出的"关注"卡片，如图5-29所示。这个功能可以在抽奖或者抢红包之前，适当使用一下。如果在直播过程经常使用，则有可能会使老粉丝感到烦躁，从而增加掉粉的概率。

图5-29 "关注"卡片

4. 互动分享

直播不是主播一个人自嗨，一定要让粉丝们有参与感，因为只有气氛活跃的直播间才能吸引更多的粉丝。要调动直播间粉丝的积极性，抽奖、限时秒杀等活动都是不错的办法，但在设置这些活动时需要掌握一定的技巧。例如，粉丝在留言中打出数字"666"，即可参与直播间1.9元秒杀××大礼包的活动，如图5-30所示。

除此以外，主播还可以通过提问的方式，来增加与粉丝之间的互动。为了照顾到部分粉丝的感受，主播可以主动点粉丝的名字，这样粉丝会更愿意主动与主播互动。

直播平台也希望从站外引入更多的流量，故十分看重用户的分享行为，因此，分享这一行为在直播间权重中的占比也是非常大的。运营人员可以在直播间设置分享即可领取优惠券的活动，并让主播在直播中引导粉丝参与分享领券的活动，如图5-31所示。除此之外，主播还可以直接在与粉丝聊天或讲解商品的过程中，不经意地引导粉丝将直播间分享给其他朋友。

图5-30 秒杀活动

图5-31 分享直播间可以领取优惠券

5.7.4 直播间转化数据

直播间的转化数据是指本场直播的销售金额。直播间中影响转化数据的行为有3种，分别是点击商品、加购和点赞。

1. 点击商品

直播商品的点击率是提升直播间转化数据的一个重要因素，主播在直播过程中一定要引导粉丝经常到购物袋查看直播的商品，并最好能够让粉丝点击商品链接，进入商品详情页进行查看。直播间购物袋中的商品列表如图5-32所示。

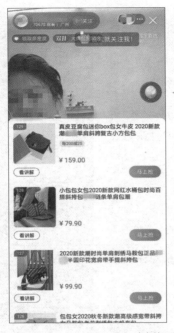 

图5-32 直播间购物袋中的商品列表

粉丝在直播间查看直播的商品时，通常会在购物袋中一件一件地点击进行查看，所以，直播间销售的商品数量越多，粉丝点击商品的概率就越大。另外，直播商品的主图一定要制作精美、有吸引力，让粉丝看一眼就能产生点击的欲望。

主播也可以将本场直播的主推商品或者热卖商品置顶，并在直播过程中人为地引导粉丝查找商品链接。比如，在介绍商品时，说清楚该商品在几号链接，以方便粉丝查找；或者让粉丝联系客服，并通过对暗号的方式，为粉丝提供商品链接。

2. 加购

很多主播认为，粉丝走到"加购"这一步就意味着要下单成交了。因此，主播会把加购和成交看成是同一件事。但事实上，加购并不等于成交，而且粉丝加购的行为将直接影响直播间的转化数据。有的粉丝为了刷亲密度，会主动加购；也有的粉丝加购是为了先关注这个产品，要不要下单购买还需要再考虑。但是，只有在主播人为引导下进行的"加购"行为，才能有效提升直播间的权重，所以，主播需要不断引导粉丝进行加购，还需要让粉丝多点击产品，引导粉丝浏览产品详情页。

直播间产品的被点击次数其实也是影响直播间权重的因素之一，如果主播把一个产品上架到产品列表，但在整场直播过程中，该产品都没有粉丝点击，那么直播间的访客就会认为这个产品没有吸引力，因为没人点击，这就是产品点击次数背后的意义。

> **名师点拨**
>
> 主播在直播中除了关注粉丝有没有成交，更需要做的是不断引导粉丝去加购，去点击产品、浏览产品详情页，这样可以有效增加直播间的权重。

那么，采用哪一种方式上架的产品更加容易被粉丝点击呢？通过统计我们发现，"主播讲解一个产品，上架一个产品"的方式更容易使粉丝点击产品链接，同时，这种上架方式的好处是可以防止粉丝误点击。主播在直播中除了要关注粉丝有没有成交外，还需要做的是不断引导粉丝加购，引导粉丝点击产品、浏览产品详情页，这样可以有效增加直播间的权重。

3. 点赞

大部分主播会认为，点赞量是影响直播间权重的重要因素之一。但事实上点赞量所占的比重并不高，其主要原因是平台系统很难判断直播间的点赞行为是否是内部人员在操作。

直播间的点赞量虽然对直播间权重的影响并不大，但点赞属于直播间的整体互动行为，对于活跃直播气氛有着重要的作用。主播在直播时，往往会引导粉丝一边看直播一边点赞。比如，有的主播会告诉粉丝，点赞到一定数量就进行抽奖或者发福利等活动，利用这种方式鼓励更多的粉丝进行点赞操作。这样做的好处是能够使粉丝成为直播的参与者，提升粉丝与直播间的黏性。

运营人员同样可以通过"设置优惠券+主播口头性引导"的方式，来促使粉丝为直播间点赞，如图5-33所示。

图5-33 设置优惠券

> **名师点拨**
>
> 图5-34所示为8个可以提升直播间在线数据、留存数据和转化数据的小技巧，以帮助大家快速提升直播间的动态权重。

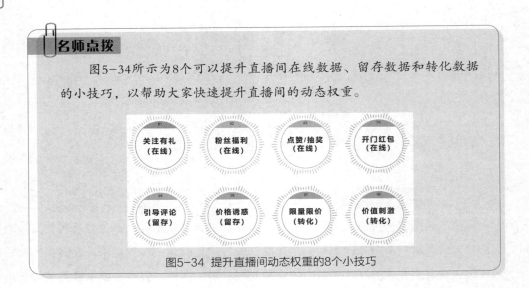

图5-34 提升直播间动态权重的8个小技巧

5.8 直播间快速涨粉的诀窍

很多直播间在运营前期，为了吸引更多的粉丝关注直播间，往往会在直播间投放大量的现金红包，或者通过免单的形式吸引粉丝关注直播账号。但在后期的直播运营中，运营人员和主播会发现，那些在金钱和利益的诱惑下关注直播账号的粉丝，在领取完相应的福利后就会取消关注。由此可见，仅靠利益诱惑还不行，直播间要快速吸引到稳定的粉丝，就必须掌握一定的方法和技巧。

5.8.1 直播间吸引粉丝的4大元素

要掌握吸引粉丝的那些套路，首先我们要弄明白直播间吸引粉丝的关键元素到底有哪些。一般情况下，要提升直播间对粉丝的吸引力，就需要从主播的专业度、直播间给人的初始印象、商品的性价比以及对互动的重视度4个方面入手，如图5-35所示。

图5-35 直播间吸引粉丝的4大元素

1. 主播的专业度

在直播中，主播对直播的商品要有一定的专业性认知，能够通过自身的专业度和经验为粉丝答疑解惑，提供更专业、更可靠的购买意见,从而维护主播在粉丝心目中的权威性,并获得粉丝对主播的信任。

例如,销售美妆类商品的主播,不仅要对自己销售的美妆商品很了解,对化妆方面的知识也要精通,这样他们在带货的同时还能教粉丝一些简单的化妆技巧,如图5-36所示。

2. 直播间给人的初始印象

在客服领域,有一个"黄金7秒"法则,意思是,如果客服在7秒内对客户的提问进行了解答,就会极大地提升客户对商品的好感度和商品的转化率。这个法则同样适用于带货直播,因为直播间留给访客的第一印象非常重要。通常情况下,要使观众对直播间有一个较好的初始印象,需要做好以下几点。

图5-36 美妆主播为粉丝讲解化妆技巧

首先,直播标题和图片必须要做到整洁干净、直击主题。

其次,直播间的氛围可以是温馨的互动画面,也可以是紧张激烈的抢购场景,但一定要注意,不能冷场。

最后,主播对粉丝的招呼和解惑,一定要让粉丝感受到主播的热情,使粉丝产生一种受重视的感觉。

3. 商品的性价比

凭借主播良好的专业度,以及直播间给人不错的初始印象,直播间已经赢得了部分粉丝的好感,接下来就需要通过商品的性价比进一步增强粉丝对直播间的信任感。

没有好的商品,直播带货必将举步维艰,所以,挑选性价比高的商品对于直播带货来说至关重要。这里所说的性价比高的商品,并非单纯指商品的价格很便宜,而是寄托着粉丝对主播和直播间的信任,是基于主播自身的专业知识精心挑选出的优质商品。主播在选品时,应该从粉丝的需求、商品的价格和质量等多个维度考虑。

4. 对互动的重视度

要刺激粉丝们的购买力，主播就需要想办法提升粉丝对主播的信任度。这里有一个比较好的提升粉丝信任度的方法，就是通过粉丝关怀激发他们的潜在需求。

例如，有些主播的粉丝基数并不大，但这些主播每次开播，他的大部分粉丝都会准时出现在直播间观看直播，且这些粉丝都拥有很强的购买力。为什么会出现这种情况呢？其主要原因在于这些主播对粉丝的维护，他们与自己的粉丝之间有着深入且良好的关系。

很多时候我们在观看直播时会发现，有些主播会很亲切自然地与粉丝打招呼，甚至会专门点某个粉丝的名字，如"××你来啦，今天不上班吗""××又看到你旅游回来了""××上次买的东西用了吗，感觉怎么样"，等等。这些简单的话语，会让粉丝们倍感亲切，就像在与自己的朋友交流一样，也使粉丝的某种精神需求可在直播间得到满足。

除了与粉丝打招呼以外，很多主播还会建立自己的粉丝群。不直播的时候，主播就会到群里与粉丝们进行互动和交流，从而与粉丝之间建立了良好的关系。因此，只要主播有直播，粉丝们就会尽量到直播间观看直播，与主播聊天、互动，进而在互动中引发购物需求并最终成交。

5.8.2 直播间的涨粉技巧

直播间的涨粉技巧有很多，下面就为大家介绍几个较为有效、常用的涨粉小技巧，以帮助运营人员快速为直播间吸引大量粉丝，并提高直播间的转粉率。

1. 慰藉情绪

主播在推荐商品的过程中，一定要照顾访客的情绪，找到与他们之间的共鸣点，这样一来才能够成功将访客转化为粉丝。比如，很多人在购物时都喜欢分享和交流，因此，在直播的过程中，想将访客转化为自己的粉丝，主播就需要将推荐商品变成分享好物，从而得到访客的共鸣，这样直播间的转粉率自然会提高很多。

又如，一些销售美食类商品的主播会一边直播一边试吃商品（见图5-37），通过这种接地气的方式在访客心中留下一个念想，快速拉近自己与访客之间的距离，从而大大提升直播间的转粉率。

2. 满足粉丝需求

在直播过程中，粉丝对于商品的需求是一切的基础。如果主播能从粉丝的需求层面出发，通过介绍商品切实地解决粉丝的某种需求，那么肯定能收获大量粉丝。满足粉丝的商品需求应该从以下两个方面入手。

（1）分析粉丝人群画像。

主播首先需要了解自己粉丝的整体情况。主播可以通过直播平台数据中心提供的用户数据，大致了解粉丝群体的性别、年龄、地域分布、消费能力等基本情况，然后有针对性地选择要直播的商品。

（2）根据平台调性选品。

有时直播的平台也是主播选品时需要考虑的一个因素。例如，抖音平台以喜欢新奇事物的年轻群体为主，因此在抖音平台直播，应选择一些"新、奇、特"的产品，这样更容易得到抖音平台粉丝的喜欢。又如，淘宝直播平台本身就是以带货为主的，因此若是在淘宝上进行直播，则选品时要注意挑选品质相对高一些的产品，同时要设置优惠券，使直播间产品的价格比店铺的产品价格更优惠，这样粉丝在直播间成交的概率才会更大一些。

图5-37 主播一边直播一边试吃商品

3. 做好售后保障

消费者购买商品时最担心的就是售后问题，比如，消费者考虑商品若出现损坏，有没有人能处理。作为主播，在日常直播中要切实承担起售后保障的责任，与商家对接，努力维护好直播间商品的售后保障体系。

案 例

曾经有一个主播帮助粉丝处理商品售后问题时的态度，就很值得其他主播学习。

粉丝Z女士在该主播的直播间购买了一件商品，拿到货后发现商品是坏的。于是Z女士到直播间给主播留言，希望主播能够帮忙联系商家，处理一下商品的售后问题。

一般直播商品的售后问题都是由商家来处理的，主播只负责销售直播间的商品，因此，很多主播遇到类似的情况时会选择无视粉丝的诉求，或者直接让粉丝联系商家。但该主播在看到Z女士反馈的问题后，直接暂停了当前直播，并立刻在直播间联系了商家，还告诉Z女士，如果这个商家最后没有处理好这个问题，那么主播将取消与该商家的合作，并由主播承担相应的损失。

很多观看直播的粉丝在看到主播一系列的做法和态度以后，都非常感动，觉得这个主播的责任心很强，是一个值得信任的人。

主播在直播的过程中若用心对待粉丝，那么粉丝必会全心全意地追随主播、信任主播。

4. 激发粉丝的好奇心

粉丝通常都有一种猎奇心态，对八卦或者新奇的事物会产生浓厚的兴趣。因此，运营人员可以利用粉丝的好奇心，来吸引他们观看直播。比如，在直播策划的过程中设计一些话题、福袋或者每期新品，以此来激发粉丝的好奇心。

就像抖音平台上的很多短视频作品一样，它们会将一个故事分为几个短视频，并将上一个短视频的结局放在下一个短视频中（见图5-38），从而引导观众观看下一个短视频，这样便可以一层层地激发粉丝的好奇心。

图5-38 抖音上利用多个短视频作品讲述一个故事

直播脚本中一定要设置好主播对直播话题的引导,充分激发粉丝的好奇心。只有这样直播间才会变成粉丝们的目标,他们才有兴趣观看直播。

5.9 如何进行直播数据复盘?

很多商家和主播都不太在意对直播数据的复盘,但直播数据复盘对于整个直播团队和直播工作的开展来说都是非常重要的。复盘数据可以有效地帮助运营人员分析直播过程中存在的各种问题,帮助运营人员积累经验教训,更好地为下一次直播服务。

通常做好直播间数据复盘工作,可以得到以下三方面的收获。

1. 工作流程化

我们知道,很多东西都有完整的流程,直播带货也一样。直播带货的过程中涉及很多技巧和套路,用好了这些技巧和套路,往往会得到事半功倍的效果。但是直播带货的这些套路和方法并不是唯一的、固定的,每一个直播间都有所区别,运营人员需要根据直播间的特点不断摸索最适合当前直播间的一套工作流程。而对直播数据的复盘则可以有效地帮助运营人员找到直播间的工作规律,使直播间的工作变得更加流程化。

2. 不断纠正错误

在进行直播数据复盘时,运营人员会不断地发现直播过程中存在的一些问题。运营人员将出错的和存在问题的地方及时记录下来,并进行纠正和优化,便可以让每一次直播都获得一些进步。

3. 将经验转化为个人能力

主播在直播过程中难免会遇到一些突发状况,通过直播数据复盘可以帮助主播不断地积累经验。以后在直播过程中遇到同样的情况时主播也能沉着应对。同时,主播要不断地总结处理突发状况的经验,经过长期的锻炼,将其转化为个人能力。

直播复盘一般由两部分内容构成:第一部分是直播数据分析,第二部分是直播经验总结,如图5-39所示。

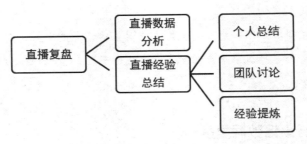

图5-39 直播复盘的构成

5.9.1 直播数据分析

直播数据复盘工作一般会借助专门的数据分析工具，或者利用直播软件的数据分析功能来完成。比如，淘宝直播的数据复盘工作主要是通过"点淘"APP的数据功能来完成的，如图5-40所示。目前，"点淘"APP的中控台已经与"生意参谋"等店铺数据分析工具相关联，可以将直播销售数据从生意参谋实时反馈到点淘中。

下面就以某直播间的直播数据为例（见图5-41），为大家讲解具体怎么查看和分析各项直播数据。

图5-40 "点淘"APP的数据功能

图5-41 某直播间的直播数据

(1)观看次数:12.37万,表示当场直播有12.37万人观看。

(2)直播间浏览次数:21.97万,表示当场直播有21.97万次的浏览量,其中包含同一用户反复浏览的次数。

(3)实时在线人数:218人,表示当场直播的实时活跃在线人数为218。

(4)封面图点击率:4.67%,该数据指标为3%~5%比较正常。如果该数据指标在5%以上,则说明封面图效果很好,大多数用户是因为封面图才进入直播间的。

(5)平均观看时长:92秒,表示当场直播的人均停留时间为92秒。人均停留时间越长,说明直播间对用户的吸引力越大。该数据指标对于提高直播权重非常重要。

(6)新增粉丝数:430人,表示当场直播新增加了430个粉丝,该数据指标能够体现当场直播的"增粉"能力。

(7)商品点击次数:9.20万,表示粉丝通过直播间商品链接点击商品的次数为9.20万次,商品点击次数越高,说明粉丝购买商品的可能性越大,同时也说明了主播对粉丝的引导是比较成功的。该数据指标对于直播间商品的销售转化是非常重要的。

(8)引导成交笔数:614笔,表示当场直播的商品成交单数为614笔。

(9)引导成交金额:3.82万,表示当场直播的商品成交金额为3.82万元。

提示 商品的成交件数和成交金额,是记录当场直播主播战绩的重要数据指标,需要重点复查和核对。

通过对以上直播数据进行逐一分析,能够全面了解当天直播的相关情况,发现直播中存在的一些问题,并及时解决这些问题。比如,某场直播的观看次数很高,但引导成交笔数和引导成交金额却很低,那有可能是因为选品不够好,也有可能是因为主播的销售引导能力较差。

又如,某场直播的封面图点击率较低,用户进入直播间的可能性很低,说明该场直播的引流效果较差。这时运营人员可以通过使用不同的封面图进行测试。当某张封面图的点击率达到一个较好的水平,且比较稳定的情况下,运营人员就可以一直使用这张直播封面图,以保证直播流量入口的吸引力。

除了直播结束后的数据复盘,在直播过程中,运营人员也可以通过查看当场直播的各项实时数据，及时对当场直播进行相关的战略调整。

5.9.2 直播经验总结

在进行直播复盘时，除了要对直播数据进行分析外，还要对直播经验进行总结，以便今后更好地开展各项直播工作。直播经验总结工作分为3部分，分别是个人总结、团队讨论和经验提炼。

1. 个人总结

个人总结一般是由主播团队的成员来完成的。比如，由主播和主播助理分别对当场直播的个人表现、总体运营情况、直播间的氛围、团队配合情况等进行总结。这样做能够比较及时地反馈当场直播的情况，有助于运营人员了解当场直播的每一个细节，并做好相应的应对策略。主播是最了解整体直播情况的人，对于直播间的互动和销售工作更是起到了绝对的主导作用，因此主播的个人总结对直播复盘来说非常重要。一个好的主播一定要擅于在每一场直播中总结经验，并不断地提升自己的直播能力。

2. 团队讨论

很多直播团队在一场直播结束后会第一时间召集团队中的所有人员开会，进行直播复盘，然后讨论下一场直播的选品等问题。在进行直播复盘时，团队讨论很有必要，一般运营人员、主播、场控等会逐一发言，然后对当天直播中好的点与不足的点进行分析，找到问题并且解决问题。直播团队讨论一般涉及4方面内容，如图5-42所示。

图5-42 直播团队讨论所涉及的内容

3. 经验提炼

每个直播团队都有自己的一套工作规则与方法，这也是一个直播团队的核心竞争力。在直播复盘中，运营人员应该根据直播数据分析结果和直播经验总结，为今后的直播工作提炼一套标准化的流程。

第6章
直播带货必备的场控技巧与话术

随着直播带货的迅猛发展，如今直播带货已成为互联网行业的一大新兴职业，无论是企业想扩大品牌宣传，提高产品销量，还是个人想通过卖货赚取高额收益，直播带货都是低成本的选择。那么，在直播带货过程中，主播应该如何快速活跃直播气氛，营造一个人气爆棚的直播间呢？主播又应该如何快速把货卖出去呢？本章将讲解主播应该掌握的直播带货必备的场控技巧和话术。

6.1 如何快速带动直播间的气氛？

在直播带货时，如何快速带动直播间的气氛，吸引直播间粉丝的目光，提升粉丝的购买欲，相信是每一个主播都迫切想了解的内容。其实，主播要让直播间的粉丝与主播互动，快速对主播推荐的产品产生购买欲，这并不难，只要做到以下几点，直播间的气氛会被立即"点燃"。

1. 面带微笑，用亲昵的称呼真诚地欢迎进入直播间的每一位访客

主播要"点燃"直播间的气氛，从直播一开始就要做好充分的准备。在开播时，访客会陆陆续续地进入直播间。此时主播应调整心态，面带笑意，用亲昵的称呼欢迎新进直播间的访客。

直播的时候通常会有提示："××来了"，这时主播可以第一时间念出访客的名字，与他们打招呼，访客就会产生一种被重视的感觉，自然而然就会跟随主播的节奏，积极参与互动。接下来主播还可以引导访客关注自己的直播账号，方便访客成为粉丝后可以随时找到直播间，从而增加主播与粉丝之间的黏性。

2. 积极回答粉丝的提问

在直播过程中，经常有粉丝会向主播提出各种问题，比如，"主播的穿搭有什么技巧""主播的妆容是怎么化的""产品适用于哪些人"等，甚至会有人重复地问同样的问题。这个时候主播一定要有耐心，要及时正面地回答粉丝的问题，千万不能无视。如果主播在面对粉丝提问时，表现出不耐烦，或者直接无视粉丝的问题，就有可能会导致"脱粉"。但对于一些不当言论或者骚扰类问题，主播可以选择适当回避和忽略，因为直播间必须进行正确的价值观和言论引导。

3. 在直播间组织点赞、抽奖、猜谜语等活动

只有在直播间的气氛活跃的情况下，才能有效解决直播间的人数在线问题，从而增加成交转化的可能性。要提高直播间的活跃度，运营人员可以在直播中设计一些点赞、抽奖、猜谜语等活动，并让主播组织粉丝积极参与这些活动，以增强粉丝的互动感，从而充分调动直播间的整体气氛。

4. 连麦互动

在直播过程中，主播和粉丝可以进行连麦互动。这样做不仅有助于提升直播间热度，调动直播间气氛，提高粉丝的积极性，还可以帮助主播塑造权威和专业

的形象，增强直播间粉丝的活跃性。另外，两个人连麦以后，还可以以剧本表演的形式，促进商品销售。

5. 向粉丝提问

在直播过程中，除了粉丝可以向主播提问以外，主播也可以主动向粉丝提问，让粉丝帮忙回答问题。在粉丝回答完毕以后，主播要适当给予一些奖励，以提升粉丝的参与感。另外，主播也可以像拉家常一样和粉丝互动聊天。例如，"大家平时都看什么电影？有没有好电影推荐？""小伙伴们想要这个赠品吗？想要的扣1"，等等，以此让更多的人参与到直播间的互动中来。

6. 展示才艺

在直播带货过程中，主播除了讲解商品之外，还可以用自己的才艺感染粉丝。例如，主播通过唱歌、跳舞等才艺，吸引粉丝的注意力，提升直播间的人气，让更多的人进入直播间。

7. 直奔主题，快速亮出本次直播的优惠活动

当直播间有了一定数量的观众之后，主播应当快速"剧透"当天要播的产品，不停地向观众传递秒杀款、限量款、特价款、免费款、福利款等一系列活动的信息，从而吸引观众继续关注直播间，并对主播推荐的产品产生强烈的购买欲。

以抖音某主播为例，在直播过程中主播用"低价""秒杀""福利"等字眼快速吸引观众的眼球，促使观众毫不犹豫地购买产品，这样也可以在一定程度上吸引观众在下次直播时继续观看，继续购买产品。图6-1所示为产品售罄以及主播介绍产品的画面。

 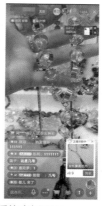

图6-1 抖音某主播的直播界面

从图片中可以看出，该直播间的观众发布的评论不断被刷新，活动产品短时间内便被售罄。由此可见，主播在直播时快速介绍产品活动，不仅有利于"点燃"直播间的气氛，更有利于提升直播间的销量。

6.2 主播如何解决冷场和尬播问题？

有的新手主播在开播时，情绪容易紧张，在有访客进入直播间或是在直播过程中，言语卡壳，使得直播间冷场，导致观众离开。而有的新手主播在开播时，虽然情绪调整得不错，但是没有做好充足的准备，在直播过程中遇到冷场情况时便手足无措，只能与观众聊些毫无意义的内容，导致观众因觉得直播内容枯燥无味而选择离直播间而去。

新手主播如果不能解决直播间的冷场和"尬播"问题，那么将永远无法迈出直播第一步，也无法得到观众的认可。新手主播要拒绝"尬播"，让直播间不冷场，可以从以下几个方面入手。

1. 主动热情地打招呼并积极互动

要让粉丝进入直接间后不马上离开，首先要与每个进入直播间的粉丝打招呼，并且与他们积极互动。

（1）热情招呼：粉丝进入直播间时要主动打招呼并念出对方的名字。

①与新粉打招呼："×××宝宝来了，欢迎来到主播的直播间，喜欢的话左上角点个关注哦！""新进直播间的宝宝们，左上角点个关注，关注主播不吃亏、关注主播不上当、关注主播不要钱，主播每天定期发福利哟。"

②与老粉打招呼："×××又准时来我直播间咯，果然是我的真爱粉，爱你噢！""家人们，在线的全屏扣波666，真爱粉签到了。""直播间的宝宝们/老铁们/家人们/宝贝们，给主播把赞点起来，到×××我们给大家发个红包/抽波奖，回馈我的真爱粉们，今天的奖品有×××等，快来抢啊家人们。"

（2）寻找话题，积极互动。

①来一段幽默的段子活跃下气氛："通向铁的门是铁门，通向木的门是木门，那通向幸福的门是什么门呢？""是我门（们）。"

②提出问题，让粉丝参与互动："宝宝们，昨晚在直播间下单的全屏扣1。""喜欢这款产品的老铁们/想要这款产品的宝贝们扣'想要'。""大家有

吃过阿克苏的冰糖心苹果吗？吃过的朋友扣个666。"

③制造话题，让粉丝产生共鸣："冬天真的很干燥，嘴巴一直脱皮，有这样烦恼的宝宝扣个1。""想买一条显瘦的裤子真的太难了，大家有跟我一样的烦恼的请扣个2。""有喜欢吃螺蛳粉的宝宝吗？在线的扣个3。"

2. 注册小号，发布评论，带动直播间的气氛

通常情况下，直播前主播会在同一个社交平台上同时注册两个或多个账号，用于直播的号叫大号，而其他的号为小号，主播通常使用小号来引导直播间的观众积极参与互动，以活跃直播间的气氛。例如，贴吧吧主在发帖之后会用自己的小号发布一波评论，从而引导其他用户参与讨论。新手主播也可以准备几个小号，开播过程中如果遇到冷场情况，可以利用小号快速发布评论，带动其他观众互动，活跃直播间的气氛。如此一来，即使直播间遇到冷场情况，主播也不会手足无措，利用小号便能扭转局面。

图6-2所示为某位主播的直播间，可以很明显地看到，主播不止准备了一部手机，这些手机代表着不同的小号，主播使用这些小号不仅可以带动直播间的气氛，还能为直播间增长人气。

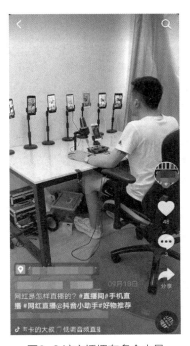

图6-2 该主播拥有多个小号

 主播的小号通常也被称为马甲号，使用马甲号有利于主播掩盖自己的真实身份。不过随着直播环境的变化，很多平台逐渐开始对主播的小号进行规范化的管理。

3. 发动亲朋好友，参与直播间互动

如今人们的手机里几乎都同时有淘宝、抖音、快手、西瓜和微视这五款软件。新手主播在开播之前，可以发动亲朋好友关注自己的直播账号。这样不仅可

以增加账号的粉丝量,在直播时主播也可以发动亲朋好友在直播间互动,为直播间增加人气,带动其他观众共同参与到主播抛出的话题中。

此外,人们在进入直播间时,往往会观察直播间的观看人数。如果观看人数较少,就会给人一种"该主播直播的内容不精彩"的错觉,访客会因此离开直播间。新手主播首先面对的便是直播间观看人数少、观众不互动的问题,如果可以发动亲朋好友关注直播间,为直播间"助威",就会不断地吸引新的访客到来。这样直播间的人数自然而然会往上涨,直播间的氛围也会越来越好。

4. 直播前准备话题提示纸条,促使观众自发互动

直播间出现尬聊、冷场等情况的主要原因是,主播的话题不吸引人、不具备讨论性,观众自然没兴趣参与其中。在开始直播之前,主播可以搜集网络热门话题,如名人八卦、社会时事、电影电视、旅游等,并整理成一条条可行的话术,记录在一个笔记本上或者纸条上,以便直播冷场时使用。这样主播在直播时就不用担心没有话题、没有观众互动了。

例如,某新手主播的直播间受众是年轻女性,该主播在准备直播间的话题时,就以名人八卦、减肥、护肤、美容等年轻女性感兴趣的内容为主,在直播间与观众讨论。这样不仅能够让直播间保持活跃的气氛,也能拉近主播与观众之间的距离。

5. 准备小礼品,调动直播间气氛

主播可以准备一些小礼品,在直播中送给粉丝,这样不仅能预防粉丝流失、提升直播关注率;同时也能活跃直播间的气氛,拉近主播与粉丝之间的距离,还能吸引新的粉丝加入。另外,由于各平台的主播越来越多,观众不仅喜欢专业、有趣的主播,也希望能够从主播手里得到福利,以满足"被宠"的心理。如果主播不能满足粉丝的要求,就容易被粉丝遗弃。

6.3 主播应如何巧妙回答粉丝提出的问题?

无论是线上销售还是线下销售,在销售产品的过程中都会遇到一些粉丝的提问。比如,"你这是正品吗?""质量有保障吗?""衣服掉色怎么办?"等。作为一名主播,必须及时回复并处理好粉丝提出的各种问题。

下面就用范例讲解主播处理粉丝的问题的方法和技巧。

1. 打消粉丝对产品质量的质疑

（1）"这是正品吗？"

方法：耐心解释，让粉丝安心。

处理："你就一百个放心吧，假一赔十，目前这款产品已销售×××件了！""保证正品，不是正品不要钱，直接送！如果发现不是正品，随时免费退货！"

（2）"直播的产品都是假货！"

方法：对产品质量和售后做出承诺。

处理："我们直播间的产品都是有质量保证的，并且是有售后服务的。如果发现假货，不仅可以退货，还可以要求赔偿！"

"宝贝们，这款产品质保5年，质量过硬，如果发现有质量问题，随时可以无理由退货！"

（3）"我用了之后没有什么效果。"

方法：积极引导，与粉丝一起找原因。

处理："宝贝们，一定要按照说明书上介绍的用法使用，要按时、按量，不要偷懒。因为每个人的体质不一样，具有个体差异，有的人使用时间可能要长一点才有效果，有的人可能很快就见效，你再使用一段时间看看效果，如果觉得没有效果，我们随时可以退换，请你放心！"

2. 处理粉丝对产品的不同看法

针对这类问题的处理方法是，不要否定粉丝的看法，也不要与粉丝抬杠，要尊重每位粉丝的不同看法，在肯定的同时再发表自己的建议，以达到消除异议的目的。因为每个人的审美不同，喜好也不相同，因此对同一事物的看法肯定也不一样。

（1）"这个款式有些过时了，我不太喜欢。"

处理："我们这里有很多种款式，宝宝你更喜欢哪种款式，告诉主播，我来帮你试穿讲解。"

（2）"这款衣服太花哨了，不太适合我。"

处理："这款衣服在设计上采用了今年的流行色，鲜亮的配色可以衬托出青春的活力，也是今年的走秀款，值得尝试与收藏哦。"

"我们是支持7天无理由退换的，你可以选选别的款，或是看看主播推荐的哦。"

"我相信直播间的宝宝都是很有品位的，但是每个人喜好不一样，按照自己喜欢的购买就可以啦。这款衣服比较适合××风格的女孩，喜欢此类风格的可以看一下××号宝贝链接。"

3. 化解粉丝的"刁难"或"攻击"

有时主播难免会遇到个别粉丝的"刁难"或"攻击"，这时主播应该学会灵活地处理。

（1）将"刁难"变为赞美。因为没有人不喜欢赞美，但赞美要有理由，要自然，不能太牵强。

（2）巧妙化解"攻击"。千万不要与粉丝抬杠，更不能恶言相对，有时可以用幽默、自嘲的方式来化解"攻击"，这样还可以获得更高的人气。

4. 处理粉丝无正当理由的退货要求

有时主播会遇到一些粉丝无理由要求退货，他们也说不出是因为什么，产品也无任何质量问题，但他们坚持要退货。对于这类退货问题，应尽量找出退货原因，是货品质量不够好还是款式令人不满意，这样主播才能有针对性地向粉丝讲解，尽量说服他们换货。

处理："宝宝不喜欢这款是什么原因呢？主播可以推荐更适合你的。5~15号产品都是我们的新品哦。"

"你好宝宝，我们支持7天无理由退换的，只要没有水洗过且不影响二次销售，都是可以退换的哦。不妨看看其他宝贝，肯定会有一款宝贝是你喜欢的。"

6.4 主播应掌握的直播间欢迎话术

相信大部分主播在直播初期都遇到过这些问题：不知道该说什么，不知道如何与粉丝交流，不知道如何介绍产品，不知道如何回复粉丝的一些问题。其实，这都是因为主播没有掌握直播话术。本节总结了有关直播间欢迎话术的表达技巧以及16个常用的直播话术顺口溜，供新手主播学习和参考。

6.4.1 直播间欢迎话术总结

绝大多数主播在开播时都遇到过这三种问题：

（1）观众进入直播间后又立刻离开了；

（2）直播间留不住新用户；

（3）直播间人气上不去。

造成这三种问题的重要原因是，主播"不懂"直播间的欢迎话术。主播掌握一定的直播间欢迎话术，对于提升直播间留存率是很重要的。主播直播风格不同，其直播间的欢迎话术也略有区别，但总的来说，可以分为以下几种。

1. 简洁型

简洁型的欢迎话术是很多新手主播会使用的一种，但是话术比较机械，没有较强的吸引力，很难吸引访客驻足。例如，"大家好，我是×××，这是我第×天直播，谢谢大家捧场！""欢迎×××来到直播间，喜欢主播的点头像关注哦！"

2. 点明直播主题型

点明直播主题型的欢迎话术可以明确地向观众传递出主播直播的内容是什么，能让观众对接下来的直播有一个清晰的认知。例如，"主播每天晚上7点都会分享化妆技巧，喜欢主播的宝宝可以将直播间分享给朋友！""欢迎×××来到直播间，希望我的舞蹈能吸引你留下哦！""欢迎×××来到直播间，希望我的段子能给你带来快乐哦！"

3. 找共同点型

找共同点型的欢迎话术是根据观众的昵称找到话题切入点，并与之互动。例如，"欢迎×××进入直播间，看名字应该是喜欢旅游的宝宝，是吗？""欢迎×××进入直播间，宝宝也喜欢玩英雄联盟吗？这个角色特厉害！"

4. 求关注型

求关注型的欢迎话术是现在绝大多数主播使用的一种，它有多种表达形式，有欢快活泼的、简单直接的、声情并茂的、搞笑的、煽情的，等等。

（1）欢快活泼的：给观众以阳光的感觉。示例："关注主播不迷路，主播带你上高速!喜欢主播的点点红心关注哦,谢谢小可爱!"

(2)简单直接的:给观众以简单直接的听觉和视觉冲击。示例:"欢迎宝宝的到来,我直播间第一次见到这么厉害的账号哦!""哇,宝宝的头像好可爱哦。"

(3)声情并茂的:用夸张的表演吸引观众。示例:"只要点关注,包你车见车载,花见花开,一夜暴富!"

(4)搞笑的:用搞笑、有趣的肢体动作吸引观众。示例:"欢迎小可爱来到直播间,茫茫人海遇见你,我会把你放心里!主播也想进你的关注里!"

(5)煽情的:用煽情的表情吸引观众。示例:"求求小可爱关注,小可爱给个关注嘛!"

6.4.2　16个直播话术顺口溜

随着直播行业的快速发展,越来越多的人加入了直播队伍。那么,怎样才能让观众关注你呢?记住下面这16个话术顺口溜,粉丝数量"手到擒来"。

(1)欢迎进来的朋友,不要着急马上走,点点关注不迷路,主播绝对没套路。

(2)主播今天刚起步,感谢你们刷礼物。

(3)万水千山总是情,点点关注行不行。

(4)小礼物来走一走,一起关注到永久。

(5)想要关注的朋友,挥动勤劳的小手。

(6)点关注,不迷路,开启创业第一步。

(7)点点关注不迷路,情到深处刷礼物。

(8)玩归玩,笑归笑,关注不是开玩笑。

(9)礼物音浪走一走,支持我就交朋友。

(10)茫茫人海遇见你,我会把你放心里。

(11)一见主播点关注,二话不说刷礼物。

(12)榜一榜二带榜三,一看就是不简单。

(13)点点关注不迷路,商品全是硬干货。

(14)有钱捧个钱场,有人捧个人场,最重要的是我刚开场,你不关注,怎么会有下一场？！

（15）要快乐，关注我，每天开心一点点。

（16）欢迎进来的朋友，不要着急马上走，都是粉丝别吃醋，你的温柔我记住。

6.5 让销量翻倍的直播话术

同一款产品，为什么有些主播能月销10万单，而有些主播只能卖2~3单？那些优秀的带货主播的直播为什么这么有魔力？他们的话术都有什么特点？怎样才能快速地让直播间的销量翻倍？掌握以下内容，你就能学会优秀带货主播的话术技巧，上述问题也将迎刃而解。

6.5.1 打动粉丝的产品介绍：痛点+卖点+场景展示

1. 了解粉丝需求，抓住他们的痛点

（1）美妆类——口红（需求：抬肤色、显气色）："MM们，想不想要超显白的口红色号？""拥有这一支，你的男朋友/老公真的会爱死你们的。""黄皮肤、白皮肤均可以使用，完全不挑人，涂上嘴完全高级感的哑光色口红想不想拥有？"

（2）服饰类——裤子（需求：显瘦、显高、质量好）："想找到一条百搭、显瘦又显高的裤子真的好难，大家看模特的上身效果，真的太棒了""这个做工、面料在商场得卖上千元，在我直播间只是它的三分之一，心不心动？""这条裤子我穿了两年，百搭又好看，洗完不起球，关键是显得腿巨长，想要吗？"

（3）美食类——×××品牌小蛋糕（需求：好吃、健康、实惠）："这个品牌的小蛋糕是我目前吃过的最好吃的，而且低卡路里，美味又不长胖，真的很适合一家人吃。""口感很像小时候吃的鸡蛋卷，松松软软，甜而不腻，外面还有酥皮，一口咬下去入口即化。""在天猫旗舰店一包要×××元，在我直播间领取专属优惠券只需要××元，老铁们赶紧抢吧！"

2. 突出产品卖点，让粉丝欲罢不能

使用"1+3法则"（1个产品+3个核心卖点），用最短的时间从外向内介绍产品的卖点。通常可以从性价比、功能与特点等方面入手进行介绍。

（1）性价比："这款衣服是法式显瘦修身的设计，××同款"（外部大家肉眼可见），"接下来大家看它的材质、面料、细节等"（内部肉眼不可见），"它适合××场合穿着"（出现使用场景）。

（2）好搭配："这件大衣很百搭，买一件可以当好几件穿。"

（3）好洗涤："洗护方便很重要，不脱色不变形，手洗、机洗都非常方便。"

例如，介绍化妆品时可以这么说："使用它，为你的美丽加分；天然、安全，为你的健康加分；好上妆、不脱妆，为你的优雅加分。"

3. 场景展示效果，让效果看得见

突出细节，把产品的做工、材质等细节放在镜头前展示给粉丝，强调产品的功能和利益点。例如，职业装出现的场景更多的是办公室或者工作场合，这样可以让大家有代入感；通勤款则可以多元化场景出现，让大家直观地感受到穿着效果；美妆类产品则应多展示细节使用效果和整体风格搭配。

6.5.2 制造紧张气氛，激发购买欲望，让粉丝主动下单

无论是线上销售还是线下销售，制造紧张气氛，进行饥饿营销的销售技巧，可以激发购买者的下单欲望，常用方法如下。

1. 渲染气氛，让粉丝有紧迫感

（1）抓住粉丝"怕买不到"的心理，用"限时、限量"策略，制造紧迫感。

例如，"新产品推广，机会只有一次！""今天都是限量发售，买到就是赚到。""超低价格，仅限今天直播时段，非直播时段恢复原价。""只有×××份做活动，错过就没有了。"

> **名师点拨**
>
> 主播还可以用倒计时来制造紧张感："倒数5秒钟，我们54321开始改价/上架"；念出仅剩库存，制造紧迫感："只剩最后100套/50套/20套/0套！"

（2）用"限价"的策略给购买者价格上的诱惑。

"宝宝们，拼手速的时候来了，原价×××元，只有本场直播才能享受××

元的超低价噢，赶紧去抢！"

（3）强调优惠信息，点明不买的"损失"。

"宝宝们，抢到你直接省了×××元，买到你就赚了！"

2. 给粉丝意想不到的"便宜"

（1）连续送出多重惊喜，让粉丝无法拒绝。

"这款限量的口红，平常专柜都买不到，品牌方在我们直播间提供了100份，并且还送×××代言的化妆包，所有宝宝都可以在我们直播间关注主播领取大额优惠券。""这款护手霜原价×××元，在我直播间领取30元优惠券，仅需×××元，并且我们还送滋润唇膏以及两个护手霜小样，赠送品牌购物袋，自己用、送人都非常有面子。"

（2）多买多优惠，多买多赠。

"买2个送1个，买3个赠送5件套护肤小样以及化妆包一个，赠品数量有限，送完即止噢。"

（3）让粉丝感受到独享的优惠。

"所有宝宝，只有在主播的直播间才有这个优惠哦，报主播名字领取专属优惠券。"

3. 用案例示范，让粉丝放心购买

（1）名人效应："这件宝贝是今年的流行款，×××也在穿！""这款产品是××同款！"

（2）从众效应："这是今年的爆款，已有近千人下单，主播也留下一件！"

4. 刺激粉丝快速决策

（1）满足粉丝的虚荣心的夸奖式促单："这件衣服太适合你的气质了，穿上这件衣服，你老公/男朋友肯定觉得好看！""穿上这件衣服，秒变少女，骄人的身材显露无遗！"

（2）帮粉丝做决定的建议式促单："白色是百搭色，很好搭配，建议宝宝们拍白色款。""这个款式很修身、塑形，设计、做工都非常不错，进口面料也有质量保障，值得入手！"

（3）让粉丝捡到大便宜的节日促销："店庆活动，超低价出售，所有商品3折特惠！""情人节（妇女节），女人要对自己好一点，喜欢就买！""'双

11'，实在是没有比这个价格更低的了，今年超低价！"

6.5.3 消除疑虑，给粉丝购买的理由

直播带货时，粉丝最大的疑虑就是质量没有保障，主播介绍的、展示的样品与实际产品不是同一质量；如果收到货后不满意，退货没有保障。为此，直播带货时，主播必须真实、客观地介绍自己销售的产品，并且要对产品的质量做出慎重的承诺，以消除粉丝的购买疑虑，这样才有可能降低退货率，同时也能提高粉丝对主播的信任度。

例如，对质量做出承诺，让粉丝看到主播对产品的信心。

（1）"这款皮鞋，百分百是真牛皮的，如果有假，你可以来找我！"

（2）"这款产品有任何质量问题，7天内可以退换！"

（3）"这款衣服如果出现色差大的问题，我们免费为你退换！"

（4）"如果对产品不满意，7天内免费退换！"

第 7 章
解密抖音推荐机制，轻松玩转抖音卖货

随着玩短视频的人逐渐增多，带来的直接结果就是，无论从事什么行业，只要想持续生存，就必须了解、学习短视频的制作。因为哪里有流量，哪里就有商机。同时，互联网的发展是一个不断去中心化的过程，移动时代让短视频在去中心化后变得更快、更短、更碎片，更能迎合用户的喜好。

商家只要能打造出爆款话题，就可以把引来的流量变现，从而收获红利。所以，短视频是当下低成本且能快速获得精准流量的工具之一。本章将讲解短视频平台中具有代表性的抖音平台的基础内容，帮助商家了解抖音的基础功能、禁忌和注意事项，为商家在短视频赛道中保驾护航。

7.1 抖音核心功能简介

商家在运营抖音之前，需要创建一个抖音账号，并熟悉抖音的基本功能。为帮助商家熟悉抖音的使用方法，本节将介绍抖音的一些核心功能，如注册抖音号、开通商品橱窗、开通直播权限、DOU+使用方法以及企业蓝V号的功能等。

7.1.1 开通抖音账号

开通抖音账号的方法非常简单，输入手机号，在手机上获取短信验证码后，将验证码输入注册界面相应的文本框中即可完成注册。

同时，抖音账号还支持头条号、QQ、微信、微博注册，但抖音官方较为倾向用手机号注册，因此建议大家绑定手机号。此处以用手机号开通抖音账号为例进行讲解。打开手机里的"抖音"APP，输入手机号，然后点击"获取短信验证码"按钮，如图7-1所示。页面会自动跳转至输入验证码页面，根据系统发来的验证码信息提取验证码并输入框内，账号即可自动登录，如图7-2所示。

图7-1 输入手机号页面

图7-2 输入验证码页面

大家在登录抖音账号时可以看到，系统提示"未注册的手机号验证通过后将自动注册"，由此可见，无论是新用户还是老用户，都可以用上述方法登录账号。新用户在登录账号后，须完善账号信息，如设置头像，设置抖音账号昵称，设置抖音号、个人简介、性别和生日等。账号信息完善之后，一个抖音账号才算是真正意义上的完成注册，才更有利于展示自我。

7.1.2 开通商品橱窗功能

想在抖音平台售卖商品的商家或个人，须开通商品橱窗功能，这样能将商品插在短视频内容中以及个人账号首页。图7-3所示为开通了橱窗功能的某美妆商家的抖音账号首页，可以看到"商品橱窗"标识。当其他用户点击此链接时，即可跳转至橱窗页面，看到店内销售的商品，如图7-4所示。橱窗页面中显示了各个商品的图片、视频、销量、价格等，可供客户参考，对商品满意的客户可直接在抖音平台下单购买。

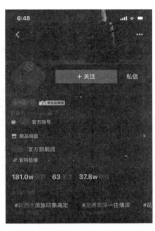

图7-3 "商品橱窗"标识　　　　　图7-4 商品橱窗页面

商家可在抖音的"创作者服务中心"开通橱窗功能，开通步骤如下。

第1步　登录抖音账号，在"我"的界面点击右上角的"☰"按钮，再选择"创作者服务中心"选项，如图7-5所示。

第2步　进入创作者服务中心页面，选择"商品橱窗"选项，如图7-6所示。

图7-5 "创作者服务中心"选项　　　　图7-6 "商品橱窗"选项

第3步 进入商品橱窗页面,可申请"商品分享权限""开通小店"等权限。这里以开通小店为例,点击"开通小店"按钮,如图7-7所示。

第4步 进入开通小店页面,根据提示完成实名认证后点击获取授权的"确认"按钮(见图7-8),再点击"立即开通"按钮。

图7-7 点击"开通小店"按钮

图7-8 点击"确认"按钮

第5步 进入填写入驻信息页面,根据页面提示完善入驻人的姓名、身份证号、手机号等信息,并上传证件照片,完成后点击"提交"按钮,如图7-9所示。

在跳转的页面中进一步完善信息即可开通抖音橱窗的小店功能,并且可在橱窗内上传商品进行售卖。

商家在开通橱窗功能的过程中,须满足开通条件,例如,目前开通橱窗功能的商家必须通过实名认证,且个人主页视频数(公开且审核通过)≥10条,账号粉丝数量(绑定第三方粉丝量不计数)≥1000人。具体的开通规则可能会发生变化,商家根据页面提示完成即可。

图7-9 点击"提交"按钮

部分没有企业资质或店铺的商家，可先开通"商品分享权限"，在视频中添加商品。无论是在视频中添加商品还是将商品放在橱窗中，都需要注意商品与视频内容（或账号定位）的关联度。如某账号平时拍摄的视频都以户外钓鱼为主，其粉丝大多是喜欢钓鱼的人，该账号便适合售卖渔具、鱼饵等商品。

7.1.3 开通直播功能

抖音作为目前用户日活跃数较多的短视频平台，其直播功能也备受用户青睐。商家要售卖商品，直播是必须开通的功能之一。就目前而言，只要是经过实名认证的抖音用户就可以进行抖音直播，操作方式非常简单。

商家只需要点击抖音首页下方的"+"图标，随后进入拍摄界面，将拍摄模式切换成直播模式并点击"开始视频直播"按钮，就可以进行直播了，如图7-10所示。

图7-10 开通抖音直播功能

要让镜头里的主播更加美艳动人，可对直播参数进行更为详细的设置，如美颜、拉长身高比例等。

7.1.4 DOU+的使用

DOU+是一个内容营销工具，商家消耗一定数额的人民币后，系统就能把商家的视频推荐给更多精准人群，从而提高视频的播放量。DOU+工具于商家而言有以下作用。

- 更多的展示机会。视频能够展示在更多人的面前，得到的视频质量反馈更准确。
- 有助于自然流量的分发。在账号建立初期或账号转型期，因为系统无法判断账号所生产的内容属于什么风格，需要通过观看视频的用户的完播率和互动率等指标来识别内容风格。观看并反映视频的用户越多，标签建立得越准确，后续视频分发的人群也更为精准。
- 越多用户观看你的视频并做出反应，如滑走或者互动等，标签就建立得越准确，后续分发到的人群也会更准确，而用DOU+可以大大加速这个过程。
- 加大视频爆发概率。在流量数据好的时候，通过DOU+进行助推，可以加大视频爆发概率。而且，DOU+可以为视频加热，也可以在开直播的时候为直播间提升人气。

商家可以给自己的视频投放DOU+，也可以给别人的视频投放DOU+。投放DOU+的操作很简单，这里以为别人的视频投放DOU+为例进行讲解，具体操作步骤如下。

第1步 打开需要推广的视频，点击右下侧的"➦"按钮，如图7-11所示。

第2步 弹出分享页面，点击"DOU+"按钮，如图7-12所示。

第3步 跳转至DOU+投放页面，设置投放信息后点击"支付"按钮，根据提示完成支付，即可完成一次DOU+投放计划，如图7-13所示。

图7-11 点击右下侧的按钮　　图7-12 点击"DOU+"按钮　　图7-13 设置投放信息

从图7-13中可以看出，目前抖音官方给出的DOU+流量转化是98元=4900人+的播放量。商家可根据自己的需求进行投放。同时，需要注意的是，DOU+投放还有一些误区，举例如下。

- 过分依赖DOU+效果。DOU+只能起到锦上添花的作用，视频播放量能不能爆，关键还是得看内容好不好。如果内容较差，那么投放再多的DOU+也无法提升流量。

- 忽略视频内容是否合格。一定要确保视频没有任何违规因素，才能进行DOU+投放。如果内容含有敏感信息，如色情、血腥等内容，则无法通过审核。

- 错过DOU+投放最佳时间。DOU+要在视频发布初期投放，投放时间越往后，DOU+效果越不明显。

7.1.5 企业蓝V号的功能

蓝V认证是指抖音账号进行企业号认证，认证后的蓝V账号的头像下方有蓝色的"V"标识。企业通过认证可以获得官方认证标识，保证企业品牌的唯一性、官方性和权威性。企业还可以通过视频、图片等多种形态为品牌提供固定的营销阵地，发挥品牌原有的影响力，并获取新的影响力。

商家账号认证蓝V号后会拥有4大基本权益，分别是认证标识、营销工具、数据监测、粉丝管理。企业蓝V号的更多特殊权益如表7-1所示。

● 表7-1 企业蓝V号的更多特殊权益

权益名称	具体内容
官方认证蓝V标识	企业号昵称下方显示蓝色"V"以及认证信息
自定义头图	企业号主页可自定义头图展示
视频内容置顶	企业号主页可以设置3个置顶视频
官网链接	企业号主页可以增加官网链接跳转按钮
私信自定义回复	用户私信出关键词,可自动回复
认领POI地址	企业号可认领POI地址并编辑门店信息
同步认证	免费同步认证信息到其他平台
昵称搜索置顶	企业号昵称全匹配搜索时可置顶
昵称锁定保护	企业号之间昵称不允许重名,先到先得
数据分析	企业号可获得运营数据、主页数据、互动数据

图7-14所示为四川某认证企业蓝V号的抖音账号。

图7-14 四川某认证企业蓝V号的抖音账号

在抖音上,公众人物、领域专家、网络名人可以申请个人黄V认证,以增加账号的辨识度。但这里仅以开通蓝V为例,详细讲解开通步骤。

第1步 登录抖音账号,进入"创作者服务中心"页面,并在页面中点击"官方认证",如图7-15所示。

第2步 进入"抖音官方认证"页面,点击"企业认证",如图7-16所示。

图7-15 点击"官方认证"　　图7-16 点击"企业认证"

 如图7-16所示，目前抖音官方认证包含兴趣认证、职业认证、企业认证、机构认证、音乐人认证等多种形式，商家可进行多项认证，增强账号可信度。

第3步 进入"开通企业号"页面，点击"去认证"按钮，如图7-17所示。
第4步 进入"上传营业执照"页面，选择行业分类及公司注册地等信息，上传企业营业执照，勾选同意并遵守协议，点击"提交"按钮，即可完成企业认证，如图7-18所示。

图7-17 点击"去认证"按钮　　图7-18 点击"提交"按钮

为长久保持企业号标识，商家应上传营业执照、验证对公打款等信息。

7.2 解密抖音推荐机制，轻松获取流量

视频创作者只有让作品获取更多流量，才能提升作品的人气，提高内容或商品被传播的概率。于是如何提升视频作品的流量，就成了创作者较为关心的问题。本节主要介绍抖音的推荐机制以及作品上热门的算法等，帮助创作者策划更多有利于增加流量的视频。

7.2.1 抖音的推荐机制

抖音的内容推送主要是通过机器的算法来实现的，大体来说可以分为3步，如图7-19所示。

图7-19 抖音的推荐机制

商家上传视频后，先由机器小范围地将该视频推荐给可能会对该视频标签感兴趣的人群（差不多在20~250人），并计算这个单位内观众的评论数、点赞数和分享数。这一步就是第一次推荐。

如果某个视频经过第一次推荐，没有在目标用户中获得较好的反馈，那么该视频的浏览数就只能停留在50~250；但如果在第一次推荐后视频被多名用户点赞、评论及转发，得到了较好的反馈，那么该视频很可能会被系统推广给更多潜在用户，这一步就是扩大推荐。在扩大推荐的过程中，触达的用户数量就会进入到千位的流量池，如1000、2000等。

以此类推，好的视频就像把一颗石头丢进平静的湖里一样，激起一层层水花并辐射到越来越大的面积。一个视频的点赞数、评论数越多，播放时间越长，该视频获得的推荐流量就越多。同时，视频到了这一步，就会被系统判断为优质视频，就有机会被送上热门。

另外，还有一部分视频中含有"精选"字样，如图7-20所示。这类视频就是获得抖音小助手的推荐，被推上了热门的视频。抖音有一个内容运营团队，专门负责与用户互动以及发现一些有意思的视频，他们会直接将视频设定为热门视频。

商家在发布视频时，可以尝试@抖音小助手，增加视频被抖音运营团队看到的概率，增加视频被送上热门的可能性。值得注意的是，视频是否有机会被送上热门，关键还是要看视频的内容是不是足够吸引人。所以，如果视频内容不够出彩，频繁@小助手也无用。

由此可见，那些点赞数过百万的视频都是通过层层筛选而来的。如果一条视频的点赞数和互动数都不高，就说明视频内容本身不够优质，无法被推荐上热门。

图7-20 含有"精选"字样的视频

7.2.2 获取更多基础流量

抖音系统给每一个抖音账户都提供了一个流量池，视频作品的传播效果取决于作品在流量池中的表现。商家要获得更多流量，就必须让作品在流量池中有突出表现。如何有突出表现呢？抖音系统会根据一个视频作品的点赞量、评论量、转发量以及完播率等数据来判断该作品的质量，再决定给予视频多少流量支持。点赞量、评论量、转发量及完播率等数据都较好的作品视频，则可以在流量池中有突出表现，获得更多基础流量。后文将重点介绍提升这些数据的方法。

7.2.3 获取更多叠加流量

商家在发布抖音短视频后，可以通过分享短视频给亲朋好友的方法来获得点赞、评论。但毕竟亲朋好友的力量有限，当作品被推广到更广的范围后，就很难人工干预了。此时又该如何提升点赞量、评论量、转发量以及完播率等指标呢？

- 如何提升点赞量？从心理学角度分析，用户喜欢对自己认同、欣赏、有共鸣的内容进行点赞，因此，要提升点赞量，就需要生产出更多迎合用户胃口的内容。

- 如何提升评论量？视频的文案或内容要具备争议性，让用户看到就想参与讨论。

- 如何提升转发量？除了内容要引发用户的分享欲望外，有的视频还会提醒用户转发。例如，某讲解养生知识的视频，在末尾提醒用户："赶紧把这个视频分享给你的爸爸妈妈看吧"，以此来引导用户转发。

- 如何提升完播率？除了在短视频内容的策划方面需要用心外，在标题区及文案方面也要多用心思，例如，"看到最后一刻你就明白了""最后的干货不要错过""结尾有惊喜"，等等。

当然，提升数据的方法远不止此，更多内容将在后续章节中详讲，这里只做大致讲解。

7.2.4 时间效应

经统计发现，部分视频在刚发布的时候观看量较低，互动量也较少，但在一段时间后，该视频却会被送上热门。由此可见，抖音的推荐算法很有意思，会由其他视频作品带动优质老作品的流量。原因就是，当其中一条视频上了热门之后，会有很多用户进入该视频的账号主页查看其他视频，如果其他视频也很有看点，就很可能因为高点击率、高评论量而上热门。

例如，某条关于情感冷知识的视频上了热门后，制作该视频的账号在3~4天的时间里涨粉超5万。但在结束这波热门后，视频观看量就没有什么变化了。大概在半个月后，这条视频再次上了热门，对应账号2天内涨粉6万。因此，针对自己较为看好的视频，即使目前没上热门，商家也要持续地将其分享至朋友圈、微博等社交平台，使其获得更多观看量和互动量，很有可能在将来的某天这个视频就会被推上热门。

7.3 如何避开降权限流的雷区?

很多创作者都有诸多运营中的疑问,如为什么视频发出去后没有流量?为什么视频无法通过审核?为什么视频无法投放DOU+?其实出现这些问题都是因为视频违反了抖音的规定,受到了抖音平台的惩罚,便无法得到平台的流量支持。

7.3.1 弘扬正确的价值观

在网络平台上,对视频最基本的要求就是,视频所呈现的内容必须坚持和弘扬正确的价值观。在抖音平台,禁止视频中存在任何破坏、损害、危害、煽动和侵犯行为。虽然大多数人都不会故意在短视频中呈现违法行为,但不少人确实会因为忽略小细节而给视频带来负面影响。

例如,某视频中的男主人公一边驾车说人生哲理一边拍摄小视频,暂不讨论哲理是否正确,就一边驾车一边拍视频,就涉及危害公共安全,是应该禁止的。再如,某美容账号所生产的视频内容以教授美容护肤手法为主,其内容确实很受爱美女孩喜欢,但就因为视频中的模特身上只裹着一条毛巾,肩部存在大量裸露情况,所以该账号的视频无法投放DOU+,由此可见抖音官方审核机制的严格。

7.3.2 对于未成年人的监管

各个短视频平台对于未成年人的监管相当严格,严禁视频中出现损害未成年人身心健康的画面,如喝酒、抽烟、体罚未成年人等。

例如,早在2018年就有未成年人未婚先孕被央视点名,最终导致部分账号直接被关闭。当时在快手平台,某个未成年女主播在自爆交往过多名男朋友后,与当时的男友晒出婚纱照,后又在视频和直播中上演分分合合的戏码,甚至出现家暴、出轨、争孩子抚养权等问题,在吸引一大波围观粉丝的同时,也引出不少未婚先孕的主播纷纷模仿,给青少年带来了极坏的影响。央视在新闻中报道了短视频平台中存在的未成年人网络直播乱象,严重影响了未成年人的身心健康,理应严惩。

时至今日,该事件依然被各大视频平台重点关注,多个平台提及,一经发现展示未成年人婚育的内容,将直接删除内容或关闭账号。而且抖音平台也鼓励用户对侵害未成年人合法权益的行为和内容进行举报。商家在拍摄视频内容时，须注意是否会对未成年人造成影响，尽量不触碰敏感内容。

7.3.3 刷粉问题

部分商家为了快速获得粉丝，不思考如何改善自己的视频和直播内容，反倒用资金去购买粉丝。这类用资金购买粉丝的行为，也是抖音严厉打击的行为之一。而且，商家要做出一个优质的营销抖音号，买粉丝并没有什么意义。因为这些假粉丝大多属于不活跃的粉丝，很少对视频或直播内容做出点赞、分享等行为，更不会对商家营销的商品感兴趣。

诸如这类用资金买粉丝的行为既会受到平台的严惩，还没有实际意义，建议商家不要触碰红线。

7.3.4 发布内容时的注意事项

商家在确定视频内容的主题后，还应注意以下问题，以避免因违反平台规定而给视频带来负面影响。

1. 账号操作层面的问题

避免出现不正常的操作，如账号频繁登录、退出，同一设备、同一IP批量注册运行多个账号，频繁删除发布作品等。以上操作都可能会对视频推荐产生影响，商家要做到一机一号。

2. 水印问题

部分创作者会用剪辑软件来处理视频，如快剪辑、快影等，但忘记去除剪辑软件的水印，在视频发布后可能会因为水印问题被系统拒绝给流量。

3. 广告明显

部分创作者拍视频，并没有追求内容的趣味性，而是对着自己的商品一顿乱拍，只重点突显商品本身。抖音系统对这类广告明显的视频，不愿意给予太多流量，加上创作者如果只拍商品本身，内容可看性不强，流量自然也不会好。

抖音作为娱乐平台，所生产的内容还是需要具有趣味性的，用较为隐晦的方式植入商品信息即可。创作者在创作视频时应规避以下几点：

● 内容中含商业广告，如商业产品、品牌、活动的推广软文等；

- 内容中含有个人联系方式，包括二维码、电话、个人微信号、微信群、QQ号、QQ群等；
- 内容中含有网址，如购物链接、网盘资源下载链接等；
- 有明显营销意图，如"回复××，获得××"；
- 推广带有二维码、图文形式的联络方式等；
- 诱导客户点击或关注本账号之外的其他账号，如关注领奖、关注获取下载资源等；
- 推广与所发内容无关的内容等。

4. 敏感词和关键词违规

在短视频中，出现敏感词很容易影响流量。例如，视频中的人物对白无意间涉及敏感词，就会降低整个视频的流量。

- 严禁使用的不文明用语，如脏话及谐音脏话；
- 严禁使用疑似欺骗用户的词语，如恭喜获奖、全民免单、点击有惊喜、点击获取、免费领取、获取奖品、非转基因更安全等；
- 严禁使用诱导消费者的词语，如秒杀、抢爆、再不抢就没了、不会再便宜了、万人疯抢、抢疯了等；
- 严禁淫秽色情、赌博迷信、恐怖暴力用语；
- 严禁民族、种族、性别歧视用语，如歧视某个民族的生活习惯、地域特征等；
- 严禁虚假宣传用语，类似一些夸大并决断型的用词，如美白淡斑1周搞定；
- 严禁医疗用语，诸如"药到病除""立马见效"等。抖音对医疗内容和医疗商品比较敏感，特别是对没有经过认证的医疗号，管控得特别严格。

5. 搬运视频

作为一个短视频平台，抖音希望看到更多优质的原创内容，而不是大量重复性的内容。部分人喜欢大量地从站外搬运视频，这种行为涉及侵犯他人著作权、抄袭他人作品，容易被人举报，可能会收到限流或封号的警告。

6. 视频内容低质量

视频内容低质量，归根结底是因为内容设计存在问题。很多创作者视频还处于随手一拍的水平，没有精致的画面，甚至没有配音和字幕，可看性不强，还会出现画面晃动、像素模糊等情况。抖音平台基本不愿意给这类视频流量支持，创作者还是需要精心策划视频内容的。

抖音官方明确7秒以上的视频才会被判定为有效视频，低于7秒的视频是不予推荐的，故创作者需要注意视频时长。

一般而言，只要后台没有收到限流的警告，就不会被官方限流。但也有少部分创作者反映，在没有收到官方警告的情况下，视频播放量大不如前。针对此种情况，抖音官方也表示，抖音是基于推荐的内容分发平台，不存在运营干预，如果视频流量不如以前，应首先思考内容的问题。推荐分发机制非常公平、公正，优秀的内容就能脱颖而出。部分账号经过一段时间的成长，粉丝量达到一定量级之后，视频被限流的重要原因便是内容同质化，模式和内容单一，被系统判定为内容不佳后影响账号权重，继而被限流。

7.4 抖音卖货必须重点关注两点

要在抖音平台开设账号售卖商品并收益的商家，除了需要了解规避抖音禁忌的方法外，还需要了解抖音重点关注的违规行为，避免因为违反平台规则而被封号。同时，商家要在抖音平台通过售卖商品而获利，还必须了解抖音禁止分享的商品目录，避免因分享违规商品而导致账号被关闭商品橱窗功能。

7.4.1 抖音重点关注的8大违规行为

很多抖音账号在大展拳脚前，就收到了封号通知，究其原因，还是运营者不够了解抖音平台的运营规则，发布的视频作品触及平台重点关注违规行为。表7-2列举了抖音重点关注的8大违规行为，以提醒各大商家切勿因小失大。

● 表7-2 抖音重点关注的8大违规行为

序号	具体违规行为	涉及的违规方向
1	一切违反法律法规和涉及政治的视频内容，或涉及敏感物品	涉嫌违法违规
2	危险驾驶、竞逐、欺凌等违反公共治安管理的内容	
3	色情、低俗和着装暴露（包括儿童）的内容	色情低俗
4	暴力、恐怖、血腥等引人不适的视频内容	内容引人不适
5	展示自杀、自残、危险动作，引起不适或容易诱发模仿的内容	

续表

序号	具体违规行为	涉及的违规方向
6	宣扬邪教、封建迷信、民间陋习及破坏国家宗教政策的内容	涉及造谣传谣
7	不安全违规信息，宣传伪科学或违反科学常识的内容	
8	误导未成年人和违反公序良俗的内容	侵犯未成年人权益

另外，视频作品中如果含有垃圾广告，也有可能受到平台处罚。垃圾广告行为包括但不限于视频中含有个人联系方式、网址或诱导用户点击、关注本人账号之外的其他账号等内容，需要商家重点关注。

7.4.2 抖音禁止分享的商品目录

虽然有不少数据表明，抖音具有强大的带货能力，也有不少商家尝到了抖音卖货的甜头，但并非所有商品都能通过抖音变现。2020年1月，抖音平台发布了《抖音平台禁止分享商品目录》，旨在保障抖音用户权益的同时，打造健康的购物分享环境。抖音平台禁止分享商品目录如表7-3所示，主要包括危险武器、有毒化学品以及色情低俗的商品等。

● 表7-3 抖音平台禁止分享商品目录

商品类别	举例
危险武器类	如枪支、弹药、军火以及可致使他人暂时失去反抗能力，对他人身体造成重大伤害的管制器具
易燃易爆、有毒化学品、毒品类	如毒品、制毒原料、制毒化学品及致瘾性药物以及毒品吸食工具、配件
反动等破坏性信息类	如含有反动、破坏国家统一、破坏主权及领土完整、破坏社会稳定、涉及国家机密、扰乱社会秩序、宣扬邪教迷信、宣扬宗教、种族歧视等信息
色情低俗、催情用品类	如含有色情淫秽内容的音像制品及视频、含有色情陪聊服务、成年人网站论坛的账号等
涉及人身安全、隐私类	如用于监听、窃取隐私、泄露个人私密资料的软件及设备等
药品、医疗器械、保健品类	如OTC药品及处方药、保健品、医疗服务
非法服务、票证类	如伪造、变造国家机关或特定机构颁发的文件、证书、公章、防伪标签等
动植物、动植物器官及动物捕杀工具类	如人体器官、遗体、国家保护野生动植物
涉及盗取等非法所得及非法用途的软件、工具或设备类	如赌博用具、考试作弊工具、汽车跑表器材等非法用途工具
未经允许、违反国家行政法规或不适合交易的商品	如伪造、变造的货币以及印制设备，如正在流通的人民币及仿制人民币

续表

商品类别	举例
虚拟类	如比特币、高利贷、私人贷款、贷款推广等互联网虚拟币以及相关商品等
舆情重点监控类	如经权威质检部门或生产商认定、公布或召回的商品，或国家明令淘汰或停止销售的商品，过期、失效变质的商品
不符合平台风格的商品	如国家明令淘汰或停止销售的书籍类商品

凡在抖音平台开通商品橱窗的商家，一经发现存在分享上述限制目录商品的行为，抖音平台有权限制达人对该商品的分享行为，严重者会被永久关闭橱窗分享功能。

第8章 精准定位账号，利于引流和推广

常言道，"物以类聚，人以群分"，运营者想吸引到什么样的人群，就要做这个领域的专家或达人。很多新手短视频运营者在运营账号初期，没有意识到账号定位的重要性，容易把短视频当成微信朋友圈运营，发布一些不利于账号变现的内容。

内容是短视频的核心，账号定位则是短视频存在与发展的灵魂。一个有着鲜明特点的IP账号，能直接告知目标用户该账号能为用户带来什么价值，吸引他们关注账号，从而为账号变现做准备。

本章主要从认识账号定位、身份角色定位、性格风格定位、内容类别定位、表现形式定位等内容出发，梳理账号运营的细节，以帮助大家选对标签，获取精准粉丝。

8.1 认识账号定位

运营者在创建一个抖音账号后,并不是着急发布内容,而是应该认识账号定位的重要性以及熟悉账号定位的操作步骤。这样才有利于通过账号定位,吸引精准目标用户,为账号变现做准备。

1. 账号定位的重要性

抖音目前的口号为"记录美好生活",但很多用户把抖音平台当作记录日常生活的平台,时常发布诸如宠物、萌宝、情感等内容,给人留下饭后消遣娱乐的感觉。如图8-1所示的普通抖音用户,单从部分作品的封面来看,视频主要为记录所吃食物、工作会议、自拍人像、萌娃镜头等,给人留下杂乱的感觉。单从这些内容来看,可能就连平台也无法给他添加合适的标签。

抖音平台上类似这样的账号有很多,他/她们常凭着自己的主观想法来拍摄和呈现内容,内容没有整体规划,也谈不上定位。作为普通用户,自然可以把抖音当成用于满足自己的娱乐工具。但对于想在抖音平台安营扎寨并获得一定收益的用户而言,就必须找准账号定位,生产更多迎合目标用户胃口的内容。

那什么是定位呢?我们可以将其理解为个人短视频内容的专一呈现方向。这里用两个案例进行详细解说。

图8-1 没有定位的账号作品的封面图(部分)

案例 1

萌娃账号"蓝小爸"

第一个账号是"蓝小爸",其抖音首页如图8-2所示。从首页的账号昵称、简介以及作品封面可以清楚地看出,该账号是一个萌娃展示号,变现方向以售卖童装为主。

图8-2 "蓝小爸"账号首页

该账号的作品内容主要是以爸爸的身份记录女儿的日常,作品展现出了女儿可爱、淘气的一面,截至截图当下已吸引了100多万粉丝的关注。

案例 2

美食账号"秋圆圆带你吃成都"

第二个账号是"秋圆圆带你吃成都",其抖音首页如图8-3所示。从首页的账号昵称、简介以及作品封面可以看出,该账号是一个美食账号,变现方向以给实体餐饮门店引流为主。通过女主人公进入一个个美食店探店的故事，激发广大抖音用户的观看兴趣，然后接入店面地址来为店铺带来巨大的引流效果。

图8-3 "秋圆圆带你吃成都"账号首页

通过以上两个案例大致可以看出，账号定位实际上就是这个账号能持续产出什么内容，以及该账号能为用户提供什么价值，以便于系统给账号打标签、做分类，如美食类、萌宠类、文教类、游戏类等。

那么，运营者应该如何找到个人定位呢？首先要思考自己有什么亮点，再将亮点与商品相结合，持续产出能吸引目标用户的内容。例如，某标签为文教类的账号，就是由一个情感电台的主持人经营的账号，由于自身对两性情感、家庭婚姻等话题有着独特的见解，因此创建了一个文教类账号。从账号定位上看，该账号想吸引对于人际沟通、两性沟通有兴趣的人群，因此生产的内容也以情感知识、人际表达沟通技巧为主，精准地吸引了目标粉丝。在吸引粉丝后，就可以售卖关于情感、两性等内容的知识课程或书籍，实现变现了。

再如，某主营红糖的商家，其目标人群主要以注重养生的女性为主，故该账号定位就是女性养生，常产出有关女性养生知识、调节身体健康知识等内容，并将自家红糖添加在内容中，在吸引粉丝关注的同时售卖红糖。

账号定位是抖音运营的关键，运营者要实现变现，就必须先找到适合自己的账号定位，并根据定位产出相关联的内容，这样才能吸引更多的精准粉丝。

2.账号定位的基本步骤

认识到账号定位的重要性后，紧接着就要落实账号定位工作。短视频账号定位工作大致可分为4步，如图8-4所示。

（1）身份角色定位

在这一步进行账号身份角色定位，包括"我"是谁、要吸引谁、如何吸引等问题。以上问题的答案可以通过账号名字、头像、签名、背景图等来体现，让用户对账号有个大概认知。

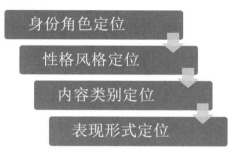

图8-4 短视频账号定位的操作步骤

（2）性格风格定位

视频作品中出现的人物或动物，所呈现出的性格特点也是吸引粉丝的一大关键。这与运营者的身份角色定位和视频的内容有着密切关系。例如，镜头中出现的某位情感老师，通过肢体语言、对话旁白等，树立了成熟、稳重、可靠的形象，让粉丝愿意对其吐露真心，故而产生关注、点赞等行为。

（3）内容类别定位

各个账号所产出的内容有别，如知识分享类、科普测评类、剧情段子类、垂直才艺类等。运营者需要根据自我特点和商品特点，定位自己的内容类别，并保证在一段时间内产出同一个类别的内容，以此形成统一的内容，吸引粉丝关注账号。

（4）表现形式定位

短视频的表现形式也是多种多样的，如自拍形式、讲述形式、讲解形式、对话形式、采访形式等。运营者需要综合身份角色定位、性格风格定位以及内容类别定位等信息，来决定今后的作品是以某种表现形式为主，还是各个表现形式轮换。例如，个别账号在运营过程中，会在一段时间内采用自述形式，另一段时间采用对话形式，来对比两种表现形式的作品的点赞量、评论量等，从而找到互动效果更好的表现形式。

以上便是账号定位的操作步骤，缺一不可。当运营者无从下手时，可以参考、模仿、改良。找到并关注同行热门账号，参考他们的名字、头像、个性签名、背景图等内容进行模仿；同时还要分析这些账号作品的风格、内容、表现形式等，找到人气高且制作成本低的内容，进行模仿和改良，做出属于自己的爆款作品。

8.2 身份角色定位

每一个账号都需要设置相关信息，如名字、头像、签名、背景图等，这些信息在一定程度上体现了一个账号的主旨和内容，也对账号的被关注和互动情况起着重要影响。例如，抖音用户在首页中看到某条热门视频作品，如果对视频内容感兴趣，就会进入账号首页查看账号详细信息，而如果账号信息详尽且具吸引力，就有可能吸引用户关注账号、查看该账号的其他视频作品。因此，运营者一定要对账号的身份角色进行定位，创建一个鲜明的身份。

8.2.1 账号名字

很多用户在看一个账号时，往往从留意账号名字开始，因为账号名字在一定程度上反映了一个账号的身份。例如，从"奶爸帅小强"这一账号名称可以看出，该账号可能是一个育儿类或萌娃类账号。

又如，某抖音账号名字为"精致辣妈蓉儿"，如图8-5所示。从账号名字可以看出，该账号的身份角度定位可能是一位辣妈，其内容主要是已婚已孕女性所感兴趣的话题和知识，如家庭关系、亲子关系等。

再如，某抖音账号名字为"柯北大测评"，如图8-6所示。从账号名字可以看出，该账号的身份角度定位是测评+种草，其内容主要是给大家测评、推荐物品，吸引喜欢购买小物件粉丝的关注。

第 8 章 精准定位账号，利于引流和推广 | 163

图8-5 "精致辣妈蓉儿"账号首页

图8-6 "柯北大测评"账号首页

由此可见，运营者需要设置一个符合账号身份角色定位的名字，便于用户通过账号名字联想到账号定位。在设置名字时，除了要符合角色定位外，还要利于搜索和记忆，尽量不要使用生僻字，也别设置得过于简单，否则容易与其他账号混淆。例如，某娱乐账号的名字为"阿薇"，用户在抖音搜索该名称时，可能会出现多个重名账号，导致用户无法分辨哪个才是自己想了解的"阿薇"。

8.2.2 设置头像

头像是一个账号的门面，且要与身份角色定位相匹配。账号头像不仅要结合账号内容的风格来确定，且要清晰美观。图8-7为某医务人员的抖音账号头像，该头像为医务人员身着工作服的实图，用户一看就可猜测出这是个与医务相关的账

图8-7 某医务人员的抖音账号头像

号，更给人一种严肃、可靠的感觉，拉近了用户与账号运营者的距离。

那么，对于一个刚创建好的抖音账号，应该如何设置头像呢？这里给大家三个实用建议。

1. 美观

美观的头像更能给人留下赏心悦目的印象，也更具有吸引力。例如，很多颜值类账号都选用真人照片做头像，直观地展现运营者的个人形象，从而拉近用户与运营者之间的心理距离，更有利于打造个人IP。

2. 精准

对于垂直账号，应匹配账号垂直度选取头像。例如，美食类账号可选用与美食相关的图片做头像，以体现账号视频内容以美食为主，这样在吸引用户关注的同时，也更有机会被商家发现，发起合作。

3. 直接

还有一种头像直接体现主题，用较为简单、直接的方式给用户传递信息。例如，某些品牌的商家直接将自己品牌的Logo作为头像，不仅可以向用户传达账号运营方向，还有助于强化品牌形象。

甚至有的账号直接将"关注""点赞"等文字元素加入头像中，吸引用户关注。但实际上，头像的广告意味还是淡一些比较好，个别平台对于头像的审核特别严格，广告意味太明显可能无法通过审核。

8.2.3 个性签名

很多平台都提供个性签名板块，其目的是用简短的文字补充账号身份角色定位。个性签名除了是身份角色定位的布局要素外，还具有很高的营销价值。运营者可以用一句话来告诉用户，该账户能为用户带来什么价值或表明自己的身份。

例如，某角色定位为美食达人的账号，可以通过个性签名，如"关注我，每天学习新菜谱"，来吸引喜欢烹饪美食的用户关注。再如，角色定位为健身达人的账户，通过个性签名"健身达人×××，获得过××奖项。关注我，每天晚上定时直播带操，一起塑造小蛮腰"，来吸引喜欢健身的用户关注。

实际上很多账号通过个性签名，吸引了精准粉丝，实现了垂直商品的带货转化。例如，"茶人阿泽"是一位武夷岩茶的高级制茶师，他把自己的头衔都放在了个性签名上，非常清晰地表达了自己的身份，成功引来很多同行和爱茶人士的关注，如图8-8所示。

8.2.4 设计背景图

背景图就是抖音个人主页的头图，是体现账号身份角色定位的重点元素。很多达人会设计较有吸引力的背景图，其目的

图8-8 "茶人阿泽"的个性签名

就是更好地展示账号特点。首先，背景图片的颜色应该与头像相呼应；其次，背景图还要在美观的基础上有辨识度。设计背景图的优点如下。

1. 打造个人形象IP

好的背景图有利于打造个人形象IP，加深账号在用户心中的印象。例如，"凯叔"用自己的照片作为背景图，方便用户一眼便认出他，同时也起到了宣传作用，如图8-9所示。

2. 引导用户关注

在背景图中添加有趣的引导话术或突出利益点的内容，能引导更多用户关注账号。如图8-10所示的"大胡子说房"的背景图写道："关注我私信咨询购房问题"，让有购房需求的用户在利益的驱动下，会主动关注账号，获得咨询购房问题的机会。

图8-9 凯叔背景图　　图8-10 "大胡子说房"背景图

3. 利于宣传

背景图中还可以添加很多信息，如账号简介、人设介绍、活动通知等有利于商品宣传、品牌宣传的信息。如图8-11所示，某旗袍体验馆将自己店铺的地址以"文字+图片"的形式展现在背景图中，便于对视频感兴趣的用户根据地址信息来到店内消费。

4. 强化用户对账号的记忆

运营者还可以在背景图中用一些个性化的图片，加上对账号所属领域的说明，强化用户对账号的记忆。例如，某情感达人的背景图中就用了很抒情的文字，强化了自己是个情感类的账号，以吸引垂直粉丝互动，如图8-12所示。

图8-11 某旗袍体验馆的背景图

图8-12 某情感类账号的背景图

背景图的作用有很多，运营者需要根据实际情况，综合账号定位，设计出有吸引力的背景图，以吸引更多用户关注、互动、转化。

8.3 性格风格定位

综观目前各大平台中火热的账号，它们都有着鲜明的性格特征。每个账号都要有清晰的性格风格定位才能提高自身的辨识度，也更容易被人记住。例如，温柔可人的知心姐姐形象、懂事可爱的邻家妹妹形象，或是严肃、认真的传道授业解惑的导师形象等。

人的性格风格是多种多样的。部分人天生就有鲜明的性格特点，且该性格本就受大众欢迎，直接在短视频中放大自己的性格特点即可。而部分人的性格特点不够鲜明，这样的话，则需要通过后期包装来突出自己的性格特点。所以，这里可以把账号性格风格类型分为擅长型和包装型两种。

8.3.1 擅长型的性格风格

对于擅长型的性格风格，只需要在短视频中将性格特点放大即可。很多达人在日常生活中就是一个很有性格特点的人，笔者曾听"多余和毛毛姐"的运营人员介绍，该账号出镜的主人公在日常生活中就是一个擅长表演的人，能通过极致夸张的表情引得大家大笑。实际上，"多余和毛毛姐"也确实将自己擅长的表演应用到了自己的视频作品中，很多用户都被她夸张的面部表情和方言所吸引。该账号已吸引了三千多万粉丝关注，如图8-13所示。

图8-13 账号"多余和毛毛姐"的粉丝量

由此可见，如果运营者所选的人物本来就有擅长的特点，就可以在视频作品中放大该特点来增强自己的辨识度。

8.3.2 包装型的性格风格

虽然不是所有人都有明显的性格特征，但运营者可以通过"包装"让账号所代表的人物形象有更具体的特点。特别是很多需要带货的营销账号，为了迎合目标用户的喜好，会通过包装给粉丝留下很好的印象。例如，一些售卖母婴类商品的账号，通过把自己包装成育儿专家，让自己在视频中提到的观点更具说服力，让自己所推荐的商品更容易被接受。

演员在根据剧本拍摄时，剧组会通过设计演员的发型、服装、语言等特点，去匹配角色。创建一个账号如同包装一个演员，运营者可以从表8-1所示的内容入手，包装一个具有鲜明性格特点的人物形象，以增强用户对账号的记忆。

● 表8-1 包装人物性格风格的主要内容

名称	特点	包装	包装的具体内容
形象	出镜人物的外在形象要能体现一种风格，如淑女风、运动风等	视觉	人物的妆容、发型、服饰、饰品等
		听觉	令人记忆深刻的口头禅
		技能	人物的职业或显眼的技能，如医生、健身教练
		语言	通过语速、语言风格等来体现
场景	大多数视频作品的拍摄场景，最好能和其他同行有所区别	普通	家里、办公室、商场、公园等
		特殊	人迹罕至的旅游景点、自家养殖场等
		稀少	飞机舱、手术室等
人物	邀请其他人物出镜，让视频内容更具张力	亲属	父母、兄妹、爷爷奶奶等
		同事	上级领导、办公室同事等
		亲密	夫妻、情侣等
		其他	路人

很多抖音用户可能不知道"是德善呀-许凯"这一账号名称，但对"许凯"这个名字却印象深刻，"我，许凯，以前老见你，想你了"是这一账号的口头禅。主人公许凯用镜头记录了自己与陕西乡村路上遇到的老人搭讪的经过，看着镜头里的他与老人从"不认识"到"相谈甚欢"，人们会感觉陌生人之间也有温暖的感情，从而愿意关注该账号。该账号已积累130多万粉丝，如图8-14所示。

暂不论主人公许凯的真实性格如何，但通过他与出镜老人的交流，能感受到他对老人的关怀，同时也会被他的善良所打动。

图8-14 抖音账号"是德善呀-许凯"

8.4 内容类别定位

从内容类别来说，抖音里的内容可谓五花八门，有令人赏心悦目的颜值类，有让人捧腹大笑的段子类，还有让人收获知识的知识分享类。而选择不同的内容类别，将吸引不同的人群。

例如，一个分享情感知识的账号，发布的多数作品是讲解一些情感故事和情感知识，全方位地、立体地诠释了一个情感达人的角色。平台也会给该账号打上"情感""知识分享"等标签，并根据标签将视频推送给目标用户或潜在用户。

根据整理发现，受欢迎的短视频内容类别主要包括如图8-15所示的6种。

图8-15 受欢迎的短视频内容类别

8.4.1 知识分享类

知识分享类短视频偏向于分享生活小知识等，主要用于满足用户对内容实用的需求。知识分享类的内容比较适合文教类账号，如情感号、母婴号、健康号、商业职场号等。如图8-16所示的账号，就以分享鲜有人知的冷知识为主，吸引了二三百万粉丝关注。

知识分享类主要是通过为用户提供价值，吸引精准粉丝。这类内容的点赞量、转化粉丝的比例都比较高，且拍摄成本相对较低，是很多账号的首选内容。但知识分享类视频的拍摄方式和呈现方式较为单一，大多由单人口播形式表达，容易在收获一定数量的粉丝后，因为呈现形式单一而难以突破粉丝增长率和作品爆款概率。所以，选择知识分享类内容的账号，

图8-16 某分享冷知识的账号首页

必须考虑到后期作品的表现形式，以突破粉丝增长瓶颈。

8.4.2 教学教程类

教学教程类的短视频与知识分享类有着异曲同工之处，主要区别是教学教程类作品能将传递的知识内容进一步展示，让用户在观看视频后更快地将知识加以

利用。例如，观看美食类教程、手办教程、Excel教程后，用户能马上上手练习。如图8-17所示的账号，视频内容以实用Excel技巧为主，用简单易学的方法，将知识内容传递给用户，吸引了一百多万粉丝关注。

教学教程类内容的适用范围较广，如美妆教学、穿搭教学、美食制作、Photoshop修图和PPT制作等。这类视频可以通过简单易学的方法，让用户在短时间内掌握技艺，故而受到广大用户的喜欢。而且这类内容适合做商品种草，也容易提升账号IP权威度，但缺点是，这类内容需

图8-17 以实用Excel技巧为主的账号首页

要花费大量的时间和精力去搜集资料、拍摄视频，个人制作有难度，更适合专业团队。

8.4.3 幽默搞笑类

众多短视频内容类别中，幽默搞笑的内容一直占据着重要的位置，甚至大部分视频都与搞笑标签有着千丝万缕的联系。很多快节奏生活中的用户，都希望观赏到能让自己放松、娱乐的内容，如搞笑类视频、吐槽类视频、脱口秀等。如图8-18所示的抖音账号，就常发布趣味段子、搞笑影视片段等，让很多用户捧腹大笑，从而让用户愿意关注账号。

幽默搞笑类内容没有年龄、性别限制，而且适用范围较广，穿插在知识分享类、教学教程类内容中也可以，深受众多用户喜欢。

图8-18 某生产幽默搞笑类内容的账号首页

8.4.4 剧情段子类

剧情段子类内容类似于微型电影或是微型电视剧，由于区别于其他类型内容的独特性，剧情段子类对脚本策划、出镜人员、导演和摄影都有一定的要求，拍摄成本也较大，不建议个人选择。但剧情段子类内容一旦做得好，就很容易因为一条作品而带动整个账号的作品。如图8-19所示的某抖音账号，常以一人分饰多角的形式，讲述大多数人生活中所遇到的事情，如婆媳关系、夫妻感情、农村琐事等。众多用户在评论区留言："太真实了！"该账号多个视频的点赞量过百万。

对于经济实力较为雄厚且有剧情脚本的运营者，可考虑选择剧情段子类视频，吸引用户关注。

图8-19 某剧情段子类内容的账号首页

8.4.5 颜值圈粉类

爱美之心人皆有之，大部分用户都追求视觉享受，喜欢美好的事物。因此有很多账号迎合用户需求，在镜头中展现美人、美物。如图8-20所示，某抖音账号曾在2019年3月凭借一条美女甩头发换装的作品，获得600多万个赞以及23万多条留言，该账号更是在当月涨粉数百万。

颜值圈粉类内容涨粉往往很快，相较于剧情段子类，其拍摄方式还更简单，拍摄成本也更低，可通过变装、街拍、抖音自带道具等来完成拍摄。当然，这类内容也有明显缺点：形式单一、容易看腻。所以选择这类内容的账

图8-20 美女甩头发换装作品截图

号，后期应考虑变换其他内容，以长久地留住粉丝。

> **提示** 与颜值圈粉类内容相似的还有垂直才艺类，后者需要达人本身具备一定的才艺，如唱歌、跳舞、表演等。

8.4.6 商品测评类

商品测评类视频主要是通过购买商品，并针对商品的外观、颜色、味道、功能等对商品做出测评，其涵盖范围也非常广，如护肤品测评、零食测评等。据相关数据统计，大部分用户在购买商品前，会选择在网上查看相关的测评信息，以此更为直观地了解商品的特点，从侧面也可以反映出，商品测评类内容的市场很大。

商品测评类视频的拍摄难度不算很高，没有太多技巧，在拍摄过程中全面地展现出商品的外观、性能优势等即可。如图8-21所示的测评视频，由达人先播放了其他达人推荐的一款切菜板的原视频，以及自己购买该款切菜板的截图，然后对装有切菜板的包裹进行拆封，展示切菜板的外观、功能等。很多用户在观看该条测试视频后，积极地在评论区留言，如图8-22所示。

图8-21 商品测评视频截图

图8-22 用户的留言截图

商品测评类视频的拍摄关键在于，如何增强信服度。部分达人功利心太强，一心想提高自己商品的曝光率,并在视频中说商品的多个优点。但这种过度营销反而容易引起用户的反感。

当然,内容类别远不止上述6种,还有咨询解答类、影评剧评类、萌宠萌宝类……运营者可结合账号定位及自己所长来选择合适的内容类别。

8.5 表现形式定位

短视频运营者要拍好视频作品,还需要进一步了解短视频的表现形式。因为不同风格的视频作品,其表现形式也有所差异。针对目前视频的拍法以及用户的心理,短视频的表现形式可被概括为5种,如图8-23所示。运营者可以如法炮制,在总结前人经验的基础上探寻属于自己的短视频道路。

8.5.1 图文形式

图文形式是指将图片和文字结合展示,把想表达的内容放在图片中,再加上配乐即可,是一种较为简单的表现形式。如图8-24所示,该作品就是由一张风景图+一句情感文案+一段背景音乐构成的,虽然拍摄成本低,但互动率仍然相当可观,点赞数已过20万个,评论数已过2万条。

图8-23 短视频的5种表现形式

图8-24 某图文形式的作品截图

图文形式虽然看似简单，但要取得好的观看量还是很难的。不仅要求图片高清、文字简明扼要，还要能选出与图片、文案相呼应的音乐，而且作品要具有很强的代入感，才能让用户产生触动，继而愿意关注账号。图文形式适用于正能量、情感类等内容，从情感上引发用户共鸣。

> **名师点拨**
>
> 值得一提的是，图文形式虽然制作成本低、拍摄简单，但这种没有真人出镜的视频作品，在直播变现方面会比较吃亏。

8.5.2 讲解形式

讲解形式主要是指通过分点讲解的方式进行知识科普、细节描写、产品解读等，常见于知识分享类、教学教程类等内容中。如图8-25所示的鉴别真假红糖的视频，就采用了讲解形式，先抛出问题：你会鉴别真假红糖吗？然后给出问题的答案，如从红糖的配料表、外观、颜色、味道等方面入手逐一鉴别红糖真假。用户在查看该视频后，能快速学会鉴别红糖的方法，并将该方法应用于实际生活中。

讲解形式的视频可以不用真人出镜，在视频画面中展现与内容相关的要点即可。但讲解形式的内容必须有较强的逻辑性，让用户一看就大致知道所述要点，而不是东拉西扯，给人留下莫名其妙的感觉。

图8-25 某讲解形式的作品截图

8.5.3 采访形式

采访形式可用于很多场景化的采访，比如，常见的街头采访就喜欢把一些有趣的段子植入被采访人的口述中，引得用户纷纷点赞、转发。图8-26所示的就是以采访形式展现的视频作品，由主持人向路边女孩发问：结婚多少彩礼合适？网友们各抒己见，引发激烈的讨论。

图8-26 某采访形式的作品截图

采访形式也容易由路人的回答或表现引爆观看量。例如，一些带有趣味性的回答容易令人捧腹大笑，一些颜值很高的路人，容易引发用户点赞、评论。当然，这类采访形式的内容并不是真的随机拍摄、随机采访，需要提前策划主题、找目标对象等。

8.5.4 剧情形式

剧情形式是指有情节、有条理，能完整表现一个故事的视频内容。常见的有喜剧剧情、职场剧情、男女剧情等。

如果一个剧情形式的视频内容有亮点，且标题又能传达核心内容，则很容易引发用户点赞、评论。图8-27所示为某情感账号发布的剧情形式的视频，视频剧情为，结婚5年的夫妻攒够了钱去买房，女主人公却在买房当天找不到身份证了。男主人公在购房现场积极地提出了因女主人公未带身份证，故房产证只写自己名字的要求。次日，女主人公在给男主人公洗衣服时发现自己的身份证原来是被男主人公悄悄藏起来了，目的就是不在房产证上添加她的名字。视频以女主人公以一句"是时候再去一趟民政局了"收尾，预示将和男主人公离婚，也呼应了视频文案"恋爱可以随便谈，但是婚不能随便结"，引发100多万用户点赞，8万多用户评论。

剧情形式的视频中也可以融入讲解形式、采访形式，让视频内容更具看点、更具趣味性。例如，某些讲解法律知识的账号，就将讲解形式与剧情形式相结合，通过剧情来详细说明与法律相关的知识点，让法律知识更丰富，也更有利于增强账号的辨识度。

8.5.5 Vlog形式

Vlog全称"Video Blog"或"Video Log"，是指视频博客、视频网络日志，是博客的一种。Vlog一般由真人出镜，记录创作者的所见所闻、日常生活，这类视频能够拉近用户和创作者之间的心理距离。

例如，某抖音账号经常发布一些记录自己日常生活的Vlog，吸引了100多万粉丝的关注。该账号曾发布了一条记录早上起床洗漱、制作西瓜汁、制作水饺等早餐的视频（如图8-28所示），吸引了60多万粉丝点赞，更有3万多用户在评论区留言："这就是我想要的生活""好温馨"等，如图8-29所示。

图8-27 某剧情形式的作品截图　图8-28 某Vlog形式的作品截图　图8-29 用户留言

Vlog形式的优点在于作品容易传递出温馨、亲切的感觉，且拍摄不复杂，也容易出爆款作品；其缺点在于需要拍摄大量的素材，并需要后期剪辑和配音，对文案的要求也较高。

通过前文的介绍，相信大家已对短视频的表现形式有所了解。无论是哪种表现形式，都有其优缺点，运营者需要结合实际情况自由选择。

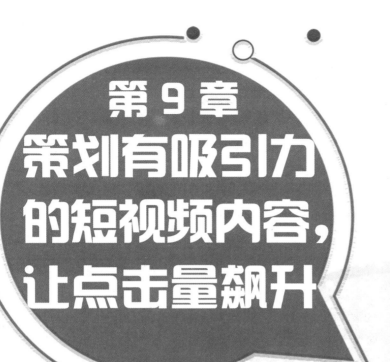

第 9 章 策划有吸引力的短视频内容，让点击量飙升

很多人心里都有一个疑问：为什么用心拍出的短视频就是不温不火？实际上，要让视频"爆"起来，除了要找到账号的精准定位外，还需要掌握一些策划内容的方法，以打动粉丝，让粉丝自发地对视频做出点赞、评论、分享等行为。本章将从粉丝梯度结构开始分析，帮助商家了解打动粉丝的心理底层逻辑，以及有关内容策划的实用技巧。

9.1 分析抖音账号及消费者

很多人在做短视频之前,都会仔细思考自己做视频的目的,因为目的将决定账号运营的方向。经分析发现,大部分人的目的是变现盈利,这也要求账号必须有大量粉丝和点赞、评论等互动做支撑。

目前很多商家费时费力生产出的短视频,都是无人问津的结果。这是因为真正的爆款视频,其实是有逻辑可循的。商家需要学会分析账号类型、分析消费者、分析粉丝类别,才能找到这些逻辑。

9.1.1 分析账号类型

俗话说:"知己知彼,百战百胜。"商家要想获得更多粉丝,就需要先了解粉丝的喜好,如粉丝喜欢的账号类型。以抖音平台为例,有3种较为典型的账号类型能吸引粉丝。

1. 粉丝多、点赞多、能变现

第一种账号类型是商家趋之若鹜的,这类账号有着粉丝多、点赞多、能变现等特点,如抖音达人"多余和毛毛姐"等账号(见图9-1)。

由于多余和毛毛姐的粉丝多、点赞也多,账号广受粉丝的喜爱,故而很多用户喜欢给他的直播间赠送礼物,也愿意购买他视频中推广的商品,属于容易变现的账号。

2. 粉丝多、点赞少、难变现

抖音中还有部分账号虽粉丝数量较多,但点赞数量少,变现较为困难。图9-2所示为某零食测评类账号首页,虽有200多万粉丝,但单条视频的点赞量并不乐观,甚至有点赞数仅为"2"的视频。

图9-1 "多余和毛毛姐"的抖音账号首页

图9-2 某零食测评类账号首页

这类粉丝多、总体点赞多但单条视频点赞量少的账号,难变现的原因如下。

(1)内容没有创新。

部分账号创建时间比较早,早期涨粉速度也比较快,但由于内容形式滞后,没有创新,新发布的单条视频的数据并不好,粉丝也会逐渐减少。

(2)内容不够专业。

部分账号因为单条短视频突然上热门,吸引粉丝数量持续增长。但由于内容不够专业、拍摄方法也不够好,视频很难再吸引粉丝点赞、评论,后期也会处于持续掉粉的阶段。

由此可见,不管账号前期粉丝数量多少,也不管是否有个别视频能上热门,只要后期没有优质内容输出,账号掉粉会越来越严重,变现也会越来越难。

3. 粉丝少、出爆款、能变现

抖音中还有些账号虽然粉丝数量不多,但能通过单条视频上热门后被大量粉丝关注且参与互动的情况,获得可观的商品销售收益。例如,某账号原粉丝数量不足百万,因在2020年10月发布了一条关于多功能桌子的视频作品,单条视频获赞数量超160万个,留言数量超5万条,视频中出现的桌子的销量更是过百件,销售额接近10万元,如图9-3所示。

图9-3 某多功能桌子视频作品页面

为什么上述案例中的账号能获得比原有粉丝数量更多的点赞量呢？究其原因，还得从该视频内容说起。该视频内容以展现多功能桌子和椅子的使用场景为主，体现出了该桌子的特殊性：桌子靠墙时是个墙壁置物架，放下就是一张桌子。用户觉得既惊喜又好用，自然愿意参与互动并下单购买。由此可见，粉丝数量少的账号，只要能出爆款视频作品，一样能变现。

在上述3种账号类型中，第3种是最有可能也是最容易变现的类型。特别是在新手商家开设账号后，实力无法与同行账号相匹敌。但只要账号生产出一条热门视频，就有可能实现弯道超车，收获大量粉丝，获得第一笔变现财富。

9.1.2 分析消费者

常言道："需求决定市场。"商家要在短视频平台销售商品，就必须先认识消费者画像，再根据他们的消费特点布局商品，这样才能把对的商品卖给对的消费者。以抖音为例，消费者画像大致可分为图9-4所示的3种类型，下面将逐一分析各个消费者类型的特点。

图9-4 抖音消费者分类

1. 少女消费者

以抖音为例,"艾媒数聚中心"的数据显示,2019年抖音总体KOL性别分布如图9-5所示,64%是女性,只有36%是男性。

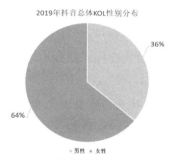

图9-5 2019年抖音总体KOL性别分布情况

 "KOL"(Key Opinion Leader,关键意见领袖)是指拥有更多、更准确的产品信息,且为相关群体所接受或信任,并能影响该群体购买行为的人。

由此可见,商家要在抖音平台变现,女性是主要的目标消费者。同时,相比其他年龄段的女性,少女消费者又更容易全视频变现。因为少女的年龄在18~25岁,基本是刚出校园的状态,既有父母的帮扶,又没有家庭的压力,在消费时少有顾虑,是典型的冲动型消费者。

少女消费者平时喜欢一些快消品,如零食、小玩具、小家居等。商家如果是售卖这些商品的,就应该根据少女消费者的经济情况,实行低价走量的模式。

2. 宝妈消费者

女人永远是消费的主力,已婚已育的宝妈的战斗力仅次于少女消费者。宝妈消费者在家居、护肤品等方面的消费能力非常强，平时不仅要给自己购买一些必需品，还要给老公、孩子置办衣物等。

与少女相比，宝妈就显得成熟一些，在消费时更为关注产品的实用性。例如，一些新奇的小家居产品可能会因为外观可爱受到少女的欢迎，但宝妈可能会因为该产品被使用的概率不大故而放弃购买。所以，商家面对的目标消费者如果是宝妈，则需要考虑产品的实用性。

3. 男性消费者

男性消费者消费思维偏理性，并且有些商品会由伴侣购买，因此他们除了一些刚需产品，很少会购买产品。甚至有商家在调查中发现，只有小部分男性消费者会在直播或短视频内购买产品。

男性消费者因为较为理性，很难做到冲动消费，要让他们购买商品，就必须展现商品的功能、特点。以一款相机为例，必须通过视频说明该款相机与其他相机相比有哪些亮点，只有这些亮点确实迎合了男性消费者的兴趣爱好，才能刺激其转化。

综上所述，商家要在短视频平台售卖商品变现，就必须先分析要将这些产品卖给哪个消费群体，这些消费者又有什么兴趣、爱好，如何迎合他们的兴趣爱好，这样才能让商品更对消费者的胃口，刺激转化。另外，商家也可以根据短视频平台的消费群体比例去设计产品。例如，抖音平台的少女消费者多，就根据她们的喜好设计迎合她们喜好的产品。

部分商家还可以通过中介平台售卖商品赚取佣金，如通过淘宝联盟、精选联盟给其他商家的产品做营销推广。消费者下单后，直接由其他商家发货，中间商家无须囤货。例如，某商家选择为其他商家推销一款和订书机一样大的袖珍缝纫机，其拍摄的短视频以这款缝纫机的使用方法为主，在短短2个月内收获了11万粉丝，每月营收3万元左右的佣金。他能小有成就，主要是因为选货品的方向符合大多消费者的需求。

9.1.3 分析粉丝类别

早在直播中听过主播说诸如"老铁""新来的粉丝""××军"等称呼，这是因为粉丝也有所区别，如忠实的铁杆粉丝、做垂直内容的垂直粉丝等。商家要实现变现，就必须先认识粉丝类别，转化更多有利于商品销售的粉丝。以抖音平台为例，粉丝类别大致可分为泛粉丝、垂直粉丝、消费粉丝以及铁杆粉丝，如图9-6所示。

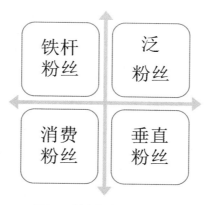

图9-6 抖音平台的粉丝类别

1. 泛粉丝

所谓的"泛"，代指"广泛"，这里是指在平台内拍搞笑类、才艺类、颜值类内容的视频账号。由于其内容容易被大多数用户所接受，故账号的粉丝结构也较为广泛，垂直度不明显。例如，名为"多余和毛毛姐"的账号，平时以发布搞笑段子为主，吸引的粉丝有可能是少女，也有可能是宝妈，还有可能是中年男性，整个粉丝群体涉及的类别较为广泛。

这类以泛粉丝为主的账号，优点在于粉丝增长速度较快，适合用来投放商品广告；而缺点在于垂直度不够，售卖商品的效果可能会不理想。例如，"多余和毛毛姐"这一账号虽然粉丝多，但如果让其售卖口红，那么销量可能不如专业的美妆博主。

由此可见，泛粉的意思就是账号可以大量地增长粉丝，但如果急于卖货，那么它的转化率可能没有垂直领域的博主高。不过，这类账号可以先靠直播打赏变现。

2. 垂直粉丝

所谓的"垂直"，是指某个领域或者某个分类下的细分内容，如专做普法内容的账号以及专做民事纠纷案例的账号。商家在做垂直内容后，收获的粉丝大多是垂直粉丝。如图9-7所示的某育儿号，由于平时发布的短视频内容基本以育儿知识为主,故其所吸引的粉丝基本是宝妈,这些宝妈经常在评论区参与讨论。

3. 消费粉丝

第三种叫消费粉丝,一般由泛粉丝和垂直粉丝转化而来,换言之就是这类粉丝具备一定的消费思维,能真正消费。例如,淘宝作为一个电商平台,很多粉丝进入淘宝直播的直播间,多以购物为主,那这些购物的粉丝就是消费粉丝。但在短视频平台,很多粉丝因为短视频内容有趣而进入直播间看主播颜值、主播才艺或主播传授某项技能等,并在与主播建立信任关系的前提下,才有可能下单购买产品,从而转化为消费粉丝。

图9-7 某育儿号垂直粉丝的评论

在将粉丝从泛粉丝或垂直粉丝转化成消费粉丝的过程中容易出现粉丝流失的情况。因为很多粉丝发现账号开始带货时,容易产生抵触心态,自然会取消关注。但粉丝流失也是一件好事,可以将消费粉丝筛选出来,并且加强其消费思维,为账号变现做准备。

但是要将粉丝转化为消费粉丝也不是易事,需要商家多方面挖掘商品亮点。商家可以在视频中逐步植入产品软广视频,并引导粉丝成交。例如,某育儿账号之前没有发布过广告内容,可是近期视频中提到××书里讲到××理论,对0~2岁的婴儿有很好的启蒙作用。为及时促成粉丝下单,该账号用"实例+产品"亮点的内容,补充说明了该书的益处。

另外,为了更详细地说明商品亮点及购买方式,商家可通过直播介绍商品,并引导粉丝领取优惠券、参与抽奖,从而营造更有利于商品营销的氛围。

4. 铁杆粉丝

最后一类就是商家都喜欢的铁杆粉丝,这些粉丝往往会经历认识主播、认可主播,再到拥护主播等几个阶段,是发自内心欣赏主播的粉丝。很多知名主播有很多铁杆粉丝,不管主播推广什么商品,他们都会消费。

商家要获得铁杆粉丝,就需要用人格魅力吸引泛粉丝、垂直粉丝和消费粉丝。例如，在快手平台上，不少达人会强调自己与粉丝是"老铁"关系，强调社交关系，就是想让粉丝们更肯定彼此的关系。

为进一步了解粉丝，账号运营人员可通过短视频后台或数据工具查看粉丝数据。例如，开通企业号的抖音账号，可在企业服务中心的数据中心查看粉丝数据，包括粉丝总数、粉丝热门在线时段、某段时间内的粉丝净增量以及粉丝性别分布等，如图9-8所示。

除了可以在平台后台查看相关数据外，还可以通过专业软件查看粉丝数据，如短鱼儿、短大大、飞瓜数据等。可以查看粉丝的性别比例、所在城市、年龄分布、兴趣爱好等，让自己更了解粉丝画像，产出更对粉丝胃口的内容来迎合粉丝。

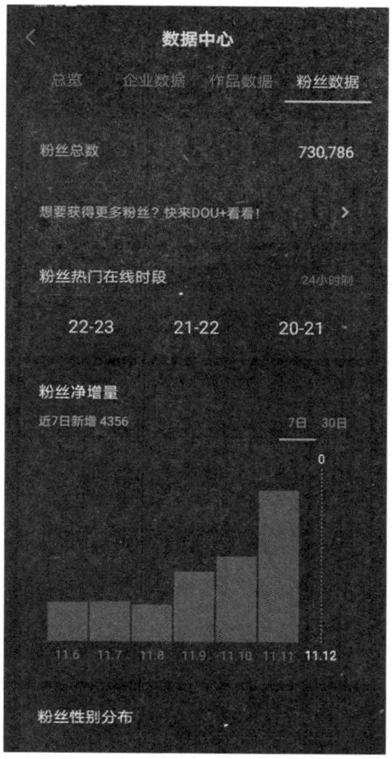

图9-8 某企业号的粉丝数据

9.2 视频内容心电图

视频的流量值测评指标包括视频的点赞量、转发量、评论量以及完播率。只有这4个数据表现得都不错，才算是优质视频。商家在拍摄视频时，需要从内容出发，激发用户积极参与点赞、转发及评论等。关于如何才能让这4个数据表现优异，可参考图9-9所示的视频内容心电图。

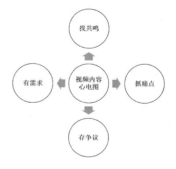

图9-9 视频内容心电图

9.2.1 找共鸣

用户只有在充分理解短视频内容时，才有可能产生心灵的共鸣，继而产生点赞、评论、分享等行为。特别是一些正能量的内容，如积极的、健康的、催人奋进的、给人力量的、令人充满希望的，往往能感动手机前的用户，促使他们对视频做出更多互动行为。

曾有一条短视频,内容是关于一个医生的,其中有个点能让人流下感动的眼泪。一名医生通宵加班后刚回到家又接到一个紧急电话:有名小女孩把自己的无名指弄断了,需要马上手术。疲惫的医生没有选择休息,而是又回到手术室。而最令人感动的地方在于,这名医生说:"我一定要把这个女孩的手指接好,把每一根血管都细心地缝好。因为我可以想象,多年以后当她结婚时,这个手指是要戴上戒指的。"很多用户在听到这句话后,都不由得联想到婚礼、戴戒指等场景,纷纷流下了眼泪。也正因如此,这条视频成了高点击量、高转发量的视频。

9.2.2 抓痛点

痛点可以理解为用户在日常生活当中所碰到的问题,如果不解决痛点,就会对用户的精神和身体造成伤害。达人可以在视频内容中提出目标用户的痛点,并解决痛点,以此吸引用户参与互动。

图9-10 某条抓用户痛点的视频截图

例如,抖音平台有广大的女性群体,而女性的痛点又很多,如对外貌的建议、对工作的调整、对夫妻关系不满意、对婆媳关系的建议等。如图9-10所示的这条视频能上热门的原因,就是抓住了宝妈的痛点。该账号是一个企业号,视频内容的主要目的是企业线下封闭式减肥训练营会所引流并吸引客户成交,而账号所拍摄的视频内容主要就是解决女人的身材痛点。

这条播放量超过1000万次的视频内容是,女主角因为产后肥胖、身材走样被婆婆嫌弃,被老公朋友嘲笑。于是她借口回娘家1个月,到减肥训练营进行塑身打造。经过训练,身材有了明显变化,此时她对着镜头说了一句引起共鸣的话:"老公,我不想让你在朋友们面前抬不起头。"

就目前而言,很多用户对硬广视频都较为反感,商家在运营账号时,需要使用组合拳,把爆款视频和硬广视频结合起来。爆款视频尽量不提产品，只根据视频内容心电图去做内容。当出现爆款视频后，很多用户便会通过视频推荐点击达人头像，查看主页中的其他视频。如此一来，企业号中的硬广视频就有机会被看到，产品的精准客户就可能会咨询和关注。该企业号的主页置顶区，放了减肥训练营的硬广视频，视频评论区的置顶评论则是咨询减肥费用和具体的减肥结果，完全筛选出了精准的减肥客户。该企业号曾利用35天的视频内容，让减肥会所的收款超过120万元。

9.2.3 存争议

存争议指的是短视频的内容在一定程度上要能引起用户的讨论和反驳。特别是在当今互联网时代，有一群人喜欢"抬杠"，不管别人说什么，他们都想辩驳一番。所以，有很多文案和视频就迎合了用户的这种心理，设置了一些独断型的文案或有争议性的文案来提升视频的评论量。

例如，某情感节目主持人的抖音账号就曾发布过一条存争议的视频，如图9-11所示。该视频的封面图片中由显眼的文字抛出问题："不相爱了要不要离婚？"这本身就是存在争议的话题，让该视频获得了73.9万个赞，2.6万条评论。

该视频的呈现形式较为简单，只用了一个很简单的黑色背景板。视频火热的原因在于视频文案属于AB选择："要不要离婚"，给用户提出了思考：

图9-11 存争议性的短视频截图

是离婚还是不离婚？同时还谈到了家庭情感，引出了婆媳关系、亲子关系等问题。这种特具争议的话题瞬间打爆了，在两天内涨粉30万。

9.2.4 有需求

"有需求"并不是简单地满足用户需求，而是指专业领域类的内容，旨在为用户提供有价值的知识和技巧。这类内容具有独特的存在价值，能不断地为用户提供知识、学识、技巧，提升粉丝的自我价值。

很多企业号注重生产文教类短视频，其粉丝转化率非常可观。例如，某手机摄影的账号，主要教大家手机摄影的常用技巧。通过"实例+技巧"的方式，展现摄影技巧，常获得众多用户点赞、评论，如图9-12所示。

类似的文教类账号，因为有需求、有价值，容易被关注。商家可以找到与产品相关的需求，将其展现在视频内容中，如传授生活技巧、情感知识、美食厨艺等，很多人对这类知识技能有需求，可促使更多用户关注账号。

9.3 内容策划的"套路"

无论是什么类型的视频，都需要好看的数据做支撑。而视频内容就是提升点赞量、评论数等数据的关键之一。因此商家应该学习短视频内容策划的通用方法，如做好视频的封面图，故意在视频中留下Bug、留下记忆点等。商家只有策划出独树一帜的内容，才能提升账号的辨识度，吸引用户参与讨论。

图9-12 展现摄影技巧的短视频截图

9.3.1 短视频的封面图和标题

在很多短视频平台，短视频信息都由标题和封面图构成。图9-13所示为某抖音账号的短视频封面图。这样的封面图主要由统一的人物形象+各个动物特点构成，并用提问的形式，吸引用户点击并观看视频。特别是文教类、产品测评类、毫无推荐类等视频，更应重视封面图，尽量让封面图起到吸引用户的作用，便于更好地达成完播率。

如果一个视频的标题非常有吸引力，则很可能促使用户将视频看完，这也从侧面说明很多用户喜

图9-13 某抖音账号的短视频封面图

欢新奇的标题。曾有一条标题为"男女接吻会上瘾吗"的视频，实际内容是正经的科普，但最终的播放量高达1100万次。由此可见，标题对视频的影响确实很大。建议大家在设计封面和标题时，可适当留下悬念，勾起用户的好奇心。

> 账号中的视频如果采用统一的封面图，会使得整个账号版面较为和谐统一，更能吸引用户查看账号内的其他视频。

9.3.2 留下Bug

Bug是计算机领域的专业术语，原意是"臭虫"，这里指存在漏洞，"留下Bug"则是指故意在短视频中留下错误，供用户指出、讨论。知名抖音达人"花一村"就常常在短视频中留下有"奇怪"行为的路人甲的镜头。如图9-14所示的视频背景中，有个身着流行服饰的人在跳舞，引得很多用户在评论区留言，如图9-15所示。看该达人的视频不难发现，多个视频中都有此类"路人"出现，这既不影响主体内容，又能让更多人觉得有趣。

图9-14 有路人甲镜头的视频截图　　图9-15 用户在评论区的留言

除此之外，部分视频会故意植入容易被人察觉的Bug引发用户讨论。例如，某账号将知识类内容进行分期录制，在第一期的视频中提到该知识共计6个重点，在展示知识点时，故意漏讲第3点。于是很多用户在关于第2点和关于第4点的视频下留言："还有第3点呢""第3点没说"……以此来增加视频的评论量。

部分达人会反其道而行，明知自己不是颜值类达人，却故意在视频中提到诸如"别人就是嫉妒我的颜值""我这该死的魅力啊""她肯定是暗恋我，毕竟我那么帅"等容易引起争议的夸张内容，让用户在评论区留下"多照镜子""清醒一点"之类的内容。

综上所述，商家在策划内容时，可以考虑留下一些小Bug引发用户参与到互动中来，以此提升视频的评论量。当视频的评论量明显提升时，视频会更有机会进入更大的流量池。

9.3.3 留下记忆点

记忆点的设计叫"心锚"，属于条件反射里的一种形式，其实简单来说就是你不断重复一句话，一个场景，一个动作，给别人留下印象。例如，当用户在听到某句话时，不由得联想到某位明星或达人。视频内容越有记忆点，越有可能被用户关注。所以很多达人会在短视频中用口头禅、统一开场白或统一结束语来强化用户的记忆，增加自己账号的辨识度。

图9-16 "美少女小惠"的某条视频内容截图

例如，知名抖音达人"美少女小惠"的视频中就有多个记忆点。首先，她在每个视频中都讲武汉方言，用户对此印象深刻；其次，她常在视频中身着一件厚重的绿色军大衣，加深了用户的印象；最后，她在每条视频末尾基本都会说一句口头禅："啊，我这该死的无处安放的魅力啊！"，增强了她的辨识度。图9-16所示为"美少女小惠"身着军大衣拍摄的某条视频，已获得200多万个赞，4万多条评论。

除了"美少女小惠"外，还有多名达人的视频作品有明显记忆点，如抖音达人"张小狮"，每条视频的开场白都是："嘿，陌生人，今天的你过得好吗？"

商家在策划视频内容时，要找到与自己联系密切的记忆点，并将其不断地展现在视频中，加深用户的印象，以增强自己的辨识度。

9.3.4 场景化

场景化营销是指以特定情景为背景，通过环境、氛围的烘托，提供相应的产品和服务来激发用户的购买欲望，从而令用户产生消费行为。商家在策划视频内容时，将商品与消费者的使用场景相结合，更能刺激消费者下单。

商家在策划视频内容时，所选的拍摄背景要尽量场景化。例如，讲解一款红糖的功效时，如果能走到超市拿起货架上的红糖，边展示配料表边讲解该红糖的功效，会更利于用户理解，也更具说服力。

再如，某经营蜂蜜的抖音账号所生产的视频内容基本以山野采蜜、农家生活为主，搭建出了蜜蜂在绿色、无污染的山间生存的场景，也给看视频的用户留下了"天然""绿色""健康"等印象。图9-17所示为该账号的一个采蜂蜜视频截图，视频中的蜂巢蜜已有上千销量。

在内容设计方面，能够植入场景化的背景至关重要。营销中也不乏这样的例子，很多食品类的视频，都涉及场景化植入。例如，售卖藕的商家往往选择在荷塘里拍摄视频，售卖水果的商家喜欢在果园里拍摄视频，售卖海鲜的商家则常在渔船旁拍摄视频……这样做都是为了取得消费者的信任，刺激消费者下单。

图9-17 采蜂蜜视频截图

9.3.5 人物的身份反差

还有一种内容非常容易火,就是在人物设计方面做到强烈的身份反差。就如在很多人的印象里,年过花甲的农妇应该喜欢闲聊家长里短,但抖音达人"罗姑婆"偏偏不是这样的人物设定。罗姑婆所拍摄的视频以教大家如何谈恋爱为主,视频中出现的客串人物也都是和她年龄相当的老人,这些人会身着潮流的运动衫、戴夸张的首饰、说热门的网络用语,让人啼笑皆非的同时也很具争议。

有一位达人,原本是一位社交电商老师,但他的视频不分享有关社交电商的内容,反倒是带着一帮男员工在办公室跳舞,与人物身份形成巨大反差。除此之外,他的视频中还有其他反差。

- 反差一:他本人身材比较壮硕,但他专门和几个又帅又有气质的帅哥一起跳舞,胖与瘦的身体形成反差;

- 反差二:在很多人的思维里,办公室应该是严肃的办公场景,但他们经常跳舞娱乐,从而形成反差;

- 反差三:他们本为男性,但经常跳一些婀娜多姿的舞蹈,形成性别反差。

这样的多层反差促使该账号多个视频的讨论度得到提升,如图9-18所示的跳舞视频就获得了130多万的点赞量。

某地的一名新闻主播发现自己有一条视频突然上了热门,究其原因才得知,她平时的形象是端庄、温婉的女播音员,但那条视频是身穿素衣在直播台前做搞怪动作,带给用户和平时很不一样的感受,结果那条视频就被多人点赞、评论。

商家也可以在内容中设计一些与身份反差较大的元素,这种反差很可能带来意想不到的效果。

图9-18 社交电商老师发布的跳舞视频截图

9.4 打造吸睛的短视频文案

除了用优质的内容打动观众外，用文案引导观众点赞的案例也不胜枚举。在抖音发布视频时，左上角有用于填写文案的文本框，用手机发布时不能超过55个字，如图9-19所示。

部分视频的内容平平无奇，但加上耐人寻味的文案后也能吸引很多用户点赞、评论。故商家应该掌握一些文案写作技巧，为视频锦上添花。

9.4.1 6类短视频文案

文案的写作也有规律可循，如"恐吓"类文案，就容易勾起人的好奇心，让人忍不住想点击视频一看究竟。例如，某知识类的视频选用"变质的水果不能吃，会致癌"这一文案，讲解水果

图9-19 文案输入区

变质后含有××有毒物质，过量食用会导致癌症。很多用户在看到这条视频后，纷纷@亲朋好友，从而提升了视频的评论量和转发量。

商家应掌握更多的文案写作类型，并将它们灵活地应用于视频中，提升视频的数据。常见的文案写作类型包括段子类、共情类、"恐吓"类、悬念类、叙述类、互动类等，如图9-20所示。

图9-20 常见的文案写作类型

1. 段子类文案

段子类文案是指带有趣味性的段子，如从网站上找一些有趣的段子放在标题区，博人一笑，起到猎奇的作用。

示例："小时候不爱吃饭，导致现在个矮；现在是爱吃饭了，导致现在又胖又矮。"

2. 共情类文案

共情类文案是指能引起共情作用的文案。以减肥会所的视频为例，它直接找到了垂直用户的诉求，用"我们""一起"等容易引起共情的词汇来吸引用户关注。

示例："我要从150斤减到110斤，关注我，我们一起变瘦！！！"

3. "恐吓"类文案

"恐吓"类文案以容易引起争议的文案为主，如用一些略带夸张的词汇，引起很多用户的反驳、不满，故而达到较好的讨论效果。

示例："筷子用久了有毒，你信吗？"

4. 悬念类文案

悬念类文案多是为了完成完播率而故意用带有悬念的文字吸引用户看完视频。

示例："最后那句话真是笑死我了，肯定颠覆你的三观！"

5. 叙述类文案

叙述类文案主要是从叙事视角、叙事时间等方面搭建丰富的场景，吸引用户观看视频。

示例："本是张家大小姐，有缘成为李家媳，奈何李家不缺媳，有幸做回张家女。谢谢这3年的陪伴。"这一叙述类文案简要说明了两个人结为连理又分开的关系，吸引用户查看两个人分开的缘由。

6. 互动类文案

互动类文案是指通过增强体感反馈、剧情参与、内容探索等方式激起用户互动的兴趣。

示例："身为'90后'的你有多少存款呢？"这一文案可以很好地引发"90后"用户的留言。

无论采用哪种文案写作类型，只要能引起共鸣、存在争议或抓到用户痛点，吸引用户观看视频内容的效果即可。

9.4.2 用九宫格裂变法撰写文案

当商家要写一个文案时,如果能根据用户画像而写,将吸引更多精准目标用户。换言之,就是要写目标用户感兴趣的文案。那如何将其落实呢?这里教大家一个写作方法,即九宫格裂变法,在明确目标用户后,围绕用户关注的话题迅速找到写作方向。

以抖音平台某育儿账号为例,其目标用户本是3~12岁孩子的家长。为了吸引这些家长,运营者先画一个九宫格,把3~12岁的孩子当目标用户填写在中间,然后裂变其他关系,如图9-21所示。这里的裂变主要考虑与孩子密切相关的8种人物关系,如家长、关系好或关系不好的朋友、老师、爷爷奶奶、校长、同学、别人家的孩子、兄弟姐妹等。

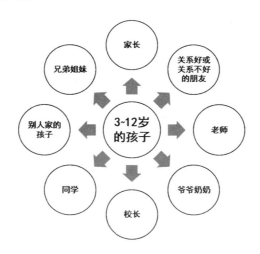

图9-21 九宫格关系裂变

在裂变人物关系后,再将目标用户进行第二次九宫格裂变——裂变场景化事件。由于3~12岁的孩子购买能力不强,很多商品需要由家长代买,因此将九宫格的目标用户调整为"3~12岁的孩子与家长",并裂变目标人群的场景化事件,如孩子上学、吃饭、做作业、家教、做家务、出游、孩子买东西、购物等,如图9-22所示。

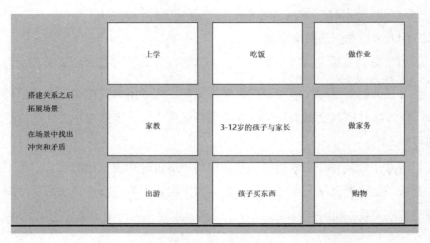

图9-22 九宫格场景化裂变

完成第一次人物关系的裂变之后,我们开始进行第二次九宫格裂变,也就是搭建关系之后拓展场景,并且在场景中找到冲突和矛盾。这样基本可以快速裂变出关于目标用户的文案主题。例如针对孩子买东西的文案:"孩子每次出去都想买东西,不买就哭闹,家长应该如何处理这种情况呢?"

通过两次裂变,可以罗列出多个关于目标用户的主题,将这些主题进行整理,就可以生成文案了。

 商家平时也可以多关注梅花网、文案狗等文案网站的内容,将热门文案整合到自己的视频文案中。

第10章
让账号上热门，快速涨粉

上热门是很多抖音短视频创作者的目标，但上热门需要视频账号有好的数据，比如，账号权重数据要好，特别是视频的完播率要高，视频的内容要优质。本章将介绍新手如何快速提高账号权重、如何快速给账号打标签、如何蹭首页热门流量，以及短视频如何配合直播上热门。

玩抖音，首先必须了解抖音的推荐机制，其次策划迎合粉丝的内容，打造好上热门的权重数据。在掌握上热门的方法之前，我们需要先了解账号权重对上热门的重要性，以及如何快速给账号打标签、如何提升账号的权重等基础知识。

10.1 提升账号权重，获得更多流量

截至2020年，短视频行业的日活跃用户达到了10亿人，可见短视频市场之大。然而，有很多用户把抖音当成微信朋友圈，随时随地分享自己的心情和琐事。但如果前期账号没有定位方向，则容易导致账号内容风格混乱且视频质量较差，很难吸引粉丝关注。因为用户关注账号其实也有规律可循，建议各大商家在创建账号之初，先认识抖音权重与视频播放量的关系，并掌握提高账号权重的方法，以提升视频播放量。

10.1.1 抖音账号权重决定了视频播放量和点赞量

很多人都遇到过这种情况：打开抖音发现首页推送的热门视频从拍摄内容到视频画质都很一般，但播放量却高达百万。而自己认真策划内容并且精心拍摄的视频却只有数以百计的播放量。造成这种差异的关键因素之一就是各个账号的权重不一样。

抖音账号权重是指抖音平台对某个抖音账号进行评价的一系列数据，抖音权重与很多因素有关，但主要的因素为粉丝数、播放量、点赞量、评论量、完播率、转发率、活跃度和内容垂直度等。抖音账号权重直接影响账号作品的曝光度，账号的权重越高，账号所发布的视频作品被搜索引擎收录的概率就越大，随之促使视频排名越靠前，曝光度越高，播放量也越高。反之，账号权重越低，账号发布的视频所获得的初始流量就越低，视频得到展现的机会也越少，视频的播放量就越低。

抖音账号权重对于抖音运营而言非常重要。一个账号的短视频制作得再完美，如果抖音账号权重低，那么仍然不会有可观的播放量和点赞量。

例如，"蜀中桃子姐"作为抖音美食类达人，在抖音平台已积累一千多万粉丝，获赞量过亿。正因为桃子姐的账号粉丝多、点赞量高，所以账号权重也高，多条视频点赞量过百万，如图10-1所示。

图10-1 "蜀中桃子姐"账号视频点赞量截图

商家要提升视频播放量，就必须提高账号权重。

10.1.2 高权重的抖音账号更容易上热门、涨粉和被推荐上首页

抖音账号的权重除了决定视频的播放量和点赞量外，高权重的账号还更容易上热门，更容易涨粉，更容易被推荐上首页等，如图10-2所示。

图10-2 高权重账号的优点

- 高权重的账号更容易上热门：高权重账号的视频播放量高，单条视频也更容易被送上热门榜；

- 高权重的账号更容易涨粉：高权重账号的单条视频上热门后，有机会带动账号内其他视频的播放量和评论量提高，随之增加账号的曝光量和粉丝量；

- 高权重的账号更容易被推荐上首页：高权重账号被打上标签后，如果可以持续产出优质内容，该账号就会被系统推荐到更大的流量池里，账号内的视频也更有机会在成为爆款视频后被推上抖音首页。

另外，高权重的账号如果将直播内容做得好，不仅能再次提高账号权重，还能通过直播获得打赏或售卖商品进行变现。因此，商家应该全面认识高权重账号的优势，并提升自己账号的权重。

10.1.3 新手如何在短时间内提升账号权重？

一个新的抖音号发布一个视频作品后，系统会根据该视频的内容、用户标签反馈以及是否符合抖音调性等基础数据，将视频推荐给小部分用户，并通过这些用户的浏览量、点赞量、评论量、转发量等反馈数据的高低，决定是否将此视频

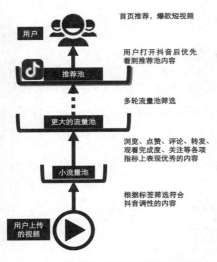

图10-3 抖音账号的视频推荐示意图

推荐给更多用户,如图10-3所示。换言之,表现好的视频作品才有机会被下一轮推荐,从而进入更大的流量池。由此可见,视频作品能不能上热门,更多地由用户反馈数据的高低决定。

根据抖音的算法规则,新账号的前5个视频作品是决定一个账号初始权重的关键,这5个视频获得的用户反馈数据越高,初始权重也就越高。而且,新账号发布的视频更容易受到系统的青睐,相较"老"号更容易获得推荐。

从运营的角度出发,除了前面提到的影响账号权重的因素外,新手还可以从提高内容质量、提高视频更新频率和活跃度、提高与粉丝的互动性,以及保证内容的垂直度和风格的统一性等方面来提高账号权重。

1. 视频质量

上传的视频必须是高清视频,以保障视频画面清晰。要确保编辑加工后导出的视频是高清的,最重要的一步就是在导出时设置视频分辨率。通常情况下,竖屏设置为1080P×1920P,横屏设置为1920P×1080P。比如,在使用"剪映"APP编辑视频后,将视频的"分辨率"设置为"1080P"(最大值),以确保画面清晰度,如图10-4所示。

图10-4 设置视频分辨率

 对于使用其他视频编辑软件编辑的视频,在导出前也应该将视频的分辨率设置为1080P,视频的长宽比为16:9。

2. 视频时长

新号前期发布的视频时间不宜太长,建议视频时长控制在15~30秒内。因为新手账号权重比较低，如果视频内容不够优质，也没有粉丝沉淀，用户则很难有耐心看完整段视频，就会降低视频的完播率，被系统判定为低权重账号。

3. 垂直定位

账号需要做垂直定位，账号领域越垂直，吸引的用户才会越精准。账号的内容垂直，有利于提高用户黏性，也利于后期账号变现。例如，某账号以售卖母婴商品为主，其产出的内容就要符合母婴商品的目标群体的胃口，如母婴知识、带娃技巧、产后减肥塑身等。

当然，内容首先要符合抖音"记录美好生活，传递正能量"的理念，在遵循抖音平台理念的前提下，产出有用、有趣、有价值的优质内容，才能快速提升账号权重。

4. 精心策划

新账号要精心策划第一条视频，如果第一个作品的播放量能达到较为可观的数据，那么该账号的后续作品被打上热门账号标签的概率就会更大，对账号权重有着重要影响。以某剧情类账号（见图10-5）为例，其第一条视频的播放量达到了三千多万，点赞量超过百万。这条视频取得如此好的数据，大大提高了该账号的权重，同时，由于第一条视频的超高播放量和点赞量也提高了其他视频的播放量和点赞量等数据。

5. 保障账号活跃度

影响账号权重的主要因素包括播放量、点赞量、评论量以及转发量。新号发布的视频内容不能间断，且内容要能引发粉丝观看、点赞、评论，从而保障账号的活跃度，这样才能提高账号权重。

图10-5 某剧情类账号的部分作品

10.2 3招教你快速给账号打上标签，获得更多精准流量

根据抖音的算法机制和智能推荐，系统会给每个账号和用户都贴上相应的标签。如果用户经常给美食类的视频点赞、评论，那么系统就可能判定该用户对美食类内

图10-6 账号获得准确标签的方法

容感兴趣，继而给她推荐更多美食类的视频作品。

同理，系统也会给作品打上"美食""旅游""搞笑""颜值"等标签，并将作品推荐给喜欢对应标签的用户，进而为视频带来更多精准流量，也更有利于作品上热门和账号涨粉、变现。那么账号如何才能快速获得准确的标签并被系统推荐呢？我们通常可以从三个方面进行操作，如图10-6所示。

10.2.1 产出对用户有价值的内容

要做好短视频运营，就一定要在遵循平台规则的前提下坚持产出对用户有价值的内容。因为用户关注一个账号并不仅仅是一个简单的动作，还是一个心理行为。账号只有不断产出对用户有价值的内容，才能长久地留住用户。

部分商家会认为自己已有不少粉丝，可以不用考虑粉丝的问题。实则不然，假如某账号已有100万粉丝，但不能保证粉丝不流失，也不能保证粉丝一定会观看此账号的视频内容，长此以往，粉丝的流失率会越来越高，最后可能会导致粉丝数量减半。所以，商家必须在持续产出对用户有价值的内容以吸引新粉丝的同时留住老粉丝。

那么，如何才能产出对用户有价值的内容呢？可以套用这个公式：能为××人群在××场景下解决××问题。这里以母婴类账号、电影解说类账号以及美容类账号为例，便于商家理解。

1. 母婴类账号

"张丹丹的育儿经"是一个典型的母婴类账号，主要为家里有宝宝的人群提供养育健康宝宝的建议。整个账号围绕宝妈们所关心的问题展开，如宝宝在不同时期的健康问题、成长问题，以及父母子女的教育问题等。该账号由张丹丹出镜陆续分享了300多个作品，收获1600多万个赞以及500多万粉丝，如图10-7所示。

图10-7 "张丹丹的育儿经"账号首页

2. 电影解说类账号

随着入驻抖音的商家和自媒体数量的增加，抖音涨粉难度逐渐增大。但对于能够持续产出优质内容的账号而言，其实是迎来了春天。以电影解说类账号"毒蛇电影"为例，其账号数据概览页面显示，该账号曾在一个季度内增长2093万粉丝，如图10-8所示。

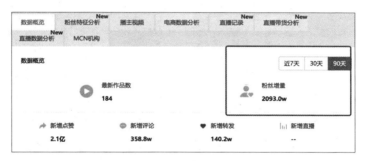

图10-8 "毒蛇电影"粉丝增量图

> 图10-8所示的数据源于"飞瓜数据"，它是一款用于短视频及直播数据查询、运营及广告投放效果监控的专业工具。运营者可借助飞瓜数据查询更多同行账号的运营数据。

"毒蛇电影"主要为喜欢看电影的用户提供解说服务，在省去用户看影评的时间的同时，为用户提供了优质的影评资源，还把时长为1个多小时的电影用短短几分钟讲完，广受喜爱电影的用户喜欢。

"毒蛇电影"的视频时长基本控制在2~3分钟，且同一部电影被分成3个视频讲解，3条视频之间又存在关联。图10-9所示为"毒蛇电影"的部分视频作品，点赞量大多已超过20万。当用户在抖音首页看到"毒蛇电影"的某个电影片段后，很可能会意犹未尽地点击头像进入账号首页查看其他关联视频。如此一来，便增加了其他视频被用户看到的概率，从而可以提升视频播放量。

由此可见，账号内容价值越高，精选优质视频越多，粉丝越会持续关注，新粉丝的关注速度也会越快。

3. 美容类账号

美业即美容行业，是指让人类变得更加美好的行业，如护肤、化妆、穿搭等。在抖音平台，有很多女大学生喜欢看美容类内容，她们希望自己在短时间内掌握变得更美的技能。账号"呗呗兔"就从这些女大学生的心理需求出发，以邻家小姐姐的形象拍摄分享有关日常护肤、化妆等技巧的视频，满足粉丝对美的追求。"呗呗兔"已在抖音平台收获超过千万的粉丝，图10-10所示为"呗呗兔"账号首页。

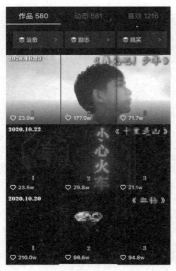

图10-9 "毒蛇电影"的部分视频作品　　图10-10 "呗呗兔"抖音账号首页

"呗呗兔"之所以能拥有千万粉丝，主要还在于其生产的内容能迎合大部分目标用户的需求。根据飞瓜数据提供的"呗呗兔"的视频观众画像来看，"呗呗兔"的粉丝中，女性粉丝占比高达79.49%，如图10-11所示。

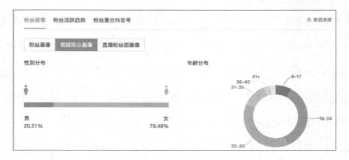

图10-11 "呗呗兔"的粉丝画像

不同账号的内容虽有所不同，但只有为目标用户提供有价值的内容，才能引导账号走上正轨，收获更多粉丝和点赞。换言之，就是只有投其所好地产出优质内容，粉丝黏性才会高，账号才有价值。

提示 　　商家要有一个基本的认识：不是自己在抖音上发布什么内容都行，抖音希望账号发的内容为别人带去价值。商家不要在开通账号后随意发布内容，否则会导致账号标签混乱，无法留住粉丝。

10.2.2 定期更新原创视频

用户有可能关注账号，也有可能随时取消关注，特别是在账号不更新视频作品的情况下。如图10-12所示，某账号曾在30天内流失1.9万名粉丝。究其原因，是因为该账号在那段时间停止更新作品，很多之前活跃的粉丝开始取消关注。

10-12　某账号的粉丝流失页面

当然，粉丝取关的原因肯定不仅仅是账号停更，还有其他影响因素。但一个账号要良好地发展，获得精准标签，就必须在坚持更新的前提下产出优质内容，吸引粉丝点赞、评论等，以提升账号活跃度。

一个活跃的账号每周需要产出4~5条优质视频，才能被抖音平台判定是一个活跃的账号。因此，商家在创建账号后，必须定期更新原创视频。对于新账号，即使粉丝基数不大，也要持续更新。

10.2.3 账号垂直，内容风格统一

运营抖音账号还有一个核心要点：精准定位（垂直领域），一个账号最好只定位一个领域。账号所拍摄的视频内容要与粉丝的兴趣爱好一致，如果账号主要输出舞蹈类内容，粉丝最好也都是喜好舞蹈的人。这样平台才愿意给账号分配更多流量，账号内的视频也更容易上热门。反之，如果一个账号的垂直度较低，那么平台不仅不愿意为其分配流量，甚至会限流，直接导致账号得不到曝光，更别提变现盈利了。账号垂直有图10-13所示的4个优势。

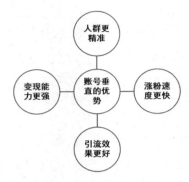

图10-13 账号垂直的优势

1. 人群更精准

如果一个账号能投其所好地为粉丝产出优质内容，而且这些内容能让粉丝持续地对视频作品做出关注、点赞、评论、转发等行为，那么粉丝就更容易为账号所推荐的商品买单。但如果一个账号的内容不垂直，导致粉丝不精准，那么带货和变现都无从谈起。

和很多以女性粉丝为主的账号不同，账号"摩托威榜"所产出的内容主要是摩托车"发烧友"关注的关于摩托车的知识及信息。分析"摩托威榜"的粉丝画像，可见该账号的男性粉丝占比高达84.27%，如图10-14所示。

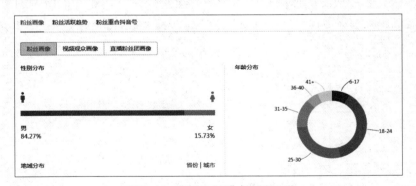

图10-14 "摩托威榜"的粉丝画像

很多人可能会疑惑：在抖音平台，男性的消费能力显然不如女性，那么以男性粉丝为主的账号是否存在变现难的问题呢？其实不会。例如，"摩托威榜"的某个视频的评论区就有粉丝主动向达人发起了车型推荐以及头盔购买方式等评论，如图10-15所示。由此可见，粉丝以男性为主，可以推荐男性感兴趣的商品。

图10-15 "摩托威榜"的视频评论区

在整个抖音大数据下，只要账号定位精准，能吸引到精准的粉丝，就有变现空间。而且，抖音平台也不完全是女性粉丝才能变现，男性粉丝一样可以变现。一个账号要实现变现，完全取决于账号的内容方向以及内容形式。

2. 涨粉速度更快

抖音账号的内容越垂直，越有利于涨粉和变现。因为账号在垂直定位后，可以尽可能地把内容做深、做透，吸引精准粉丝关注和互动。以"摩托威榜"为例，它虽然是一个偏冷门的账号，但因为其内容精准，粉丝增长速度依旧较为可观。通过查看"摩托威榜"的粉丝趋势，可知在7月10日这天增长了9万多粉丝，如图10-16所示。

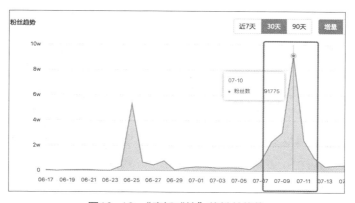

图10-16 "摩托威榜"的粉丝趋势

"摩托威榜"能在一天内增长9万多粉丝，与其账号生产的垂直内容紧密相关。所谓账号的垂直内容定位，就是指一个账号只专注同一个领域的内容，凡是关注这个账号的粉丝都对这个领域感兴趣。以图10-17所示的视频数据为例，该视频共有50134条评论，试想，那么多人在一起讨论摩托车、速度等话题，肯定能吸引不少喜欢摩托车的用户关注账号，粉丝数量必然有所增长。

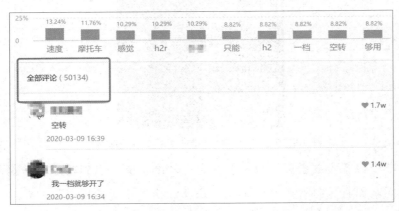

图10-17 "摩托威榜"的视频数据

由此可见，如果一个账号垂直且内容优质，就有机会因为一条视频带火一个账号，令账号增长更多粉丝。

3. 引流效果更好

账号垂直，吸引的粉丝也更精准，那么引流效果自然会更好。以线下餐饮店为例，如果付费做推广，首先面临高昂的广告费，其次很难精准投放给距离门店几公里的顾客。但如果用抖音做推广，则可以花比其他推广方式更少的钱，把门店信息推广给附近的精准客户。

例如，某广州的吃喝玩乐账号，吸引了100多万喜欢美食的粉丝关注。该账号在发布视频时，常会加上店铺定位，这样可以直接将对视频中推荐的店铺感兴趣的粉丝引到店内。图10-18所示为该账号发布的一个关于海底捞花式吃法的视频，该视频共获得13万多个赞和一千多条评论。该视频可吸引对海底捞火锅

图10-18 海底捞花式吃法视频

感兴趣的用户,找到火锅店的位置并前往店内品尝美味。

由此可见,线下门店如果可以精准定位账号的方向,就可以通过优质视频将粉丝引到门店消费,实现精准引流。

4. 变现能力更强

短视频变现方式多种多样,以抖音为例,变现方式包括橱窗推荐商品、直播打赏、视频植入广告、直播带货等。无论采取哪种变现方式,账号越垂直,变现能力越强。

短视频变现的逻辑是从人到货,粉丝往往会因为信任一个账号,而延伸到购买该账号推荐的商品。如果一个账号没有真人出镜,人设又不鲜明,则易导致后续变现能力较弱。以直播带货变现为例,一个账号必须有符合定位的真人出镜,且这个真人与商品要有较强的关联性。

以抖音达人账号"一禅小和尚"为例,该账号在抖音已积累4800多万粉丝,获赞2.5亿个。2019年5月15日,"一禅小和尚"首次开启直播。数据显示,当场直播的人气峰值仅为3088人,上架31件商品,总销售额仅有6.4万元,如图10-19所示。

图10-19 "一禅小和尚"首次开播的数据

作为有千万粉丝的账号,销售额以万元计数的情况还是比较少见的。为什么会有如此惨淡的销售数据呢?原来"一禅小和尚"属于MCN机构,但该机构多以美妆达人为主,推荐的商品也以口红、洗发水为主。可是,"一禅小和尚"是一个主打动漫的自媒体账号,创作的作品多是迎合当代年轻人对情感、成长、孤独的发问和趣事的视频作品,在粉丝心中塑造的是一个"暖心人"的形象。但这种形象与美妆关联度极低,因此,用这个账号直播推荐美妆方面的商品肯定无法取得较好的转化效果。

由此可见，即使是头部大号，要做好账号变现引流，也要考虑账号人设与带货商品的匹配度。如果账号不垂直，人设也与商品没什么关联，则很难成功变现；反之，一些知名的达人主播，其定位就是"带货达人"，发布的视频内容也以推荐优质商品为主，能吸引喜欢网络购物的粉丝，自然更容易变现。

10.3 带你轻松上热门、涨粉、赚流量

在互联网飞快发展的今天，"热门"意味着大量流量，很多账号都希望自己的作品能上热门推荐，吸引更多用户关注。那么，什么是抖音视频上热门呢？即看这个视频的人很多，并且很多人对这个视频进行了点赞和转发分享，我们就称这个视频上热门了。本节我们将介绍抖音视频上热门的规则、方法和技巧，以及如何蹭热点来上热门。

10.3.1 抖音视频上热门的规则

要让自己的视频成为爆款热门视频，首先要了解抖音视频上热门的规则。当我们上传视频后，首先审核人员会给我们的视频加上标签，如旅行、美妆、美食、培训等，其次由机器系统小范围地将我们的视频推荐给可能会对视频标签感兴趣的用户（人群），通常是50～250人（第一次推荐），机器系统会计算单位时间内这些用户的完播率、评论量、点赞量和转发量。计算公式：热度=A×完播率+B×评论量+C×点赞量+D×转发量，系数A、B、C、D会根据整体的算法实时微调，大致规则是完播率（播放量）＞点赞量＞评论量＞转发量。

接下来系统会根据计算的热度值来判断是否对该视频进一步扩大推荐。如果我们的视频经过第一次推荐后得到了比较好的热度，那么我们的视频将会被推荐给更多潜在用户，这就是所谓的扩大推荐，这次推荐的用户人数是1000～5000人（第二次推荐）。以此类推，热度高、评论好的视频就会像发出电波一样，一圈一圈地向外扩散，这样就会被成千上万的用户关注，快速成为热门视频。由此可见，一个好的视频通过上热门可以快速得到上百万的用户点赞，从而吸引成千上万的用户关注我们的账号，期盼账号不断产出好视频。

当然，如果我们发布的视频没有好的热度，抖音系统则不会对其进行扩大推荐，我们发布的视频也不会被更多用户看到。

10.3.2 抖音付费让视频上热门的方法

商家可以通过付费的方式，让自己的视频被更多人看到。例如，通过给视频投放DOU+计划，增大视频曝光率。在抖音平台，付费让视频上热门的方法很简单，这里以投放DOU+为例进行讲解，具体操作步骤如下。

第1步 打开抖音，点击右下角的"我"，进入个人主页，然后选择要上热门的视频，如图10-20所示。

第2步 打开视频后，点击右下角的"…"，如图10-21所示。

图10-20 选择要上热门的视频　　图10-21 右下角的"…"

第3步 系统会跳转分享页面，点击"DOU+"，如图10-22所示。

第4步 跳转至DOU+投放页面，设置投放信息，如图10-23所示，然后点击"支付"，根据提示完成支付即可完成一次DOU+投放计划。投放成功后，视频就有机会上热门了。

图10-22 点击"DOU+"　　图10-23 设置投放信息

> **名师点拨**
>
> 上热门的方式有很多，但最简单、最有效的方式，就是利用抖音的"热门挑战"功能。在抖音平台，每天都有不同的挑战内容。大家可以根据综合对比来判断话题火爆的潜力，选择自己认为最可能会火的话题进行模仿，这样可以大大提高上热门推荐的概率。

10.3.3 抖音视频上热门推荐的技巧

我们知道，影响抖音视频上热门的因素有很多，主要可以概括为，高清晰度是前提，优质内容是保障，热门话题是动力。也就是说，我们发布的视频要在抖音上热门被更多的用户点赞、评论和分享，首先要求视频必须具有很高的清晰度；其次要保证视频的内容创作必须有看点，能引起更多用户的共鸣；最后要在内容匹配的基础上，挑选一些热度高的话题，快速抓住用户的眼球并激发他们的兴趣。

下面我们将从提高视频的点赞量、评论量、转发量、完播率这4个指标出发，讲解提高视频上热门推荐的常用技巧。

（1）在视频描述里，引导用户对视频进行点赞、评论、转发，以及看完视频。例如，为了提升完播率，通常可以在视频描述和视频开头、结尾处这样表述："一定要看到最后哦！""心疼的话你快点赞吧！"

（2）为了提升评论量，在视频中设置一些互动问题，引导用户留言评论。

（3）通过回复用户评论，提炼视频的核心观点，引导更多用户参与话题讨论进一步提升评论量。提前准备一些个性化的评论，当视频发出后，让好友将这些评论写在评论区，引导用户围绕这个话题展开互动，带动更多用户参与评论、点赞、转发，从而提升上热门的概率。

10.3.4 解读3种不同的热点事件

热点事件是指广受大众关注、聚焦、欢迎的新闻或者信息，或是指某个时期引人注目的人物话题和突发性事件。通常我们可以将热点事件分为常规性热点、突发性热点和预判性热点，如图10-24所示。

1. 常规性热点

常规性热点是指较为常见的或是会定时出现的热门话题，如大众熟知的国家法定节假日、纪念日、固定的

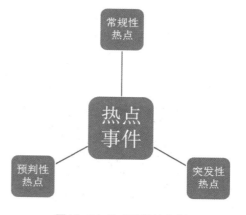

图10-24 热点事件的分类

大型赛事活动等。商家可根据历年来这些热点的关注度及话题度，提前对选题进行筛选、预热和拍摄制作，等待时机准时发布。

常规性热点普遍具有以下特点：

- 备受大众关注，能引发热议；
- 持续时间相对固定，能广泛传播；
- 可以预见，可提前筹备和策划；
- 内容容易扎堆，较为考验创作者的创意和创新能力。

对于常规的热点话题，商家可以提前做准备。例如，每年春节城市青年大多会遇到的"被逼婚"系列话题，每年春节的热点也都离不开"过年团聚""团圆饭"等符合国情、顺应民意的话题。再如，每年关于"6·18京东节""'双11'狂欢节"等互联网节日的话题，它们都自带流量，很多抖音账号会借势制作相关短视频，点赞量和转发量都不错。某账号在2019年"双11"当天发布的一条关于"双11"物流的视频作品，共获得260多万个赞以及8万多条评论，如图10-25所示。

常规性热点因为有着预判性，有利于商家提前做计划。商家可以将热点事件与自己的品牌及商品结合起来，能达到不错的传播效果。

2. 突发性热点

突发性热点是指那些不可预测的突发事件。突发热点有着突然爆发、流量极大等特点，相较其他热点，突发性热点的热度下降得最快，而且制作视频内容往往比制作图文信息更需要花时间和心思。所以，若没有成熟的创作团队，则很难蹭上突发性热点。

例如，2020年11月11日，四川藏族小伙丁真在抖音上了热门。一名摄影师拍摄了一个丁真的特写视频作品，视频中的他面露微笑、眼神透亮，在甘孜州蓝天白云的背景下显得帅气又纯净，瞬间吸引数以百万计的用户点赞，如图10-26所示。

图10-25 关于"双11"物流的视频作品

图10-26 关于丁真的视频截图

丁真的这个热点就属于突发性热点，据悉，这名摄影师曾在甘孜州拍摄过多名人物，包括丁真的舅舅和弟弟。拍摄图10-26所示的视频当天，摄影师本是要拍摄丁真的弟弟的，但由于弟弟没在家，便拍了丁真，谁知这条视频作品直接被推上热门，吸引多个用户点赞、关注账号。

3. 预判性热点

预判性热点是除突发性热点和常规性热点之外，可以人为预测的一些热点。例如，对热门事件、热门话题、热门音乐、热门人物、热门动作等热点本身的热度进行分析，从而提前策划热点话题。例如，当某名人有热点新闻时，可以持续关注该名人，并收集他的图片、作品，配上热门点评，做成图片合集，将其在合适的时机进行发布，这样作品就有可能引爆流量，获得众多关注和点赞。

在距离虎年春节倒计时一个月时，在抖音热榜中"虎年春晚"这类话题会持续发酵1~2个月，如图10-27所示。一些优秀的创作者明显预判到这类话题的热度会随着春晚的临近越来越热，因此，在这段时间发一些与春晚话题相关的短视频作品，这样的视频点赞量都会轻松过万，如图10-28所示。由此可见，作为一名优秀的内容创作者，如果能紧跟社会热点，并善于将自身内容与热点话题紧密匹配，就能借助热点事件轻松上热门。

图10-27 有关"虎年春晚"话题搜索页面　　图10-28 有关"虎年春晚"话题的视频

预判性热点对内容创作者的要求更高，并不是什么人都能抓住这类热点的。要蹭上热点流量，需要思考该热点与自身账号定位是否相关，与账号内容是否垂直。如果单纯为了蹭热点而生产热点内容，则很容易因为过度蹭热点而降低账号本身的权重。

10.3.5 新手蹭热点的4个注意事项

对于新手而言，常常不知道拍摄什么内容，或是因为精心拍摄的内容却没有播放量而不知如何是好。此时蹭热点便是一个很好的选择，但蹭热点也有注意事项，如图10-29所示。

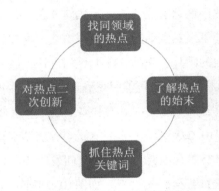

图10-29 蹭热点的注意事项

1. 找同领域的热点

蹭热点需要结合账号本身的细分领域定位，而不是看到热点就蹭。蹭热点需要将热点事件与账号定位结合起来，再制作出新的热点创意视频，而不是简单地复制粘贴。如果热门事件无法与账号定位关联，就最好不要强行蹭热点。例如，定位美妆的账号，就要重点关注与美妆相关的话题。

2. 了解热点的始末

在蹭热点前，还要了解热点事件、话题的始末，如这个热点发生的时间、过程及结尾等。在全面了解热点后，才能将其与自己的作品结合起来。例如，有的热点带有负面信息，如果盲目将其加在自己的作品中，则容易招来网友的谩骂。

如果某件热点事件在抖音平台的可查阅资料有限，大家无法全面了解热点信息，那么可借助百度、搜狗等搜索引擎以及知乎、今日头条等平台的资料了解事件的始末，便于自己结合热点事件创造与自己账号相关的视频。

3. 抓住热点关键词

在查阅热点话题、事件信息时，最好找到与之相关的3~5个关键词来创作视频内容。因为一般的热点都具有即时性，当我们了解关于热点的一些信息时，会对该热点信息进行搜索，如果自己账号所创造的作品中含有热点关键词，那么作品则更容易被搜索、浏览，作品的观看量也有机会得到提升。

4. 对热点二次创新

二次创新是指在原有热点的基础上，进行加工，加入自己的创意和想法，令视频内容契合自己的行业和自身账号的定位，而不是完全地抄袭模仿。在看到一个热门内容时，我们需要思考如何让自己的视频作品与热点关联。随着关联度的增强，当用户在刷到相近甚至完全相同的题材时，可能会在好奇心的驱动下看完视频甚至参与互动。

蹭热点不是盲目跟风，而是在抓住热点内容的基础上进行创新，将热点与自己的视频内容所涉领域的垂直度相匹配，这样才有可能蹭上热门流量。

10.4 7大方法教你蹭首页热门流量、快速涨粉

商家要创作出更多上热门的视频作品，还需要学会蹭抖音首页热门流量的方法。常见的方法有合拍、加定位、发起话题、模仿同行等，这些方法可以让商家的视频搭乘"热门船"，从而提高视频的曝光量。

10.4.1 找准抖音热门

热门事件一般都具有时效性，通常在热门事件发生的16个小时内，是事件发酵高度集中的时段，也是用户最感兴趣的时段。随着时间的推移，事件被推送的次数增多，信息也越来越重复，会导致用户逐渐对该事件疲惫，关注度也会随之降低。所以，创作者要蹭热门事件的流量，就必须在最短的时间内生产出与热门事件相关的视频作品。

如何才能找到热门事件呢？创作者平时可以多关注抖音热榜来了解热门事件。抖音热榜是每天网络热点的晴雨表，囊括了当下网络以及线下的一些热门事件。热榜里的事件和话题，就是当下抖音最热的搜索词条。创作者可以将这些词条应用到自己的视频标题、文案以及内容中，以蹭热门流量。

抖音用户点击搜索按钮，进入搜索页面后可以看到"猜你想搜"列表和"抖音热榜"，从抖音热榜中可以看到当下最具热议的8个热门事件，如图10-30所示。创作者还可以点击"查看完整热点榜"按钮，进入"抖音热点"页面，可以查看约50个热门事件以及与事件相关的视频作品，如图10-31所示。

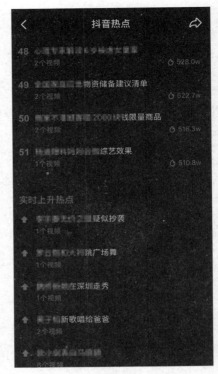

图10-30 "猜你想搜"列表和"抖音热榜" 　　图10-31 "抖音热点"页面

　　创作者可实时关注抖音热榜，查看当前的热门事件，并找到与自己行业相关的事件进行"攀附"，以提升视频作品的观看量。另外，为了保持平台和用户的活跃性，抖音官方还会发起或支持一些活动。这些活动势必有大量流量支持，商家如果能参与这样的热点话题或热点活动，自然能瓜分到流量，被更多用户看到。

10.4.2 利用抖音合拍功能蹭热门流量

　　抖音具有很强的社交属性，账号与账号之间可以通过合拍功能进行模仿、互动。抖音的分发机制是当一个话题吸引很多人跟风模仿时，该话题就能得到发酵，从而越来越热。商家可以在看到一些播放量较高的视频后，创作与之合拍的作品，增加视频的观看量。

　　部分账号就凭借合拍，吸引了众多粉丝。例如，某账号因拍摄了一个换装视频，获得了270多万个赞，如图10-32所示；而另一账号采取与她合拍的形式，拍摄了类似的换装视频，获得了40多万个赞，如图10-33所示。

图10-32 某账号的换装视频

图10-33 合拍视频

当然,并非所有与热门视频合拍的视频都能上热门。合拍的作品要上热门,不仅与账号本身的定位密切相关,还与拍摄技巧、视频画面的清晰度、文案的原创度等诸多因素相关。所以,合拍并不是复制出与热门视频一样的内容即可,还需要创作者多花心思,让视频作品更具吸引力。

10.4.3 发起挑战赛增加热点

很多短视频平台都有挑战赛事,这些赛事一般会自带巨大的流量。例如,抖音每天都有各种挑战活动。商家发起或参加赛事,不仅可以让自己的视频获得曝光,还可以向优秀的短视频同行学习。

从抖音达人"韩美娟"的账号页面来看,她已积累1200多万粉丝,获得1.5亿多个赞,如图10-34所示。她曾创下一个月内增长700万抖音粉丝的傲人成绩,几乎在每个视频作品的末尾都会说一句腔调昂扬的"记得双击,么么哒",让人抓心挠肺的同时,忍不住看了一遍又一遍。

韩美娟的火热,除了因为本人具有鲜明的人设特点外,更离不开抖音网友的助力。2019年8月,韩美娟在抖音平台发布了一个"百因必有果"主题的视频作品，获得300多万用户点赞，10多万用户参与讨论。紧接着，有网友发起了"百因必有果"的挑战，获得接近20亿次播放量，如图10-35所示。这一赛事吸引众多用户纷纷参与到挑战中来，甚至连多位名人也主动"跟风"，拍摄了同类型视频。随着该赛事热度的上涨，韩美娟也被更多的用户熟知和关注。

图10-34 "韩美娟"的账号页面

图10-35 "百因必有果"挑战页面

虽然有的商家能力有限，无法发起一个挑战赛事，但可以加入到挑战中去。随着挑战的火热，商家自己的视频也有机会被送上热门。对于部分有实力的商家，参加挑战赛事更是一个打造热门营销方案的途径。因为挑战赛的规则是通过强话题引导，带动用户互动，从而助力品牌传播，而抖音活跃用户以"90后"为主，年轻人更容易参与挑战，传播品牌信息。要玩好挑战赛，就需要理解挑战赛的逻辑与玩法，在掌握挑战赛的运营方法后设计一套与产品相结合的玩法，这样才能吸引更多用户参与，从而提升挑战赛的热度。

10.4.4 巧发定位增加爆发量

抖音首页有一个同城的流量池，商家在发布新作品时，可以选择一个人口密度较高的地点定位，以吸引这个区域的人看到该视频。特别是线下餐饮业和服务行业，如果开通了抖音蓝V，再加上视频定位，那么其视频内容就会优先被附近的用户看到，实现将精准内容和位置投放在精准目标人群面前，也方便目标用户到店消费。

例如，某火锅店在发布视频作品时，带上了火锅店的定位信息，系统便将其视频推给该位置附近的用户看，如图10-36所示。而且在用户对该火锅店感兴趣时，可以直接点击视频中的定位信息，跳转至详细定位信息页面，查看具体的定位信息以及与该定位相关的视频，如图10-37所示。

图10-36 带有定位信息的视频作品

图10-37 详细定位信息页面

大家若想在视频中添加定位信息，在发布视频作品时，在"你在哪里"位置处添加定位信息即可，如图10-38所示。通过这样的方式发布视频，视频内容更容易被附近的人看到，提高视频的观看量。

10.4.5 借助热点文案增加曝光度

一个抖音爆款视频作品，往往离不开一个热点文案。而根据热点文案来拍摄与

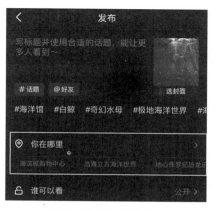

图10-38 添加定位信息

之相关的视频内容再加上一样的文案，也很容易增加视频的曝光度。如图10-39所示3个视频的点赞量分别为26.7万、17.1万、3.0万、而这3个视频中虽然出镜人物不一样，但文案几乎是一模一样的，就是当下大家最关心的关于"赚钱和认知"这个最火的话题。这段文案为"你永远赚不到超出你认知范围之外的钱，除非你靠运气。但是靠运气赚到的钱，最后往往又会靠实力亏掉，这是一种必然。你所赚的每一分钱都是你对这个世界认知的变现；你所亏的每一分钱，都是因为对这个世界认知有缺陷。"

图10-39 相同文案的视频作品

这段话几乎每个人认真看了都会感同身受，确实是这个道理。所以，当一个类型的视频内容上了热门，说明这种题材经过网友的检验和论证，是当下能引发网友参与和讨论的话题。如果能快速跟上该热门，按照相同的文案创造出更具记忆点和话题度的内容，就有可能凭借这条视频为该账号带来流量！

10.4.6 模仿同行做同款热门视频

新创建一个账号不知发什么内容时，其实同行的视频内容最具参考价值。创作者可以找一个同类型的账号进行模仿、改编。值得注意的是，抖音平台非常反感内容同质化，因此在模仿时不能照搬，必须有所区别。

例如，账号"朱一旦的枯燥生活"和"安蜜的乏味生活"都是以黑色幽默系列著称的，两个账号的内容风格几乎一样，但是视频中出镜的人物分别是朱一旦和安蜜。细心分析后还可以发现，安蜜的作品内容是在借鉴朱一旦作品的基础上进行的二次创作，但安蜜的部分作品的点赞互动数据（如图10-40所示）甚至超过了朱一旦的点赞互动数据（如图10-41所示）。

图10-40 二次创作视频的互动数据

图10-41 原创视频的互动数据

如果直接下载他人的视频，将内容原封不动地发布到自己的账号上，那么肯定是抄袭。但如果创作者在创建账号之初，能找到3~5个同行中的优质账号，并分析这些账号受欢迎的原因以及视频内容的记忆点，然后将这些因素应用于自己的视频内容中，就很容易引起粉丝共鸣。如图10-42所示的4句话，是新手从模仿到做出具有独特风格的视频的经验总结。

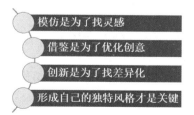

图10-42 新手从模仿到做出具有独特风格的视频的经验总结

因为模仿其实就是一个学习的过程。热门账号已经过用户检验，其生产的内容是受用户喜欢的风格，如果能在借鉴的基础上不断优化创意，必然能产出既受欢迎又具有个人特色的视频。

10.4.7 通过拍摄技巧来增加视频热度

一个视频能否上热门，其拍摄技巧也占了很大因素，如运镜、转场、特效、分屏等拍摄技巧。如果创作者能把这些拍摄技巧与拍摄内容结合起来，这样制作的高质量的短视频更容易被推上热门。

以特效为例，抖音平台会不断地更新特效，创作者如果使用得当，则很容易引爆流量。如图10-43所示为用户拍摄的一个"熊猫眼"特效视频，已有40多万个赞。点击该特效进入特效详情页，可见已有20多万人使用该特效，如图10-44所示。很多能快速跟上热门且使用该特效的视频都火了，图10-45所示为普通用户使用该特效拍摄的视频，共获得4万个赞。

图10-43 使用特效拍摄的视频

图10-44 特效详情页

图10-45 普通用户使用特效拍摄的视频

除特效外，创作者还可以在自己的视频内容中增添热门运镜、转场等因素，通过展示拍摄技巧来增加视频热度。

综上所述，本节共介绍了7种蹭首页热门流量的方式供大家借鉴。上热门并非遥不可及，只要将本节内容消化并运用，大家拍摄的视频就有希望上热门。

10.5 短视频与直播配合上热门

2020年受疫情影响，很多小型企业面临线下客源锐减的窘况的同时，线上付费推广的流量成本也居高不下，很多商家果断将营销战场转至直播间。同年，不少导演和演员也纷纷加入直播带货中来，丰富了整个直播行业。

迄今抖音上大概有3000万个账号在不断地更新内容。试想，那么多账号不停地更新内容的目的何在？有的是为了增加人气，有的是为了卖货，也有的是为了提高品牌知名度，把这些目的总结起来，都可以理解为变现。

10.5.1 通过直播提升账号权重

前文讲解了很多关于短视频变现的方式，直播也是变现的重要方式之一。因为账号通过内容将粉丝吸引过来后，通过视频内容变现的效果远不如直播，所以商家必须配合直播来卖货。另外，抖音平台对直播有一定的流量扶持，因此建议商家在发布新作品后的30分钟左右的时间内开直播，有利于提升账号权重。对于商家开直播，有以下几点建议。

1. 直播人物

必须真人出镜，且出镜人物要与视频出镜人物一致。不允许出现人不在或是没有人物在镜头前的情况。

2. 直播时长

每次开播至少在4个小时以上，如果直播时长过短，则无法得到平台流量扶持。

3. 重视直播间粉丝的互动率

商家应该通过直播增强粉丝黏性，有意识地引导粉丝关注主播，提升关注率。在粉丝心中塑造亲切、可信、懂商品且顾及粉丝情绪的意见领袖形象。

4. 设计互动活动

商家要提前了解粉丝的偏好并及时与粉丝互动，鼓励粉丝发弹幕，重视直播间氛围。互动形式可选盖楼、答题、抽奖、连麦、下单福利等，尽量延长粉丝在直播间的停留时间。

5. 投放Dou+助推直播

为了提高直播转化率，商家要最大限度地提高直播观看人数，必要时可给直播投放Dou+来助推直播间。在进行Dou+投放时，可单纯地选择增加直播间流量，也可以结合目标人群的年龄、性别、消费偏好等特征做更精准的投放，从而提高直播间精准人群的留存率。

6. 有意识地塑造人格魅力

一个好的主播必然有其人格魅力。而人格魅力来源于主播人设的定义，也就是主播通过仪表、仪态、气质以及语言艺术、主持风格等方面给粉丝留下的印象。通过塑造人格魅力，可以让主播的定位更加鲜明立体，更利于粉丝辨识和记忆。

除了以上几点外，一个优秀的抖音主播还必须具备如图10-46所示的3大能力。

其实，将直播与短视频相结合时还需要思考很多细节，且每一个细节都需要做到专业，才能让变现工作环环相扣，提高成功率。

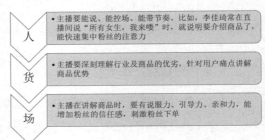

图10-46 优秀主播必须具备的能力

10.5.2 案例：短视频+直播

图10-47 "大码胖佳佳"账号首页

不难发现，目前在抖音平台开直播带货的商家已多不胜数，如何才能在众多的商家中脱颖而出呢？本小节以女装商品为例，讲解一个"短视频+直播"的成功案例。抖音平台的达人"大码胖佳佳"账号就是短视频和直播同时运营的，且标签非常垂直，视频内容以展示自己的真实身材和显瘦穿搭为主，如图10-47所示。

2020年6月25日，"大码胖佳佳"第24次登上销量达人榜，排在第37名，由此可见她的账号不仅流量可观，带货能力也很强。根据"大码胖佳佳"的粉丝画像来看，粉丝主要是年龄在25~30岁之间的女性，如图10-48所示。这个年龄段的女性，大部分属于已婚已孕状态，都有减肥、瘦身等需求。

第 10 章　让账号上热门，快速涨粉　　227

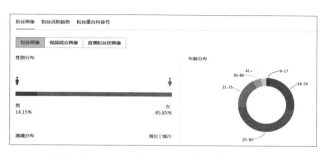

图10-48　"大码胖佳佳"的粉丝特征分析页面

而"大码胖佳佳"的视频内容也很简单，多在视频开头展示自己丰满的身材，随着换装镜头切换，胖妞摇身一变成美女，吸引受肥胖困扰的女性粉丝互动。如图10-49所示的视频已获得40多万个赞，3万多条评论。一些爱美且同样身材丰满的女性，更是直接在视频中下单购买商品。点击视频中的小黄车进入商品详情页，可见该款商品月销量已达500+，如图10-50所示。

图10-49　"大码胖佳佳"某视频截图　　图10-50　视频中推荐的商品的详情页

由于视频所能展现的信息有限，"大码胖佳佳"还通过直播对视频中提及的商品进行详细讲解。她在直播带货时，经常把同一件衣服用于不同的搭配，来展示商品的多样性和实用性，也贴合了不同粉丝的喜好，如性感风格、可爱风格、成熟风格等。在价格方面，考虑到这个年龄段的女性可能较为追求性价比，所以她选的商品售价多在100元左右，尽量做到经济实惠。显然，"大码胖佳佳"抓住了胖女生的痛点，帮她们解决了如何穿衣显瘦的问题。

通过查看"大码胖佳佳"的直播数据可以发现，她直播的平均时长在4~5个小时，个别日期时间更长。例如，9月21日这天，胖佳佳的直播时长达到了8小时28分，共上架48件商品，预估销售额高达45.4万元，如图10-51所示。

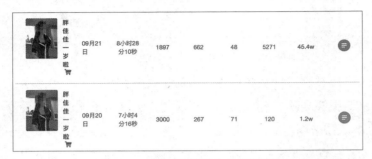

图10-51 "大码胖佳佳"的直播数据

通过"大码胖佳佳"的短视频+直播带货案例，可从总结出抖音直播运营的方法。

- 运营短视频引流。通过发布短视频让更多用户了解账号。如果视频质量好，还能吸引用户转化为粉丝。在积累一定的粉丝量后再开直播，有望增加直播间人气。

- 打造垂直、鲜明的账号标签。如果直播内容和短视频的标签一致，那么既可以增加用户对账号的信任度，又可以提高直播商品目标群体的精准度。目标人群越精准，商品转化率越高。

- 策划直播的精准主题。账号垂直化运营后，再通过分析粉丝画像，找到账号与粉丝之间更多的共同点。这样在策划直播主题时就会更具方向性和目标性，使得直播更具吸引力。

- 选择符合用户需求的商品。要提高直播收益，选择目标粉丝所需要的商品尤为关键。在卖货前，商家需要结合粉丝特征，选择符合粉丝消费习惯和喜好特征的商品。

当然，并非所有的直播带货都能成功。因为直播带货也有诸多影响因素。除了选品、直播时长外，还考验主播的语言表达能力、专业知识水平、产品推荐能力以及团队营销推广等。所以，商家若想通过直播来提升账号权重和变现盈利水平，还有很多地方需要提升。

第11章 DOU+精准投放、精准曝光

DOU+的主要作用是通过付费为视频购买播放量,从而提升视频曝光量。新手在掌握DOU+付费推广原理和技巧的基础上,结合自己的粉丝画像,可以将视频精准地投放在目标用户面前,从而提升视频的曝光量。在投放DOU+的过程中,需要遵循平台的原则,不然容易因为作品或投放不规范而无法投放。同时,DOU+推广对于视频内容的作用是锦上添花。在内容优秀的前提下加以一定的投放技巧,才能让视频作品达到理想的推广效果。

11.1 如何选择发布视频的黄金时间？

在2020年9月15号抖音举办的第二届创作者大会中，北京字节跳动的CEO张楠公布了抖音最新数据：截至2020年8月包含抖音火山版在内，抖音的日活跃用户已经超过6亿，这意味着国内一半的网民都在使用抖音，可想而知这个群体有多大。

既然有6亿用户每天会打开抖音，那么有没有一个用户使用抖音较为集中的时间段呢？答案是肯定的，本节主要介绍抖音用户公认的黄金时间以及在黄金时间段发布视频的技巧。

11.1.1 抖音用户公认的黄金时间

不同账号的用户集中时间段可能有所差异，但总体而言，用户使用抖音的高峰时段可用如图11-1所示的"四点两天"来概括。

图11-1 抖音高峰时段的四点两天

1. 四点

"四点"指的是四个时间段，并非四个时间点，分别是：

- 7:00~9:00：这一时间段的人大多刚睡醒，躺在床上看抖音；或在上班路上，用通勤时间看抖音视频；
- 12:00~13:00：大多数上班族的午休时间，很多人会在饭后拿出手机看抖音视频；
- 16:00~18:00：特别是一线、二线城市的上班族，在这个时间段工作基本处于不太饱和的状态，有时间看看抖音视频；
- 21:00~0:00：抖音用户看视频的晚高峰，这个时间段的人基本已忙完手里的事准备休息，会拿出手机看抖音视频。

这四个时间段会随着用户人群和季节的变化而发生变化。部分行业的人也会有自己的高峰时间段，以宝妈为例，可能在10:00~11:00之间，刚送完孩子回到家，有时间打开手机看抖音视频。

另外，夏季和冬季抖音的高峰时间段会有所变化。大家在夏季睡得比较晚，22:00~0:00及0:00~2:00都有可能是小高峰。但到了冬季，大家往往睡得比较早，相对来说，22:00~0:00是高峰时段。

2. 两天

"两天"主要是指周六和周日，很多上班族此时会享受周末，频繁拿出手机看抖音视频。

上述"四点两天"虽是抖音流量高峰时段，但是不能一味地在这个时间段发布视频作品。因为各个账号定位不同，粉丝活跃时间也有所差异，所以还需要结合账号定位和粉丝活跃度，来选择适合的发布作品的时间。

11.1.2 在黄金时间段发布视频的技巧

在知悉抖音用户公认的黄金时间段后，是否随意选择一个黄金时间段发布视频作品即可呢？其实不然，还需要商家掌握在黄金时间段发布视频的技巧，如参考同类型账号的发布时间，参考账号主流用户群的使用时间，以及可参与的热点、热搜、活动等发生时间。

1. 参考同类型账号的发布时间

抖音账号难运营的原因千差万别，但做得好的账号往往有很多共同点。一些优质同类账号，切入市场较早，内容优质并且能坚持更新，有很多值得借鉴的地方。

新手在找到对标账号后，除了要看对方的定位、内容、文案、标题、音乐外，还可以参考他们发布作品的时间，在他们爆款内容集中的时间段，同类型标签用户的反馈一定也是较高的。大家既可以参考同行的发布时间，也可以避开同行发布的高峰时段。

在发布视频作品后的半个小时再配合直播，有机会提升账号整体权重。因为系统对开了直播的账号会给予一定的流量支持。如果一个账号能坚持一周内在发布视频作品后直播3个小时，账号权重自然会有所提高。

2. 参考账号主流用户群的使用时间

除了参考同类型账号的发布时间外，还可以结合自己产品、服务、标签的主流受众的使用场景来决定发布作品的时间。比如，健身类抖音账号针对的人群以上班族为主，故应该避开工作时间，选择在18:00~20:00发布新视频作品，迎合大多数上班族的健身时间，从而提高视频的播放量与互动量。

再如，育儿类母婴账号则可以选择在10:00~12:00发布视频内容。因为这个时间段可能是宝妈们相对空闲的时间段，她们刷到视频的概率也比较大。如果选择在21:00以后发布，宝妈们则有可能忙于家务或照顾宝宝而无法观看视频。

如果不能确定自己账号的主流用户群的使用时间，则可以参考粉丝画像特征。账号在运营一段时间后，运营者可点击抖音账号主页右上角的"≡"按钮，然后进入"创作者服务中心"，如图11-2所示。系统会自动跳转到数据中心，切换至"粉丝数据"选项卡，即可查看粉丝热门在线时段，如图11-3所示。

图11-2 选择"创作者服务中心"选项

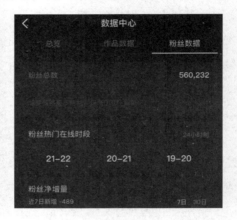

图11-3 查看粉丝热门在线时段

如图11-3所示的账号的粉丝热门在线时段有3个，商家可以参考这些时间段来发布新的作品，以使自己的视频作品被更多精准粉丝看到，从而提高视频作品的曝光量和上热门的概率。

3. 参考可参与的热点、热搜发生的时间

抖音中的热点、热搜以及平台活动，都能为账号带来大量曝光。商家如果能找到适合自己的即时热点，并快速发布与其相关的内容，就有机会获得平台大量的热点流量，并获得粉丝关注。

例如，某美食类账号发现"创作灵感"这一话题上了热门后，如图11-4所示，紧接着发布了一个有关"创作灵感"的视频，让这一个只有40多万粉丝的账号迅速涨粉至50多万，且该条视频获赞超过40万，如图11-5所示。

图11-4 "创作灵感"话题页面　　图11-5 与"创作灵感"话题相关的视频

由此可见,大家都可以借助热门的流量,迅速发布与热门相关的内容,从而获得大量点赞和关注。

11.2 DOU+的主要功能与投放形式

刚进入抖音的短视频账号,无法在短时间内获得极大的流量,因此通过投放DOU+来刺激流量就成了大部分人的选择。那么,DOU+有什么主要功能呢?又有哪些投放方式呢?为什么部分视频无法成功投放呢?本节将一一解开这些谜题,为大家讲解有关DOU+投放的基础内容。

11.2.1 DOU+的主要功能

通常系统会为每一条新发布的视频匹配一定的流量,至于匹配多少流量,则由发布视频账号的特征(如标签、粉丝量等)、视频内容的特征(如关键词等)以及当前在线用户的特征(兴趣、标签)等所决定。

系统为视频匹配到相应的用户后,会将视频内容推荐给这些目标用户,并记录用户的反馈,如用户是否看完了视频,是否产生了关注、点赞、分享等行为,再基于反馈数据为视频内容评分、排序,并决定继续为视频内容提供多少播放量。

在这个过程中,DOU+投放的行为就是购买播放量、提升视频曝光量的行为。

DOU+作为抖音的官方付费推广工具，抖音视频创作者可以用它为自己的视频带来更多流量。总结起来，抖音的这一功能主要有以下几个优点。

- 增强曝光，提升人气。增加视频曝光量，能够更大范围地让作品获得粉丝关注，提升账号人气。

- 提升互动，强效聚粉。激发更多潜在粉丝及感兴趣的用户的互动行为，引发粉丝与视频创作者互动，如点赞、评论，可以提升账号的关注量以及与粉丝的互动率。

- 原生展现，精准引流。在信息流中自然展示账号的直播状态，可以将流量精准地投放到直播间，为直播间带来更多流量与围观。

- 灵活投放，增加他人视频的播放量。用户不仅可以将DOU+投放于自己的视频，还可以为喜爱的精彩视频代投。例如，在抖音上刷到自己喜欢的作品时，点击视频右下角的"DOU+"，即可为该作品投放DOU+推广计划，如图11-6所示。

图11-6 点击"DOU+"

11.2.2 DOU+的投放形式

DOU+的投放形式分为"速推版"和"定向版"两种，如图11-7所示。投放推广计划的人需要了解这两种形式的特点。

1. 速推版

在速推版中，用户可以直接选择推荐的人数。一般来说，100元可以得到5000个推荐量，相当于每个播放量需要付费2分钱，速推版如图11-8所示。

图11-7 速推版和定向版

2. 定向版

在定向版中，用户不仅可以对目标用户的性别、年龄、地域等进行自定义，还可以把作品推荐给与账号粉丝相似的用户。当然，选择的目标人群越精准，推广费用也会越高。就目前

图11-8 DOU+速推版

而言，定向版的DOU+投放形式又分为"系统智能推荐""自定义定向推荐"两种，如图11-9所示。

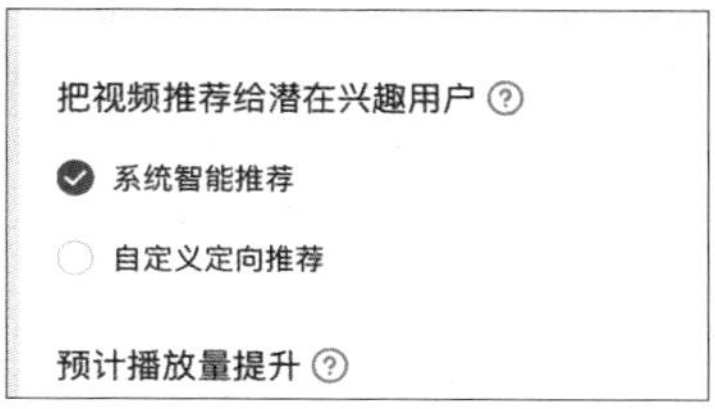

这两种定向版DOU+的推荐形式各有特点，且适用场景也有所差异。有关这两种推荐形式的应用，将在后文中讲到。

图11-9 定向版的DOU+推荐形式

11.2.3 DOU+投放无法过审的原因

部分人在选择DOU+投放时，会遇到视频审核不通过的情况，这说明该条视频内容不符合DOU+投放规则。抖音官方的规则很多，其核心就是账号要发布美好、正能量的内容，反之则无法发布或推广。抖音官方给出了DOU+投放的部分审核规则，如表11-1所示，供大家参考。

●表11-1 DOU+投放的部分审核规则

规则名称	具体内容
社区内容规范	（1）不能涉及国家领导人、公检法军、国家机关、国徽国旗等形象或词语 （2）不能涉及社会负面事件、热点事件、敏感事件、红歌军歌、革命烈士等 （3）不能涉及邪教、封建迷信、反动组织等相关元素 （4）不能涉及违法违规、低俗色情、血腥恐怖等相关元素 （5）不能出现违反公序良俗、社会价值观等相关元素，如出轨、家暴、炫富、歧视、引战、抽烟、脏话、整蛊、恶搞、虐待等 （6）尊重版权，推广的内容不得使用侵犯第三方合法权益的元素（包括文字、图片、视频、创意等） （7）不能出现危害未成年人或残疾人身心健康的内容 （8）未成年人不能作为代言人拍摄商业营销内容 （9）不能出现抖音平台认为的不适合出现的其他推广内容
版权法律风险	（1）不能使用未授权的第三方的名字、Logo、形象、图片、音频、视频等（若投放相关素材，则需要单独确认） （2）不能使用未经艺人、红人等权利人授权的涉及其肖像权、姓名权、知识产权等相关素材 （3）不可使用未授权的影视剧、综艺片段等素材 （4）不可搬运站内外视频
未成年人相关	（1）未成年人不能作为代言人拍摄商业营销内容 （2）未成年人不可参与营销视频的拍摄 （3）高风险行业（食品、美妆、游戏、酒水、医疗、OTC药品、医疗器械、皮草等）严禁出现任何与未成年人相关的元素

续表

规则名称	具体内容
直播内容加热规范	（1）不可出现扰乱社会秩序的内容 （2）不可出现违反公序良俗、社会价值观的内容 （3）不可出现违法行为 （4）不可出现风险内容 （5）不可出现引人不适的内容

随着抖音的活跃用户的逐渐增多，DOU+的审核规则也将越来越严格，只有审核通过的视频才可以投放DOU+。而大部分新手由于掌握不好规则，常遇见投放DOU+不成功的情况，即官方审核不通过。DOU+视频审核被驳回的大致原因如表11-2所示。

● 表11-2 DOU+视频审核被驳回的原因

原因名称	具体内容	举例
视频和视频描述中出现了联系方式	如电话、微信号、QQ号、二维码、微信公众号、地址等	"想减肥的加微信1160775××××"
包含明显的营销招揽信息	如标题招揽、视频口播招揽、视频海报或传单招揽、价格信息、标题产品功效介绍等	（1）标题招揽："没时间辅导孩子功课？就找×××" （2）口播招揽、品牌功效："××护理凝胶，涂在蚊虫叮咬处，10秒快速止痒，各种皮肤小问题均可使用" （3）价格招揽："××洗面奶，原价100元，现在只需49元，全国包邮"
包含明显的品牌营销信息	如品牌定帧、商业字幕、非官方入库商业贴纸、非官方入库音乐等	（1）品牌定帧：在视频中出现某APP下载广告的帧数画面 （2）商业字幕：视频右上角出现商业字母广告 （3）非官方入库商业贴纸
包含指向性的企业店铺名称	如恶意诋毁店铺或故意抬高店铺	"不像××家的洗面奶，用了就会皮肤溃烂"

除此之外，如果视频内容中含有已官方入库的商业贴纸、音乐，那么在视频内容合规的前提下可以投放DOU+。抖音商业贴纸、音乐入库凭证以BPM采买录入和上线邮件为准；如果视频内容中口播讲解了某一品牌产品的视频营销内容，则无法投放DOU+。由此可见，DOU+投放的审核机制较为严格。

另外，如果遇到了DOU+视频确实无法投放或审核不通过的情况，那么之前预付的推广费用将于4~48小时内退至DOU+账户，用户可在下次投放时使用或提现。DOU+除了机审以外，也有人工审核。总体看来，审核机制真的严格，并非花钱就可以顺利投放。建议大家在投放之前反复认真阅读DOU+投放公约，避免浪费时间、精力。

11.3 DOU+精准投放的技巧

要让DOU+投放取得更好的效果，就应该结合推广目的和一些相关信息，做到灵活投放，如按粉丝画像进行自定义投放，将内容投放在同行精准人群面前，以及根据自己的目的由系统进行智能投放等。选择不同的投放形式时，需要设置的内容也有所差异，商家需要在认识多种投放形式的差异的前提下，结合自身的推广需求，设置更为精准的DOU+投放内容。

11.3.1 抖音账号粉丝画像分析

俗话说："知己知彼，百战百胜。"要吸引精准粉丝，就需要先认识精准粉丝的画像，并根据粉丝去生产和推广符合粉丝胃口的内容。在抖音平台，运营过一段时间的抖音账号，可以在创作者服务中心看到自己账号的粉丝画像，包括粉丝的男女性别占比、粉丝的年龄分布、粉丝的兴趣爱好、粉丝的活跃度、粉丝的地域分布等内容。例如，某手机摄影类抖音账号的粉丝年龄分布和粉丝兴趣分布如图11-10所示。

当通过数据中心的数据了解自己账号的粉丝画像之后，商家便可以投其所好地生产并推广视频内容，以使视频更好地变现。

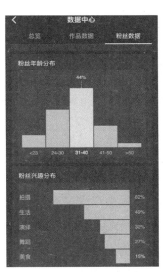

图11-10 某账号的粉丝年龄分布和粉丝兴趣分布

11.3.2 按粉丝画像做精准推广投放

对粉丝画像有了大致了解后，再进行DOU+投放时，可选择定向版推广中的"自定义定向推荐"，按自己账号的风格和粉丝画像，对投放人群的性别、年龄、地域和兴趣标签等进行设置，如图11-11所示。

只有将视频内容精准地投放在目标用户面前，才能取得更好的推广效果。例如，一个做平价美妆的账号和一个做摩托车知识分享的账号，在做DOU+投放

图11-11 自定义定向推荐截图

时，选择的人群信息自然有着明显差异，如表11-3所示。

● 表11-3 两个不同定位的账号所选择的人群信息

	做平价美妆的账号	做摩托车知识分享的账号
性别	女	男
年龄	18~23岁、24~30岁	24~30岁、31~40岁
地域	全国	全国
兴趣标签	美妆、服饰、旅游、娱乐	汽车、金融、房产、娱乐、科技

由此可见，大家在DOU+投放时，需要结合自己的账号内容及目标粉丝画像，来选择投放人群，让投放效果实现最大化。

值得注意的是，DOU+投放可以精准到每一个省、县以及区域。由于大部分线上商家的目标用户分布在全国各地，因此在设置投放信息时，关于"地域"的设置，既可以选"全国"，也可以只投放目标用户较为集中的地区。对于季节性明显的产品，在进行DOU+投放时，可灵活选择地域。例如，商家想在9月份销售羽绒服，可重点将DOU+投放区域设置成东北三省，如图11-12所示，以实现更为精准的投放。

图11-12 DOU+投放区域设置

对于有线下实体店的商家，可选择附近商圈或附近6km~8km的距离，将线上流量精准吸引到线下门店。

11.3.3 将内容投放在同行精准人群面前

抖音的DOU+还支持"达人相似粉丝推荐"，商家可将自己的视频内容推送给垂直类达人粉丝。以美妆账号为例，在账号运营过一段时间且有能力产出优质美妆类内容后，在DOU+投放时可选择"达人相似粉丝推荐"，并选择与美妆相关的达人，如图11-13所示。

目前达人相似粉丝推荐有25个大垂直类和几千个粉丝相似群体，涵盖多个垂直类和不同风格。大家在选定达人后，系统会将视频信息推荐到达人的粉丝眼

图11-13 选择达人

前，如果视频内容足够有趣或有用，则可以吸引粉丝关注。通过这种投放方式得到的粉丝数量可能不多，但好在精准度较高。如果商家推广预算充足，并且能产出优质内容，就可以以这种方式将内容精准的投放在同行粉丝面前。

至于具体的投放策略，需要结合自己所在的账号类目及投放目的，来灵活选择，这样才能让投放达到事半功倍的效果。

11.3.4 根据目的进行系统智能投放

大家在进行DOU+投放时，如果对自定义定向投放和达人相似粉丝投放都不放心，或者没有信心组合目标人群，则可以选择"系统智能投放"以达到想要的效果。如图11-14所示，系统智能投放可自主选择投放目标，如获得浏览量、点赞量、评论量及粉丝量；投放时长也可以自主选择，如2小时、6小时、12小时等。

建议账号在粉丝比较少的时候，先选择提升粉丝量，增加账号粉丝。当粉丝达到一定量级后再选择其他目的，让视频有更多点赞量和评论量。

图11-14 系统智能投放页面

11.3.5 如何实现投放效果最大化？

商家既然投入了推广成本，就要达到最佳效果。要使DOU+投放效果最大化，就需要解决两个问题：何时才是短视频的黄金助燃期？花费多少推广费用比较合适？

1. 抓住黄金投放时间

关于何时投放DOU+，有一个基本的原则：DOU+应当在视频发布初期投放，越往后效果越不明显。一旦错过了视频助燃黄金期，再怎么投放DOU+都无济于事。通常情况下，建议在视频发布后1~2个小时内，用DOU+工具为短视频助力一把，为其火爆添一把干柴。

为何选在视频发布1~2个小时内呢？这是因为对于新发布的视频，抖音本身就会给予一定的流量红利，在完全获得抖音给予的流量红利后再进行投放，就是为短视频"续力"，初期流量与人为续力结合，才能使流量达到高峰。

同时，DOU+不宜一次投入过多，应适量投放，之后再按照具体情况判断是否追加。例如,新账号的第一个视频首次投放可选择投入100元,时间选在上午10点左右,投放时长为12个小时,或者选在下午5点左右,投放时长为6个小时。

接下来还需要判断一条短视频是否值得投放DOU+。众所周知,决定一个短视频能上热门的主要因素永远离不开4项基本数据:完播率、点赞量、转发量、评论量。那么这4项数据处于何种状态时,会出现爆款潜质呢?运营者可以从图11-15所示的单条视频的4项基本数据出发进行判断。

完播率	尽量选择15~30s内
点赞量	一般点赞量达到5%~10%
转发量	一般转发量在1%左右
评论量	1%左右

图11-15 判断单条视频是否需要投放DOU+的4项基本数据

值得注意的是,一定要在流量停下来或流量没有那么大的时候投放DOU+。如果某条视频已经上了热门,就不要再投放DOU+了。因为抖音的审核团队非常强大,基本上只要视频一投放DOU+,该条视频就会进入人工审核阶段,热门内容就有可能在此阶段被停下来。

2. 小额多次投放

新手刚开始投放DOU+时,建议不要投太多金额。如果一个视频有300元预算,那么建议小额多投,可以每小时投100元,总共投3轮,并观察数据表现。当数据下滑时,就投100元,以此类推。

由于抖音存在叠加推荐机制,视频作品在一个流量池表现优秀后,会被放入推荐量更高的流量池。只有内容优质的视频,才能在DOU+投放后,避免短视频在向热门流量池进发的路上,出现"后继无力"的情况。越优质的短视频内容,应当在被越多人看到之后,产生越高的热度,因为优质内容能激起用户自发传播、点赞的行为。所以,持续产出优质内容也是DOU+投放的重中之重。

通常投放DOU+需要将投资回报率(Return on Investment,ROI)保持在150%之上。也就是投100元,要获得150元佣金收益,算下来还有50元收益。当然,这只是粗略的估算,最终的收益还要扣除服务费、运营费等,所以具体的投放预算还需要结合自己账号的运营计划来制订。

第12章
用手机拍摄与制作短视频

随着科技的发展,具有极高像素的手机已经随处可见,手机也因此成为拍摄视频的主要设备。很多手机不仅能用于拍摄短视频,还能用于剪辑短视频。就目前而言,抖音、快手平台上很多点赞量超百万的视频都是由手机制作完成的。由此可见,手机已成为短视频拍摄与剪辑的重要工具。

本章将介绍如何用手机拍摄、剪辑与编辑短视频。主要内容包括手机拍摄的参数设置、常用的手机拍摄技巧,以及为视频添加字幕、音乐、滤镜、特效等操作。

12.1 拍摄高品质的短视频就这几招

对于初入短视频行业的人而言，使用手机拍摄是不错的选择。手机不仅价格较低，而且易于携带。另外，手机不仅可以拍摄视频，还可以直接将视频分享到各个短视频平台，实时显示视频的播放量、点赞量等数据。因此，用户应该熟悉手机拍摄的基本设置和拍摄技巧，以便拍摄更多优质的视频。

12.1.1 设置手机分辨率，保证视频高清

要用手机拍出高清视频，在拍摄之前，就一定要设置好手机的分辨率。如图12-1所示，为苹果手机的分辨率设置页面。

图12-1 苹果手机的分辨率设置页面

建议选择"1080p HD、60fps"，这个参数能满足大部分视频对清晰度的要求。当然，手机内存较大的情况下，也可以选择"4k，60fps"。

在使用安卓系统的手机拍摄时，建议关闭美颜功能，这样可以获得更高清的视频。

12.1.2 锁定对焦、调整曝光度，保证视频画面品质

在拍摄过程中，常常会因为环境变化进而导致曝光不足或对焦不准确等问

题,图12-2所示为镜头中出现曝光过度的问题。

由于手机非常智能,在复杂场景下,每出现一个场景,系统都会重新对焦,这样画面容易出现抖动,影响观感。使用锁定对焦功能即可解决这一问题。在拍摄视频的时候,先点击屏幕选择焦点(即拍摄的对象),长按3秒即可锁定对焦,然后在屏幕上上下滑动即可调整画面的亮度和曝光度。图12-3所示为锁定对焦并调整曝光度后的效果。

图12-2 曝光过度

图12-3 调整后的效果

12.1.3 6种运镜手法,让短视频拍得更精彩

运镜是指在拍摄视频的过程中,通过镜头转换,让镜头中的画面运动起来。特别是有些视频,由于固定机位拍摄,视频画面不免单调,缺少移动的元素。因此,在拍摄视频时,需要掌握一些运镜技巧,让视频动起来,增加画面动感的同时也增加视频的代入感。下面介绍6种常用的手机运镜技巧,如表12-1所示。

● 表12-1 常用的手机运镜技巧

运镜方法	内容阐述	适用场景
推进 (从远到近拍)	最简单也最常用的运镜技巧之一。拍摄时,镜头向前推动,拍摄场景由大到小,拍摄的画面逐渐聚焦,可以更好地突出拍摄主体	适用于人物和景物的拍摄,呈现从远及近的效果,突出人物和主体的特写和细节。例如,在拍摄花草时,镜头向前推,可以给观看者营造出自己化身为小蜜蜂,在花丛中飞舞的感觉

续表

运镜方法	内容阐述	适用场景
后拉 （从前向后拉）	与推进拍摄相比，后拉就是由近及远向后拉动，拍摄的场景由小到大	使用后拉运镜所拍摄的镜头，能更完整地展示拍摄的场景，特别适合拍摄宏大的画面。例如，在拍摄山河景色时，可以使用这一运镜技巧，逐步展示景色的壮丽
旋转 （手机转圈拍）	在拍摄过程中围绕一个主体（对象）进行旋转拍摄，从而增强视觉效果	常用于两个场景之间的过渡，能拍出天旋地转和时光穿越的感觉。如在地铁内旋转手机拍摄，可以拍摄出川流不息的人流或稍纵即逝的画面
环绕 （横向环绕、纵向环绕）	环绕运镜，就是围绕拍摄主体环绕拍摄。常用的是横向环绕拍摄或者纵向环绕；也可以从拍摄主体的一侧拍到另外一侧；可以从左向右转也可以从右向左转；或者从底部拍向头部	常见于建筑物和雕塑物体拍摄，也适用于拍摄非常有特色的主体和特写画面等。在拍摄时，最好辅助稳定器，匀速拍摄出一镜到底的效果。这种拍摄手法比较适合描述空间以及对场景的叙述和渲染
平移 （从左向右移动或从右向左移动）	平移跟推进拍摄的区别在于，平移没有明显的主体（拍摄对象），不必从远及近朝着主体移动拍摄	常用于拍摄大型场景，可以通过平移拍摄来记录更多场景和画面，使不动的画面看起来像运动的效果，形成跟随拍摄主体的视觉效果。平移能够创造特定的氛围和情绪，常用于人物在回忆往事时，更能营造出物是人非的情感氛围
摇移 （向上向下、向左向右）	摇移拍摄时，手机没有明显的大幅度运镜，只是单纯地通过改变手机的方向来拍摄，也可以称为"晃拍"，常见的拍法就是从上向下拍，或者从左向右拍等	常用于特定的环境中，通过手机的摇晃，拍出模糊和强烈震动的效果，如精神恍惚、失忆穿越、车辆颠簸等

推进和后拉是较为常用的运镜技巧，在推拉的过程中，如果是手持手机拍摄，就尽量不要有太大的幅度。因为幅度太大，会造成画面无规则晃动，影响观感。

12.2 制作优质短视频的实用技巧

有经验的视频创作者，在拍摄完一条短视频之后，都会对其进行后期制作，然后才会将其上传到各大视频平台去宣传和推广。因为只有通过编辑加工的短视频才更具吸引力，才能被更多人关注和点赞。

12.2.1 添加字幕

在短视频中添加字幕，便于用户理解内容，用户的观感也会更高。给短视频添加字幕的方法主要包括手动输入和系统识别两种。这里以使用视频剪辑软件剪映APP为例进行讲解。

1. 手动输入字幕

手动添加字幕的方法非常简单，具体操作步骤如下。

第1步 在剪映 APP 中打开一段视频，在工作界面下方的列表区域点击"文本"按钮，如图 12-4 所示。

第2步 在文本页面点击"新建文本"按钮，如图 12-5 所示。

第3步 在弹出的文本框中输入文字，然后点击"√"按钮，即可生成字幕，如图 12-6 所示。

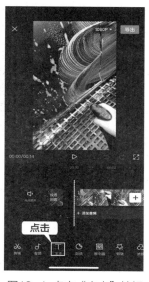
图12-4 点击"文本"按钮

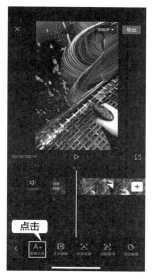
图12-5 点击"新建文本"按钮

图12-6 输入文字

另外，还可以根据视频的画面设置文字的样式、花字、气泡、动画等效果。

2. 自动识别字幕

在视频字幕较少的情况下，可以手动输入文字生成字幕。但如果文字较多，手动输入较为烦琐，则可以通过自动识别字幕的方式来添加字幕，具体操作步骤如下。

第1步 在剪映APP中打开一段视频，在工作界面下方的列表区域点击"文本"按钮，如图12-7所示。

第2步 在文本页面中点击"识别字幕"按钮，然后在弹出的提示框中点击"开始识别"按钮，如图12-8所示。

操作完成后即可看到系统自动识别出的字幕信息，如图12-9所示。

图12-7 点击"文本"按钮　　图12-8 点击"识别字幕"按钮　　图12-9 系统识别的字幕

系统生成字幕后，用户也可以根据视频的画面调整字幕的样式、大小、位置等。值得注意的是，自动识别字幕可能存在错误，因此，使用自动识别字幕的方式时必须对识别的文字进行仔细检查，然后手动编辑出错的地方。

12.2.2 给视频配音

随着短视频内容的日渐丰富，绝大多数创作者不再满足于普通视频，而是希望创作出更加高级、备受关注的视频，因此不少人会通过给短视频配音来达到这一目的。

1. 真人配音

在剪辑好的视频中，用户可以根据视频需要进行真人配音。具体操作如下。

第1步 在剪映 APP 中打开一段视频，在工作界面的列表区域点击"音频"按钮，如图 12-10 所示。

第2步 在音频页面，点击"录音"按钮，如图 12-11 所示。

第3步 页面中出现一个红色的录音按钮，长按录音按钮即可配音，释放录音按钮即配音结束，生成一段音频，如图 12-12 所示。

图12-10 点击"音频"按钮

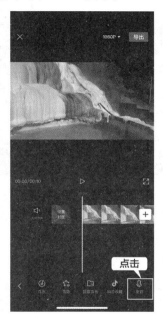
图12-11 点击"录音"按钮

图12-12 录音页面

用户还可以根据需求，对配音进行调整，如调整声音的大小以及出现的位置等。

2. 文本朗读模拟真人配音

在给视频配音时，如果不想使用真人配音，也可以使用模拟真人文本朗读功能。具体操作如下。

第1步 在剪映 APP 中打开一段添加有字幕的视频，在工作界面的列表区域点击"文本"按钮，给视频添加一段文字后，点击"文本朗读"按钮，如图 12-13 所示。

第2步 选择任意风格的朗读音即可，如图 12-14 所示。

图12-13 点击"文本朗读"按钮　　　　图12-14 选择任意风格的朗读音

值得注意的是,文本朗读需要以文本为前提,因此必须在给视频添加文本后,才可以点击"文本朗读"按钮。同样的,用户可以调整音频的音量、位置等信息,保证字幕和音频同步。

12.2.3 给视频添加音乐

背景音乐能够增加视频的真实感、代入感,还可以渲染气氛。不同场景的配音风格需要与视频的格调相匹配。在制作短视频的过程中,选择一首热门又适合的背景音乐,无疑会给视频加分。给视频添加背景音乐的方法很简单,具体操作如下。

第1步　在剪映APP中打开一段视频,在工作界面的列表区域点击"音频"按钮,如图12-15所示。

第2步　在页面中点击"音乐"按钮,如图12-16所示。

图12-15 点击"音频"按钮

图12-16 点击"音乐"按钮

第3步 系统自动跳转至添加音乐的页面，点击任意音乐试听，确定使用的音乐后，选择并点击"使用"按钮，如图12-17所示。

第4步 跳回视频页面即可看到添加的音乐，如图12-18所示。

图12-17 点击"使用"按钮

图12-18 成功添加音乐的视频

在导入音乐后，还可以对音乐素材进行更详细的设置，如调节音量、淡化、分割、踩点等。特别是一些需要卡点的视频，必须让音乐和画面同步，才能让视频更具吸引力。

12.2.4 给视频添加滤镜

为视频配上合适的滤镜，可以让视频画面更具有美感。具体的操作步骤如下。

第1步 在剪映 APP 中打开一段视频，在工作界面的列表区域点击"滤镜"按钮，如图 12-19 所示。

第2步 在滤镜列表中选择一个心仪的滤镜（这里以选择"风景"选项下的"仲夏"滤镜为例），即可为视频画面添加滤镜效果，如图 12-20 所示。

图12-19 点击"滤镜"按钮

图12-20 选择"仲夏"滤镜

提示　　要根据视频内容来选择滤镜，同时，为了视频画质，建议不要过分美颜。

12.2.5 调整视频比例

在编辑完成短视频之后，还需要对短视频的尺寸进行设置，以便输出适合短视频平台的视频文件。

第1步 使用剪映 APP 打开一个视频，然后点击页面右下角的"比例"按钮，如图 12-21 所示。

第2步 视频尺寸包括 9 ∶ 16、16 ∶ 9、1 ∶ 1、4 ∶ 3、2 ∶ 1 等，这里以 16 ∶ 9 为例，如图 12-22 所示。

图12-21 点击"比例"按钮

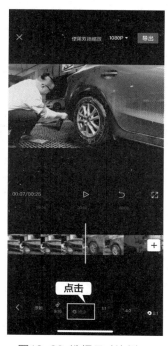
图12-22 选择尺寸比例

完成上述操作后，用户还可以根据视频内容选择背景颜色。具体方法为，首先在剪映APP中打开一段视频，然后点击页面右下角的"背景"按钮即可设置页面，包括设置"画布颜色""画布样式""画布模糊"等，这里以设置"画布样式"为例进行讲解。点击"画布样式"按钮，如图12-23所示，对画布样式进行设置。选择心仪的画布后点击"√"按钮即可使用该画布，如图12-24所示。

图12-23 点击"画布样式"按钮　　　图12-24 选择画布样式

名师点拨

在选择视频画布时，既可以选择纯色画布，也可选择模板中带有图案的画布，还可自己添加背景照片生成新的画布。

第13章 如何通过社群为直播引流?

众所周知,互联网以流量为核心,流量就是财富的源泉。商家做营销,如果没有流量,就没有客源;即使商品再好,推广方式再新颖,只要没有粉丝,就很难售卖出商品。再看网店的销售公式:销售额=客单价×流量×转化率,可见没有流量就没有成交和销售额,更没有利润可言。因此,不管经营什么商品,流量都至关重要。本章将通过讲解如何设计让客户一见倾心的"诱饵",帮助商家快速获得引流。

13.1 六大诱饵策略设计

商家引流，必须讲策略。就吸引客户而言，需要做诱饵营销。所谓诱饵营销，是指通过一个好的诱饵吸引客户，让客户主动添加商家为好友，进入商家的客户流量池，便于商家日后的客户经营。我们可以把流量池理解为"鱼塘"，当商家在一个目标客户群体中钓鱼时，鱼饵的质量起着至关重要的作用。

那么商家应该如何设计诱饵呢？商家在设计诱饵时，应遵循有门槛、有付出、有价值、有关联、有品质、有理由等原则，如图13-1所示。

图13-1 吸引客户的六大诱饵

13.1.1 诱饵要有门槛

商家可以通过将优惠券转化成诱饵，找准机会分发给有可能成交的客户。客户在优惠券的驱动下，更容易生成订单。只有当优惠券被使用，才能起到诱饵作用。假设一个客户在拿到优惠券或体验券后，发现券的使用期限是一年甚至更长时间，那么他通常会因为期限很长而将优惠券暂时搁置。这样容易导致客户下次拿出券时，已经过了使用期限，或者根本找不到券。如此一来，商家所设置的优惠券就白白浪费了。所以，商家在设置优惠券时，需要设定门槛，如限时、限量等，让客户提高使用诱饵的概率。

1. 限时

策划任何优惠券活动，都要考虑活动的时间问题，如优惠券的开始时间与结束时间。如果优惠券的起止时间间隔得太长，就无法给客户造成紧迫感；如果起止时间间隔得太短，又不能满足大部分客户的需要。那么，活动的时间应该如何设置呢？

这需要综合商家具体的经营情况和商家所针对的客户群体的情况来定。建议大多数商家将优惠券期限控制在1个月之内，对于个别特殊的活动优惠券期限也不要超过3个月。比如，餐饮行业在微信公众号或微信群发放的折扣券、赠菜券的使用时间一般为7天。因为7天中总会有一个周末，方便上班族使用，且7天时长也不算长，容易被使用。

2. 限量

商家在策划优惠券活动时，还需要设置一定的数量。有一种心理学营销方式叫"饥饿营销"，小米手机迅速崛起的重要手段之一就是饥饿营销。人的心理就是越稀缺就越珍贵，越要去抢。

如果一个商家派人在街上遇人就发优惠券，那么大多数人会感觉这个优惠券不值钱，甚至认为是陷阱，很难把优惠券利用起来。但如果商家说明，此次活动送出100张优惠券，得到优惠券的人就会认为自己比较幸运，他们使用优惠券的可能性也会更大。

同理，有参与门槛的活动也更容易吸引客户参与。同为一张价值5元的无门槛优惠券，通过快递包裹送到客户手中和购物后抽奖得到，对于客户来说是截然不同的体验。前者容易被忽略，后者更能迎合客户感觉"幸运"的心理。

具体该限多少数量，可根据具体情况设定。实际上所谓的"限量"是说给客户听的，商家本身是引流，自然希望多多益善。设一个较低的数量是增加诱饵的珍贵性和客户的重视程度，也更容易吸引客户参与。

某理财公司就曾推出一个限时限量抢加息券的活动：每日定时推出爆款加息券产品，这些产品有数量限制，抢完为止，吸引客户定时抢购，形成饥饿营销。同时，该公司还为这些加息券设定了门槛，如客户的投资金额达到一定额度才可以使用，以此促使客户加大投资。这是一种促使用户新增投资的好方法，在提升营销的同时，也活跃了平台用户。

13.1.2 诱饵要有付出

免费的东西确实能吸引一些客户，但也容易吸引到无效客户。商家免费拿出商品做活动，很可能会没有后续成交。因为很多客户都是冲着免费来的，自身没有消费能力或没有消费理念，根本不是目标客户。所以，商家要适当地让客户花钱,提升诱饵的使用概率。

例如,商家拿出奖品免费赠送给客户,但必须由客户自己承担快递费。如果连快递费都不用出,可能会让客户觉得商品没有价值,不值得珍惜。以大家熟知的儿童教育培训机构为例,招生引流基本是赠免费试听课,很多家长已经逐渐没了兴趣。因为试听课的顾问老师会不断地说服家长买课。但仅凭一节试听课,很难有明显的转化。

首先,家长需要在课后询问孩子的真实感受,但很多儿童在一个完全陌生的环境中很难和陌生的同学有良好的相处;其次,家长需要与同类机构对比;最后,仅一节课也很难看出老师的教育水平。

如何解决这些问题,让更多家长买课呢?最好的办法就是让儿童多上几节课程,让儿童和家长都有时间感受课程的质量。但如果商家在赠送一节试听课后,连续赠送课程,又容易让家长感觉课程不值钱。所以,商家可以打包几节课程,用一个较为优惠的价格,如9.9元、19.9元等,既让家长好接受,也让儿童多体验几节课程,逐渐融入学习环境。

如此一来,商家也有更多的时间向家长推销课程;从儿童的角度出发,在熟悉环境后,也会逐渐融入学习氛围中;而家长由于付了费用,也会更积极地督促孩子上课。从以上三点考虑,都有利于提高成交概率。美容美发、养生等服务行业,都可以尝试这种组合几次服务收取一定费用的形式来设计诱饵。比如,某家艺术培训学校推出了3节试听课收费39元的活动,还附赠一个手持小风扇和一本标价59元的书。

很多小朋友都喜欢小风扇,风扇的成本也较低,只要几元钱,当小朋友拿着风扇出去玩时,还有可能吸引其他小朋友及家长的关注。而且风扇上面可以打广告,只要客户使用风扇,商家就可以被有效宣传。由此可见,小风扇是这次活动中一个以低成本实现宣传裂变的有效工具。

再说书,虽然年龄较小的朋友可能不能集中精力看书,但这本书可以针对家长。选用一本与教育相关的书籍,介绍一些有利于家长在看后能选择该商家的内容。例如,商家是艺术类培训学校,所选书籍的主要内容就可以提高孩子的艺术素质,有利于孩子的发展等。

这种既让家长因付费而懂得珍惜,又有礼品附赠的活动,容易给家长带来既没花钱还捡了便宜的感觉，有助于提高成交概率，也能实现宣传裂变。商家在策划活动时，选择什么礼物要根据行业的具体情况和客户的喜好及成本等因素综合考虑。

商家在策划诱饵时，应该如何让消费者有付出呢？最常见的一种方法是付出金钱。例如，一家母婴用品店搞促销活动，有以下两套方案供客户选择：

- A方案：购物满200元赠送价值68元的开发儿童智力的玩具1套；
- B方案：购物满200元，加1元可购买价值68元的开发儿童智力的玩具1套。

以上两种方案哪种更好呢？实际上这家连锁品牌分别选择了3家店做试点，结果执行B方案的门店参与活动的客户数量是执行A方案门店的2.17倍，店铺营业额提升率是执行A方案门店的1.92倍。

店铺营业额提升率 = 店铺做活动期间的日均营业额 ÷ 店铺做活动之前一个月内的日均营业额。

由此可见，B方案的效果明显更好，其原因在于客户看到A方案时会感觉羊毛出在羊身上，那68元是200元东西的打折而已，赚便宜的感觉不强烈；而看到B方案时，目光会被吸引到"1元能买68元的东西"上，有着巨大差价比，更有赚便宜的感觉。商家在做诱饵方案时要注意，客户看的不是真正的便宜，而是赚便宜的感觉。

这里说的"诱饵要有付出"不是指一定要付出金钱，让客户付出精力、付出时间也达到了付出的目的。比如，淘宝"双11"活动期间，用户通过转发和玩游戏等途径抢代金券等，客户会觉得好不容易抢来的券，如果不买点什么就亏了。还有的活动常要求客户发朋友圈集赞，这也是让客户付出劳动的一种方式。

13.1.3 诱饵要有价值

诱饵要能给客户带来价值，才能受到客户的青睐。所谓"有价值"，不单指诱饵的价格。有的诱饵价格比较高，但不对客户胃口，也很难取得好的效果，如同不能用胡萝卜钓鱼一样。一个好诱饵的理想价值状态应该是低成本高价值，也就是诱饵给客户带来的价值要高于诱饵产品本身的价格。这也要求商家对目标客户进行针对性研究，去挖掘他们可能喜欢的东西。

例如，一家做烟酒茶的连锁店，就专门设计了一款特有的打火机作为香烟赠品。打火机作为香烟伴侣，常被抽烟的人随身携带，可以说这个赠品送到了客户心坎里。因为这个打火机本身很具趣味性，很容易被人拿来把玩，印在打火机机身上的商家Logo也容易被记住，实现进一步宣传和裂变。而这样的诱饵（打火机）批量生产时单价才6元左右，就可以实现很好的诱饵价值。

商家还可以采用一些简单、有效又省钱的"低成本高价值"诱饵，例如，一些相关行业的知识诱饵，既能令商家在客户心中树立专业形象，又能让客户有所收获。例如，护肤行业会适时地给客户赠送电子书或视频，如《秋季护肤的8大误区》《水果祛斑的12种有效方法》《名人水果减肥秘方》等。送这些知识类诱饵，对客户来说既实用又很有价值，取得的效果可能比送实物（如润唇膏）还要好。

>
> 对于相关行业的知识，如果内容较多，则可以放在百度网盘里，让客户自行下载；如果内容较少，则可以直接通过微信一对一发给客户，并为其提供更多精细化服务，给客户留下好印象。

13.1.4 诱饵要有关联

商家所选的诱饵商品最好与后续销售的商品有较高的关联度，这样不仅可以让客户提前体验商品，也可以带动后续的商品销售。就目前而言，市场上有很多前端免费、后端盈利的营销方法，其常用的诱饵商品如图13-2所示。

图13-2 有关联的诱饵

1. 送自己的主营商品

送自己的主营商品，让客户在使用后有复购欲望，在复购时购买更多其他商品。诱饵除了可以是有形的商品外，还可以是无形的服务，如：

- 经营美容护肤品的商家可赠送面膜、护手霜、润唇膏等；
- 口腔诊所可赠送牙线和护齿产品；
- 教培机构可赠送体验课程；
- 健身机构可送一个周期的健身卡（次卡或者周卡）；
- 经营电脑的商家可提供免费安装系统服务；
- 经营空调的商家可赠送上门清洗服务……

大家在大街小巷都可以看到手机店的身影，但生意好的手机店并不多。大部分手机店店主，不甘心守着冷冷清清的店，于是选择花钱印广告，再请人到街上发各种传单往店里拉人，好不容易拉到客户，1元钱的手机膜收费10~20元，很难让客户对店铺产生好感。

某品牌手机连锁店，采取了另一种方式：为客户提供免费刷机服务、免费的手机加速服务以及免费手机贴膜服务。该商家让一个员工免费为客户提供服务，客户便会一传十、十传百地将此信息转告给其他客户，很快店门口就排起了长队。路过的人看到店门口那么多人，不免会好奇是什么活动，加深印象的同时还有可能参与其中。而得到优惠的客户不仅会感谢商家，在自己有手机方面的需求时，还会首先想到该商家，从而提高店铺营收。这类服务成本很低，却可以实现引爆客流的效果。

2. 送与商品相关的工具

就某些商品而言，如果有某种工具或原料，能让商品发挥更好的效果；但没有这种工具，也能正常使用。就如艾灸条，不用艾灸盒也能正常使用；但如果有艾灸盒，就能让艾灸达到更好的效果。找到能辅助增强产品使用效果的工具并送给客户，不仅可以有好的引流效果，也可以大大增加复购率，这就是著名的"鸟笼效应"。

鸟笼效应是源于著名心理学家詹姆斯和他的好友——物理学家卡尔森的一次打赌。卡尔森说他不想养鸟，詹姆斯说："我有办法，可以让你主动养鸟。"卡尔森不信。过了几天卡尔森过生日，詹姆斯送上了一份礼物——一个精致漂亮的鸟笼。卡尔森笑着说："即使你给我鸟笼，我还是不会养鸟，我只当它是一件漂亮的工艺品。你和我打赌，你会输的。"

此后大部分来卡尔森家的客人，看见书桌旁那只空荡荡的鸟笼，都会问卡尔森："你养的鸟去哪里了，是飞走了吗？"卡尔森只好一次次地向客人解释："不是这样的，我从来就没有养过鸟。鸟笼是朋友送的。"然而，每当卡尔森这样回答的时候，就会换来客人的疑惑，甚至是有些不信任的目光。无奈之下，最后卡尔森只好买了一只鸟。这就印证了詹姆斯的鸟笼效应。

鸟笼效应即人在偶然间获得一件物品后，会继续添加更多与之相关的东西。例如，一个主营鲜花的商家，常常给客户赠送精致的鲜花瓶。很多客户因为不想让花瓶空着而经常到店里购置鲜花。而精美的花瓶配上鲜艳的花儿，会使得很多来家做客的人及办公室的同事，纷纷购置起鲜花和花瓶，商家也就达到了自我宣传裂变转介绍的目的。

3. 送有自己品牌或主营商品的标志物

商家所选的商品不一定是自己的主营商品，但最好是与品牌相关的物品或有主营商品的标志物。例如，某餐厅在某个活动中的赠品是小板凳，每个小板凳上都印有该餐厅的名称和标识，如图13-3所示。如此一来，商家的信息会持续地展现在客户眼前，从而增强广告宣传效果。

商家在选择诱饵商品时，即使选择和品牌不相关的赠品，也最好印上商家的Logo或广告语，以此进行持续的宣传。如图13-4所示，为某饮品品牌所选的诱饵商品。商品身上印有品牌Logo，当客户在家里或在办公室喝水时都可能联想到该品牌，这样便加深了客户对品牌的印象。

图13-3 某餐厅的诱饵商品

图13-4 某饮品品牌的诱饵商品

13.1.5 诱饵要有品质

很多商家容易进入一个误区：为了缩减诱饵商品的成本，而选用低廉的劣质商品来引流。殊不知，这样的商品确实节约了成本，但很难让客户对商家的商品产生好感，更谈不上产生交易了。相反，如果商家选择的诱饵商品质量很好，则更容易让客户产生好感，也更容易刺激客户付费购买商品。所以，诱饵商品的品质必须要有保证。

例如，某娱乐城举办有奖促销活动，促销活动公告中明确规定：凡在本娱乐城消费满40元，赠抽奖券一张，多消费多赠券，奖项分为一、二、三等奖及纪念奖。消费者李某带儿子到该娱乐城游玩并花费了100多元，获得抽奖券两张。参加抽奖后获得了一等奖，奖品是一部手机（标价为3500元）。

李某经使用后发现该手机质量低劣，机身、电池、充电器等均是拼凑而成，故要求娱乐城更换，但娱乐城负责人认为该手机是奖品而不是销售的商品，且消费者只消费了100多元，而这部手机的价值已远远超过100元，因此不同意更换。李某只有将情况如实上报给当地工商行政管理机关，经派人调查后认定，娱乐城用作奖品的手机为不合格产品，其行为违反了法律规定，遂责令娱乐城改正违法行为，并处罚款10万元。

本案例从法律上讲，"赠品免费不免责"，提供劣质产品要承担相应的法律责任。最关键的是，商家是想用奖品来引流，但这样的劣质品最终会让客户觉得商家言而无信，其他商品也有可能存在问题，不仅起不到引流效果，还会折损商家的信誉度，是名副其实的"赔了夫人又折兵"。

13.1.6 诱饵要有理由

没有平白无故的好事，商家如果凭空出个特惠活动，客户就会觉得这其中会有陷阱，甚至产生"无故献殷勤，非奸即盗"的想法。所以商家策划活动也要找准时机，找好理由，让客户感觉占便宜的同时，认可商家做活动的理由，并有种错过就没有了的紧迫感。

商家常见的活动噱头就是节日，如春节、端午节、七夕节等。部分商家也会推出如周年庆、会员日等活动，吸引客户参与。

例如，流行至今的皮具广告："江南皮革厂倒闭了……所有商品一律半价销售"。虽然很多客户不信，但能博得大家一笑，大家甚至会自发地拍活动照片、视频，传播活动。

综上所述，商家在设计诱饵时，应遵循一定的策略。同时，诱饵也需要不断地更新。再好的诱饵也不能一直使用，否则会导致客户审美疲劳。同时还要考虑诱饵针对的情况，因为不同的客户有不同的喜好，只有时常更新诱饵，才能满足不同客户的需求。

13.2 如何利用共同兴趣快速建群圈粉？

引流涨粉的方法和技巧多不胜数，但部分商家由于人脉资源较少，影响力也不高，以商品为中心建立客户群还是有些困难的。针对这种情况，如何迅速集聚粉丝呢？诸葛亮有草船借箭，商家也可以借船出海。

13.2.1 案例：小面馆如何借船出海

先来看一个案例，有家小面馆建了一个面馆群，群成员在60人左右，但在建群后由于没有活跃度又"死"群了。如果用惯性思维来思考，小面馆如何做社群？难道天天在群里发吃面可打折的活动信息？这样的话，客户看着没劲，商家发的也没劲，确实很快会面临"死"群风险。

那该怎么办呢？如果跳出去，换个思维方式——借船出海，商家可以组建一个周边社区的兴趣群。既然是兴趣，肯定是大家都喜欢的，并且是共同的兴趣，如相约夜跑、踢毽子、打羽毛球、打乒乓球等。这样就容易吸引群友，而且群友也会自发地往群里拉人，形成聚集效应。

该小面馆的经营者就用这个办法，组建了两个健身交友群，很快群就满了。紧接着，经营者又组建了社区美食吃货群、广场舞群等，群内成员都是周边社区的潜在客户，如图13-5所示。

图13-5 小面馆的借船出海策略

即使这些群不是直接的面馆群,但由于群主是面馆老板,掌握着整个群的管理权和规则制定权,可以时不时地在群里做有关面馆的宣传和活动。当群里的人都知道群主是××面馆的老板后,面馆的影响力也跟着大了。群成员一起运动完后,也许还会到面馆吃饭聊天,以群内口头语——开心又健康,见"面"老地方——作为对接暗号,加深客户对面馆的印象。

由此还可以形成聚集效应,因为大多数人都不喜欢独来独往,哪怕是吃简餐,也希望有认识的朋友同行。当有了群组后,很多人到面馆吃东西不仅仅是为了填饱肚子,还是为了和朋友聊天。有了这些客户基础后,商家把附近的门面也租了下来,扩大了店面,生意还是天天爆满。

这招借船出海对很多商家而言,都是简单而有效的。方法是找到所在社区人群的兴趣爱好,组建区域群和兴趣群,以各种兴趣为聚集点,拉同一兴趣的人进群。这类兴趣群中群友之间会有很强的信任感,非常有利于商品成交。只要商家搞定领头人物的形象,就会形成示范作用,吸引更多客户去买同一件商品。借船出海不仅是线上引流爆群的实用方法,还是线下营销很好的一个爆点。

13.2.2 借船出海的具体操作步骤

商家在了解了借船出海这一方法后,可将这一方法落实,获得更多忠实客户。这里以一家保健品公司为例,详细介绍以借船出海策略搭建社区健身群的操作步骤。

- 建群改名:新建一个微信群,并将群名设为"西直门社区健身活动交友1群"。
- 骨干进群:先邀请一些骨干成员及好朋友,让群内有第一批成员。
- 建临时群:再建一个微信群,修改群名为"西直门社区健身活动交友群";同样邀请几位骨干;搭建一个对外宣传的临时群。

- 打印二维码：打印临时群的二维码，并写上"西直门社区健身活动交友群，喜欢运动健身的快快扫码进群，寻找一起运动的邻居"。
- 粘贴二维码：将二维码粘贴在显眼并合理的地方，吸引客户扫码进群。值得注意的是，随意粘贴容易被社区管理员撕毁，所以要粘贴在公告栏这种允许粘贴小广告的地方。
- 邀人进入临时群：由二维码吸引进群的人都集中在临时群，并在一番聊天后商家将他们逐步拉入正式群。
- 将人拉入正式群：在临时群发公告，说明这是临时群，让身边的小伙伴或群友添加群主，进入正式群。群成员从临时群进入正式群后，商家并不急于将其从临时群删除，而是让临时群群成员保持在160人左右，给新进群的人留下一种临时群很热闹的印象。
- 裂变2群：当正式群成员达到300人时，就不主动拉人进入了，靠内部人裂变就行。成立2群，并从临时群拉人进入2群内。
- 循环步骤：群的二维码时效为7天，可以再贴一次更新后的二维码。多贴几次并多贴一些地方，让更多人看到并进群。

值得注意的是，商家不需要在群内大肆宣传自己的商品，只需要把群名片更改为"群主姓名+昵称"即可。平时多在群里互动、组织活动，久而久之，群成员都会熟悉群主的商品，并主动介绍生意。部分影响力大的群，还会有周边社区商家主动找上门合作，进一步增加商家的收益。

借船出海策略可借的船有很多，如小区群、吃货群、美食群、闲置物品交流群、养生群、老乡群、同学群、公益相亲群、旅游群、驴友群、读书会群、学习群、家长群、行业交流群、游戏群、某物品的粉丝群、团购群、优惠打折群、各种兴趣群……总而言之，商家可根据商品的情况、客户兴趣、周边特点等选择合适的建群方向。

> **名师点拨**
>
> 个人微信号生成的群二维码，只有7天的有效期，时间比较短。故商家可以使用企业微信功能，生成永久性可用二维码，不用担心二维码过期。

13.3 9大吸睛大法让客户主动加你

商家自己建群毕竟数量有限、影响有限，因此部分商家会选择加入别人的群组，混熟脸后发展潜在客户，并让潜在客户主动添加商家为好友，从而加大商品的影响力。当然，也有部分商家会在进群后，主动添加群好友，但最好的加入方法是被动加人，也就是让群友主动添加商家为好友，这样更有利于商品的销售。

主动添加商家为好友的群友，大部分是被商家的人设所吸引，由此可见商家为自己设定有吸引力的人设也很重要。本节重点讲解商家通过人设和"吸睛大法"，让潜在客户主动加其为好友，如图13-6所示。

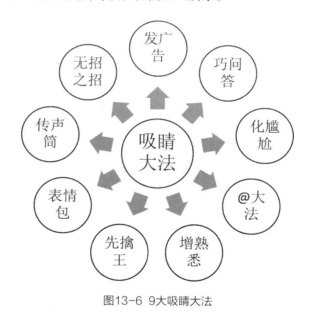

图13-6 9大吸睛大法

13.3.1 发广告

直接发广告是最简单、粗暴的营销方法，可以准确地告知群友自己的商品是什么、有什么功能，直接吸引客户。

某主营隔音设备的商家在住宅群里发的隔音窗广告如图13-7所示。很多住户确实面临外界噪声大的问题，商家以邻居身份发广告，可以准确地告知群友其可以解决噪声问题，直接吸引客户。

值得注意的是，各群对发广告有着不同的要求，如有的群允许发广告，而有的群则禁止发广告。故商家在发广告之前，先认真阅读群规则，避免因发广告被踢出群聊。另外，发广告时还应注意以下事项。

- 不要刷屏。同样的广告不要短时间内重复发。微信群具有延时阅读属性，短时间内该看到信息的就能看到，看不到的连续发也没用。很多客户都反感重复发广告，所以发广告时不要刷屏，一条即可。

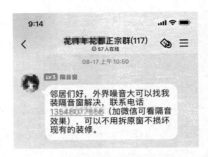

图13-7 隔音窗广告

- 主题明确。广告内容应该言简意赅，说明主题即可，不要长篇大论地将内容说得过于详细，否则反而会招人反感。如果有客户对内容感兴趣，就会添加好友进一步了解。

13.3.2 巧问答

商家如果频繁地在群内发广告，显然会引起群友的反感，因此商家需要注意发广告的频率。更多时候，商家可以采取巧问答的方式，将广告巧妙地植入聊天内容中，在吸引客户关注的同时，也更能取得客户的信任。

以某主营智能锁的商家为例，A商家进入某住户群后，先后拉好友B、C、D进入商家自己建的群内，通过巧问答的形式推广某智能锁，具体对话如下。

- C：我家想装个智能锁，群里哪位朋友装过，帮忙推荐一下。
- B：@C，咱群里@A就是专业做智能锁的，我家就是找他装的，非常好用。
- A（过一会儿再出来回答，显得更真实）：感谢@B的推荐！我公司是专业做智能锁的，某某××品牌是国内最大的智能锁厂家，外观时尚大气，安全性高，关键性价比高。
- D成员搭话：我老婆也一直吵喝换个智能锁，前两次忘拿钥匙，光开锁费就花了400元，关键还耽误事。
- C：都有什么样的啊？
- A：……大致介绍商品。
- C：你们店在哪儿啊？

- A：我们在……都有店。
- D：@C我们团购吧，@A我们一起购买能给个特价吧！
- A：群友都给最大的优惠。团购的话，我可以跟老板申请团购特价哦。
- E：算我一个啊！
- ……

在上述案例中，商家并没有直接发广告，但比广告更具真实性和煽动性。在这种一问一答中，参与商品讨论的正面消息越多，越能形成羊群效应，吸引到更多客户。所以，商家可以将更多好友拉到群内，参与这种问答讨论，引出商品信息。

13.3.3 化尴尬

很多人都有类似的经历，在群内发言或分享链接后，无人回应，不由得感到氛围尴尬。如果这时有人站出来回应，那么此人便很容易被发言或分享链接之人记住。同理，如果某群成员在群内发的消息无人回应，氛围尴尬，此时商家主动站出来回应对方，就很容易被对方记住，且会让该群成员对商家产生好感。因此，商家在进入一个新群后，需要多花时间回应群内其他成员的信息，逐渐得到大家的认可，才有利于后期加好友和营销。

同时，商家如果保持热情的态度对待群成员，就更能增进与群友的关系了。因为所有人都希望得到认可和赞美。清朝著名学者俞樾在《一笑》中讲过这样一个故事：

有个京城的官吏，要调到外地上任。临行前，他去跟恩师辞别。恩师对他说："外地不比京城，在那儿做官很不容易，你应该谨慎行事。"

官吏说："没关系，现在的人都喜欢听好话，我呀，准备了一百顶高帽子，逢人就送他一顶就顺当了！"

恩师听了这话很不高兴，以教训的口吻说："我反复教导你，做人要正派诚实，对人也该如此，你何必来这一套呢？"

官吏连忙说道："恩师息怒，学生也是没办法啊，要知道天底下像您这样不喜欢戴高帽的又有几位呢？"

官吏的话音刚落，恩师就得意地点了点头，说："你说的这话也不是没有道理！"

从恩师的家出来，官吏便对随从说："我准备的一百顶高帽，现在只剩下九十九顶了！"

为了让恩师放下对自己的不满，官吏巧妙地给他戴了一顶"不喜欢戴高帽"的高帽，从而让恩师心生得意，认可自己。在对方毫无察觉的情况下，给他戴上一顶高帽子，这大概就是给人戴高帽子的最高境界吧。

虽然不是每个人都喜欢戴高帽，但绝大多数人都爱听顺耳、恭维之话，何况商家还通过群聊为群成员化解了尴尬。可见在社群营销中"化尴尬"有多重要、多有用。商家可在别人发言后，留意是否有人回应，最好在没人回应时过几分钟再去回应，更容易获得群成员的好感。

13.3.4 @大法

"@"是一个符号，在电子邮件中意为"at"，即"某用户"在"某服务器"的意思。在社交应用中@也有广泛应用，如在微博、微信中，用户可用@来引起对方的注意。图13-8所示为某智能手机的微博账号@某智能音箱的微博内容，当该智能手机的粉丝在查看这条微博信息时，可点击查看某智能音箱的主页，也可以与该智能音箱互动。该条微博内容因为有了@符号及@的对象，增加了@对象的曝光率，同时，也吸引了@对象的关注，使微博内容得到更大的曝光。

图13-8 微博内容截图

商家在平时发布动态时，可以多用@符号，增加动态的互动性。同时，在群聊中，@符号也起着重要作用。在信息大爆炸的时代，群聊信息很容易被忽略，这时商家可以通过@的方式，引起对方的注意。

图13-9所示为某服装类商品的顾客群聊天截图，当群内顾客对某商品感兴趣时，可@群管理员并提出问题。群管理在解答成员问题时，也可以@该顾客，使聊天对象能尽快看到，这样能让群聊更加及时和流畅。

商家在群聊中使用@符号时，对所@对象的谈话内容做出针对性的回答，更能吸引对方的关注。当引起对方的兴趣时，应乘胜追击，一来一回地聊出订单。

13.3.5 增熟悉

是否参与群聊，它决定了商家是否能在群里打广告或是否能添加目标好友引流。因此，不要刚进群就急着打广告。在部分熟络的网友聊得火热的时候，商家可迅速加入话题的讨论中，让大家注意到自己。

部分商家会将自己的商品信息以群名片的形式进行展现，随着群聊次数的增加，自己商品的曝光率也会越来越大。

例如，如图13-10所示，本图中所有人都展示了自己是做什么的，有做医疗器械的、有做干细胞的、有做口腔诊所的、有做礼品专供的等，他们都直接通过群名片表明自己的业务范围，通过多次聊天，即可加深群成员的印象。当群成员有类似需求时，很可能会想起你，或者直接在聊天中跟你沟通，有合适机会时很可能促成合作。

图13-9 某服装类商品的顾客群　　图13-10 为群成员名片宣传的好示例

商家要多参与群内互动，日久生"情"，可聊出感情、聊出生意，实现客户不请自来。

13.3.6 先擒王

无论是什么群，群主和群管理员一般是最具权威的人员。商家在进群后，如果能先和群主及群管理员建立较好的关系，将有利于后期的宣传工作。所以，建议商家先与群内具有权威的领导性人物套近乎，可以得到一些好处，如当商家与群主或群管理员有较好的关系时，可以适当地在群内发广告，不至于被踢出群聊；同时，群主或群管理员一般会比其他成员花费更多的时间在群内，当有群成员发出某方面的需求时，群主或群管理员会优先向其推荐作为好友的某商家的业务。

部分与群主关系较好的商家，还有机会成为群管理员，更有利于自己在群内展开商品营销工作。所以，商家在进群后要积极主动地与群主和群管理员互动，对群成员也要足够热心，积极响应群内活动，多互动多分享，被更多人注意到。

13.3.7 表情包

大家在聊天时常用到一些有趣的图来表达一定的含义，让人产生共鸣，这类图片可统称为"表情包"，表情包有着趣味性强、易传播等优点。商家可制作一些专用表情包，在使人开怀一笑的同时，也加深了其他成员对商家或商品的印象。例如，某总裁班设计的"点赞"表情，和某服饰品牌做的"招财进宝"的表情，既为相应的品牌做了宣传，还不会令人反感，如图13-11所示。

图13-11 品牌设计的表情包

即使商家没有很强的设计团队，也可以通过图片处理软件，在大家都很熟悉且非常喜欢的一些表情包上直接加上自己品牌的Logo或名称等来进行宣传。

13.3.8 传声筒

如果商家直接在群内发广告，说自己售卖××商品，那么一般很少有群友愿意理睬，更别说促成订单了。但如果有人在群里发问："我需要××，有人在卖吗？"这就是表明需求，不仅不是广告，还能引起很多人关注。

商家如何利用这点去吸引群友主动加好友呢？哪怕是在商家不熟悉提问中的行业和商品，也不认识相关熟人时，商家也可以在群内搭上话且吸引群友主动添加好友。

例如，当商家在某群内发现有人问："谁有装修一级资质，青岛地区大额装修合同？"如图13-12所示。虽然商家自己没有这方面资质，也没有这类朋友，但可以将此信息转发到其他群，如图13-13所示。

图13-12 群友在群内发出需求　　图13-13 商家将需求分享到多个相关群内

当有这些资质的人在群内回应商家或主动添加商家为好友时，商家再将这些有资质的好友分享给需要资质的群友，如此一来，就完成了"传声筒"的工作，商家也可以获得很多新增好友，便于日后展开营销工作。

商家可以多做类似的传声筒工作，既能让更多群成员主动添加商家为好友，也可以帮助更多群成员，留下好印象。甚至有的商家在为群成员匹配到难得的需求时，还能收到群成员给的介绍费。

13.3.9 无招之招

很多武侠小说里都会有"无招胜有招"这类情节，实际上在群聊中，有一个吸睛大法也叫"无招胜有招"。例如，"很多人都不知道自己有没有被对方删除了微信账号，我刚实测了一个好办法，不需要下载任何软件，可以找出那些已经删除或拉黑我们的人。有需要的私信我。"因为微信确实不方便查看是否被对方删除，因此很多人都有这方面的疑问。当商家发出这样的消息后，就可以坐等被人添加为好友了。

值得注意的是，当被添加为好友后，商家要及时与好友互动，达到留存好友的效果。例如，"真是有缘认识您啊，您是做什么的，我们互相认识一下，也许能互相帮助。"这样不仅能添加好友，还能让好友印象深刻。

13.4 如何通过免费知识引流

引流的方法多种多样，只要能精准地吸引目标客户便是有效的方法。当然，如果有花少量的金钱和精力就能吸引目标客户的方法，就再好不过了。而将目标客户感兴趣的免费知识分享到今日头条、微信等平台，吸引客户主动添加好友或帮忙转发等方法，不失为实用的引流方法。

13.4.1 借助资讯平台的免费知识引流

资讯平台是指用于发布资讯的平台，如常见的新浪、今日头条等门户资讯网站。通常，不同行业都有其相应的资讯网站，如财经资讯网站、法律资讯网站等；而门户网站却包含所有行业资讯。商家可根据自己的行业特征，去资讯平台发布免费知识，达到引流效果。

下面以某教育培训机构为例进行讲解。其在今日头条下利用免费知识精准引流的步骤共包括以下几个。

第1步 用标题精准吸睛。标题中用到"数学老师直言""别瞎报班"以及"不下98"等字眼吸引家里有小学生的家长关注，如图13-14所示。

第2步 开头重申数学的重要性和本文章的好处。开头先提出小学阶段的数学的重要性，然后表明自己总结了学好数学的精华，引人入胜，如图13-15所示。

图13-14 用标题精准吸睛

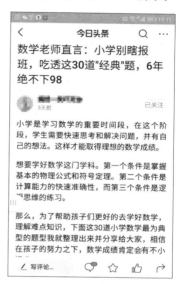

图13-15 开头重申数学的重要性和本文章的好处

第3步 在实用且好理解的正文部分，把数学相关知识展示给客户看。图13-16所示为免费知识的截图之一。

第4步 用更多精华内容，引导客户获取。在文章末尾告诉客户，除这篇内容外，还有很多精华内容可供客户选择，客户可以根据提示获取，如图13-17所示。

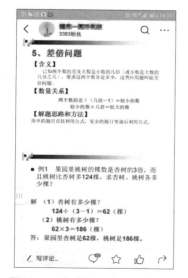

图13-16 免费知识的截图之一

图13-17 引导客户获取更多内容

第5步 将客户引至私域流量池。当客户按照步骤关注、私信后，还需要引导客户添加微信号，将其引到私域流量池。如图13-18所示为该商家提前设计好的自动回复，详细说明了加微信账号的缘由。

第6步 将客户进行精准分类。从商家（老师）与客户的对话截图来看，商家先是说明要资料的人很多，营造出繁忙的氛围；然后让客户说明自己的信息，包括是家长还是学生，以及孩子上几年级、居住在什么城市等，如图13-19所示。商家通过这些信息，可以对客户进行精准分类，更好地实现精准营销。

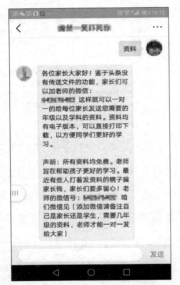
图13-18 商家提前设计好的自动回复

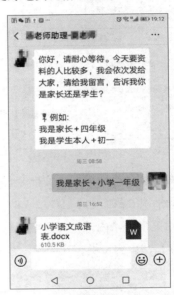
图13-19 商家（老师）与客户的对话截图

从整个案例来看，商家设计出了步步为营的引流方案，起到了很好的效果。各行各业都可以按照这个方法，将知识整理后按照步骤实施。操作时需要注意以下3点。

- 商家在找知识资料时，需要站在目标客户的角度去思考哪些知识是客户真实需要的。以高档女装为例，目标客户可能会对美容技巧、服装搭配、身材保持等知识感兴趣。

- 为避免部分客户大篇幅复制知识内容，商家应该用图片截屏的方式展现知识，如此一来，客户要得到文字版的内容，就必须按照提示添加商家为微信好友。

- 除了今日头条外，商家还可以在论坛、贴吧等平台用免费知识吸引客户，再将客户引流到微信、QQ等社交平台。

13.4.2 巧用微信群做免费知识引流

微信群是非常好的广告宣传地，但是很多群都不允许直接打广告。即使有少部分群允许打广告，简单直接的广告也很难取得可观的效果。前文提到可以在今日头条、贴吧等平台通过免费知识引流的方式来获得公域流量。同理，商家也可以在微信、QQ等社交平台用免费知识吸引到更多客户。

以微信群为例，商家可以找到目标客户感兴趣的知识，将其编辑成文章或简短的图文信息，插上广告信息发到群里。因为信息里有实用的知识内容，属于有价值的信息，看起来就像非广告信息。

例如，某商家在一个关于口腔治疗的客户群中以图文的形式发了一篇知识性文章：《鼻炎不要乱吃药，一片生姜每天刮一刮，效果好》，如图13-20所示。如果客户自身或亲朋好友正好是鼻炎患者，自然会打开链接看软文，在看到治疗鼻炎知识的同时，还能看到商家所提及的商品，如图13-21所示，这就是微信中"免费知识带广告"的典型玩法。

图13-20 在群内发知识链接

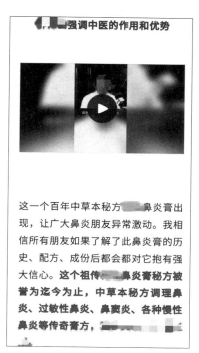

图13-21 知识链接内带有商品信息

在微信群内发的实用知识，目标客户不光会看，还会在认可的同时将知识分享至朋友圈和其他微信群，加大广告的影响力。因此，商家可以收集更多的相关知识，将其整理后分享到各个群内，吸引目标客户。

免费知识引流的方法并不限于以上两种，还有拍摄视频引流、知乎问答引流等。商家可根据行业的实际情况，尝试更多方法，从而找到适合自己的引流方法。

第14章 如何通过社群管理维护粉丝?

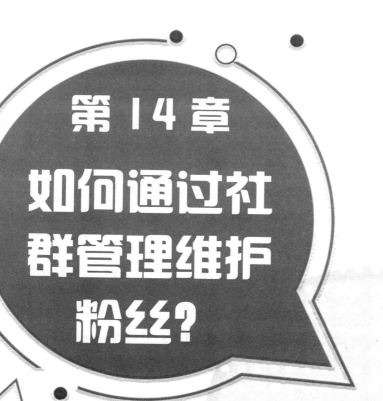

随着微信社群营销的大热,很多商家都在尝试社群营销,但往往都是投入了满腔热情之后,仍然见不到任何营销效果,最后以失望告终。其实,商家建立微信群的目的是想通过社群赚钱,实现成交变现。而社群营销的核心在于,"用人来联结人,与消费者交朋友"。商家要通过社群营销达到成交变现的目的,首先就要想办法留住人,其次还要使自己建立的微信群保持活跃的状态,并且要长期地维持社群热度。本章将为大家详细讲解如何通过社群管理维护粉丝。

14.1 如何通过分工"说相声",让群营销更轻松?

社群作为一个团队存在,必然具有相应的组织架构。商家要将社群做好,首先需要了解社群的组织结构以及团队成员的角色分工,然后利用社群组织中的相应角色来调动其他成员的情绪,并活跃气氛。

14.1.1 社群成员的组织结构

社群相当于一个大舞台,舞台上会出现各种各样的角色,如主持人、逗哏、捧哏、观众等,这些角色分别对应着不同的社群职务。图14-1所示为社群组织的结构和关系。

图14-1中非常清楚地呈现了各个身份之间的关系,下面重点为大家解读一下"主持人""逗哏""捧哏"这三个身份。

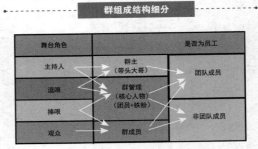

图14-1 社群组织的结构和关系

主持人,在社群组织中的身份多为群主,即管理者。一般来说,作为群主,会被其他群成员先入为主地打上销售商品的标签。其他群成员会认为群主建群的目的就是推销商品。但群主又是整个社群中最有权威的人,他需要掌控社群的大局,所以前期必须要树立好自己的人设,将自己塑造成一个主持人的角色,维护社群中各成员之间的关系。

逗哏和捧哏是舞台上相声节目里的角色,他们的职责是烘托现场气氛。在社群中,这两个角色相当于群管理员或者活跃度较高的核心成员,他们的存在能够有效活跃社群的气氛,带动其他群成员的情绪。

14.1.2 如何通过"说相声"提升社群的活跃度和成交率?

前面说到社群相当于一个大舞台,要将这个舞台经营好,就要学会烘托现场的气氛,点燃观众的观看热情。相声往往是一个舞台上最能烘托气氛的节目,而相声节目中有两个非常重要的角色,就是前文提到的逗哏和捧哏,这两个角色也是舞台上烘托气氛的关键人物。

下面我们就具体来看看如何通过"说相声"的方式来经营社群，一般需要掌握图14-2所示的6个要点。

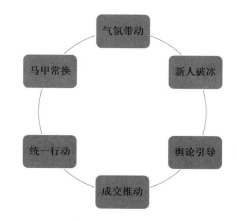

图14-2 通过"说相声"的方式经营社群的6个要点

1. 气氛带动

任何团队都需要活跃分子，社群建设更是如此，需要通过"逗哏"和"捧哏"这样的角色来活跃气氛，营造良好的社群氛围。在很多初建的社群中，群成员之间彼此互不相识，由于不熟悉的缘故，谁也不愿意主动说话，主动打破沉默。这时就特别需要有一两个人站出来，带动整个社群的氛围，使气氛活跃起来，进而带动其他群成员融入社群的活动主题中来。

2. 新人破冰

进入社群的新人一般会在7天之内做出去留决定，在这个时间内，如果他们认为这个群不适合自己，就会选择离开。所以，社群管理人员一定要让新人一进群就感觉到亲切。当社群有新人进入的时候，"逗哏"和"捧哏"要第一时间带动大家表示欢迎，这样新加入的人就能感受到这个"大家庭"的温暖，也就更容易融入社群中。群管理员除了对新人的到来表示欢迎以外，也可以让新人邀请自己的好友进群；或者通过新人的朋友圈寻找相关话题，让其快速融入社群。

3. 舆论引导

在经营社群时，要学会利用"大众的嘴"来做舆论的导向，将舆论往有利于自己的方向引导。如果群成员中有些言论对商家不利，比如，某个群成员总是在群中说商家的商品不好，这时"逗哏"和"捧哏"就要以消费者的身份进行回应。

另外，如果某个群成员在群中有不当行为，群主想将其踢出群，但又不方便直接出面，就可以让"逗哏"和"捧哏"以消费者的身份，先指责该群成员的不当行为，然后由群主将其踢出群，这样做往往更有说服力，也会让其他群成员认为群主是在维护大多数群成员的利益，将少数的破坏分子踢出。

4. 成交推动

大多数消费者其实都有"跟风消费"的习惯，商家刚推出一款商品时，大家会很自然地先观望一下，看看有没有人购买这款商品。如果有人购买，自己再跟着购买。做社群营销时，商家就要利用消费者的"跟风心理"来推动成交。当社群中有人率先购买商品后，就能将社群的购买氛围带动起来，大家就会纷纷跟随该群成员购买商品，进而形成羊群效应。

5. 统一行动

有些商家在经营社群的时候，可能建立了不止一个微信群。为了方便管理，商家可以设立一个社群行动小组，进行统一的协调安排。社群行动小组需要提前对各个社群的活动进行安排和规划，比如，今天几点在几群进行什么活动，哪些群管理员要与其他成员进行什么样的互动，以及群管理员的话术怎么说，等等。

6. 马甲常换

社群中"逗哏"和"捧哏"扮演的都是"托儿"的角色，因此他们的"马甲"要经常更换。也就是他们要经常更换自己的头像和群昵称，尽量不要让其他群成员看出他们"托儿"的身份，否则会产生不好的影响，不利于商家进行社群营销。

14.2 如何规范日程表，使社群运营标准化？

很多商家花大把的时间进行社群运营，却始终不见起色，那是因为这些商家虽然目的很明确，希望通过社群为自己带来好的收益，但并没有一个合理的规划。而社群运营的重点就是要合理规划自己的运营日程，并使其落地执行。

14.2.1 社群营销的重要时间节点

要制作一个合理的社群营销日程表，首先需要掌握社群营销的重要时间节点。社群营销的重要时间节点，要按照客户可能浏览社交工具的时间来设定。

下面根据大多数人的作息时间，将社群营销的重要时间节点制作成一个汇总表，如表14-1所示。

● 表14-1 社群营销的重要时间节点

重要时间节点	客户状态	社群营销的内容
7:00～9:30	上班途中	早安问候
11:30～13:30	午间休整	美食分享
15:30～17:00	下午茶歇	营销信息推送
17:30～19:00	下班途中	见闻趣事
19:30～21:00	晚间休整	营销信息推送
22:00～23:30	睡前时光	心灵鸡汤

通过上表我们可以看到，一般社群营销的重要时间节点有6个，在这6个时间节点，客户状态是不同的。社群运营人员需要根据客户在不同时间节点的不同状态来设置相应的营销内容。

14.2.2 社群运营的内容规划

社群运营的内容应该根据产品的不同和时间段的不同，来进行相应的规划。下面我们先来看一个经营养生食品的商家，他是如何安排自己的社群运营内容的。该商家每天都会利用社群工具发布不同的内容，以此来运营自己的社群，具体规划如下。

7:00～8:00：早安问候，在社群中发送一条励志、正能量、阳光、跑步等方面的内容；也可以发送自己早上做的早餐图，让人感受到商家真实的生活状态。商家发送的内容可以在网上搜索，然后自己筛选、加工、修改，配上唯美、清新的图片。

> **名师点拨**
>
> 早上发布的第一条社群内容，最好不要发布广告信息，因为没有人愿意一大早起来就在手机上看到满屏的广告信息，这样做很容易被人屏蔽或者拉黑，所以第一条社群内容建议尽量发布轻松愉快的内容。

8:00～9:00：在社群中发送一些抒情类的文字或者健康小知识；也可以发送自己产品的图片，但广告意味不能太浓。商家要尽量将自己的真实状态和产品的功效自然地结合在一起，比如，发送一张自己使用产品的图片，并配文"我每天早上起来喝一杯红豆薏米茶,排毒瘦身养颜"。

10:00~11:00:在社群中发送一张产品功效图,比如,上个时间段发送了自己喝红豆薏米茶的图片,这个时间段就可以发送红豆薏米茶的功效图,这样更容易让社群好友对商家的产品产生印象。

12:00~14:00:在社群中发送美食、生活类信息,比如,自己做的饭菜,或者自己去哪里吃饭,遇到了什么有趣的事情等。

15:00~16:00:下午茶时间,在社群中发送自己使用产品的图片,一定要生活化,并配上文艺抒情的文字;或者发送发货图、送货图、收款图等。

16:00~17:00:在社群中发送产品的反馈图。需要注意的是,当天发送哪个产品的信息最多,此时就发送哪个产品的反馈图。要让社群好友看到商家的产品效果,是得到众多客户见证的,这样社群好友才会相信商家销售的产品效果是真的很好。

18:00~19:00:根据自身的实际情况,在社群中发送一些生活、美食、兴趣爱好等方面的信息,这时要让社群好友感觉到放松。

19:00~21:00:这个时间段商家可以根据自身的实际情况,在社群中发送一些发货、送货、学习和团队培训等方面的内容,让社群好友知道商家是一个充实、有温度、懂得合理安排时间的人。

22:00~24:00:在社群中发送当日的感悟和心得体会,或者晚安用语。

> 提示　上文社群运营内容规划案例中,无论是社群运营的时间段还是发布的具体内容,商家都可以根据自己产品的特点和客户的情况灵活变化。而且商家也不用每个时间段都发布内容,在社群中发布过多的营销内容反而会遭到社群好友的反感,所以商家要根据社群营销的重要时间节点,选择合适的时间段,每天适当地发布3~5条社群运营内容即可。

上面这个案例是针对中小商家设计的社群运营内容。对于大品牌商家,他们在运营社群的时候,往往更注重对品牌的宣传,通常以销售为辅,对社群中的潜在客户进行长期熏陶,在潜移默化中促成更多订单的生成。表14-2所示为一家上市服装企业的新零售部门所制作的标准化社群运营日程表,该日程表合理规划了该企业一周的社群运营内容,具体到了每天的几个重要时间节点以及具体的社群营销内容。

- 表14-2 某企业的标准化社群运营日程表

时间段	星期一	星期二	星期三	星期四	星期五	星期六	星期日
8:00 (上班途中)	早间新闻+天气预报：文字、图片	早间新闻+天气预报：文字、图片	早间新闻+天气预报：文字、图片	早间新闻+天气预报：文字、图片	早间新闻+天气预报：文字、图片	早间新闻+天气预报：文字、图片	早间新闻+天气预报：文字、图片
12:00 (午餐时间)	美食分享	穿搭、色彩搭配分享视频/图片	美食分享	穿搭、色彩搭配分享视频/图片	美食分享	穿搭、色彩搭配分享视频/图片	穿搭、色彩搭配分享视频/图片
15:30 (下午茶)	好物分享视频/图片	好物分享视频/图片	好物分享视频/图片	好物分享视频/图片	好物分享视频/图片	好物分享视频/图片	好物分享视频/图片
18:00 (下班途中)	娱乐分享	美照分享（①顾客照片；②后台制作的素材）	娱乐分享	娱乐分享	美照分享（①顾客照片；②后台制作的素材）	美照分享（①顾客照片；②后台制作的素材）	娱乐分享
20:00 (休整时间)	知识分享（美食、美妆知识）	知识分享（美食、美妆知识）	知识分享（美食、美妆知识）	知识分享（美食、美妆知识）	知识分享（美食、美妆知识）	知识分享（美食、美妆知识）	知识分享（美食、美妆知识）
22:00 (休息前)	热搜分享	热搜分享	热搜分享	热搜分享	热搜分享	热搜分享	热搜分享

注：每周的星期二、星期五和星期六晚上20:10进行网络直播，分享摄影技巧、服装穿搭、美容化妆、舞蹈技巧等内容，并在直播过程中嵌入该服饰品牌的产品。

14.2.3 社群运营日程规划的注意事项

在规划社群运营日程的过程中还有一些事项需要商家注意，了解这些注意事项可以帮助商家制作出更加规范、高效的社群运营日程表。

1. 好内容找合适的时间发送

商家在运营社群时，并不是每时每刻都能找到适合的内容，并随时发送到社群中。当商家获取到一个好的内容素材时，首先要考虑当前这个时间适不适合发送该内容到社群中。如果当前时间不适合发送这个内容，商家就可以将内容素材先收藏起来，待到合适的时间再将其发送到社群中。

比如，某商家一次偶然的机会在网上看到一篇介绍冬季养生的文章，认为写得很好，想将其推送到自己经营的社群中。但当下正值初秋，离冬季还有一段时间，这时商家就可以先将该文章收藏，等到冬季到来的时候，再将这篇文章推送到社群中。

2. 同一时间段内灵活变换发送营销内容的时间点

商家在发送社群营销内容时，时间点不用太固定，可以在同一时间段内灵活变换发送内容的时间点。比如，11:30~13:30，社群中的好友会在不同的时间点查看群内的消息，有的人会在12:00看到消息，有的人会在13:00看到消息。为了使社群营销的内容覆盖到更多的人，商家可以在同一时间段内灵活变换发送营销内容的时间点。

3. 客户不同，生活规律不同

商家在运营社群时，要对客户的人群画像进行分析，根据不同客户的生活规律合理规划社群营销的时间和内容。比如，退休老人和职场白领，他们的生活规律和作息时间肯定是不同的。商家在进行社群运营时，首先要明确自己社群中的目标客户人群，分析他们的生活规律、作息时间和兴趣爱好等，从而合理规划社群营销的时间和内容。

14.3 如何通过"变魔术"，让客户充满期待，保持社群热度？

在社群运营中，很多商家都不允许其他人在自己建立的社群中进行推广宣传，发布引流活动。这种想法本身是没有问题的，因为没有人愿意与别人共享自己努力获得的成果，但是这样的做法却不利于社群的长久发展。从客户的角度来看，一个社群如果只有一个项目，时间一长，客户必然会丧失新鲜感，感觉社群内容单调，从而选择退群或者屏蔽群消息。这时该社群就会成为一个"僵尸群"，也就是失去了社群运营的意义。

要运营好一个社群，商家不能只站在自己的角度考虑问题，还要站在客户的角度考虑问题，要具有客户思维。客户加入一个社群，是希望从这个社群中获取到有价值的东西，因此，商家要想办法为客户提供有价值的东西，这样才能使他们一直对社群充满期待，从而保持社群热度。

要使一个社群保持热度，就必须保证客户的新鲜感。商家可以通过"变魔术"的手法，让社群中的客户充满期待。"变魔术"的手法简单来说，就是在社群中持续不断地为客户提供有价值的内容，如客户喜欢的各种项目或者活动，让客户始终保持新鲜感、始终充满期待。在社群中"变魔术"的手法主要有3种，如图14-3所示。

图14-3 在社群中"变魔术"的3种手法

1. 筛选广告

一般来说，商家自己建立的专门用于营销的社群，都是严禁其他群友发布广告信息的。一旦发现有群友发布与本群无关的广告信息，该群友就会被群管理员"踢出"群。但为了使社群保持热度，商家可以适当对这种规定做出变通，比如，可以在该群中发布广告信息，但必须由群主审核通过后才能发布，而且还要为其他群友发红包。

实际上，个别群友发布的某些广告信息，对于社群里的大多数客户来说，也是具有一定价值的。客户在该商家的社群中，不仅能获得更多有价值的信息，还能够抢红包，那么他们自然是愿意长久地留在这个社群中的。所以，只要商家严格控制广告信息的数量，对广告信息进行认真甄别和筛选，社群中适当地出现一些高价值的红包广告也是一件好事。

 在社群中发布广告信息的群友，一般都是商家或者企业的营销人员，这部分人只要不是竞争对手，就可能成为建立该社群的商家的潜在客户，所以商家可以通过社群与这部分人建立良好的合作关系，大家互利共赢。

2. 知识分享

在社群中进行知识分享，能够有效地让客户获取到有价值的东西，也是保持社群热度的一个好方法。一般在社群中进行知识分享有以下3种形式。

（1）在社群中分享与客户需求相关的知识。首先商家需要对客户进行全面的分析，其次根据客户的需求为他们提供相关知识。因为客户需要的就是最有价值的东西。

（2）邀请名师到社群中为群友们讲课。比如，商家可以邀请服装设计师到社群中为群友们讲解如何进行服装的创意搭配；邀请养生专家到社群中为群友们讲解如何养生；邀请知名发型师到社群中为群友们讲解如何选择适合自己的发型等。这种形式对于专家达人来说是一种自我推广，对于社群中的客户来说则是一种福利。

（3）话题讨论会。商家可以寻找客户喜欢的话题，在社群中发起针对某个话题的讨论。但商家需要提前编好引导剧本，通过话题讨论将客户的关注点逐步引导到产品的优势上去，形成潜移默化的营销。

> 在社群中进行知识分享时，商家需要注意，有些内容即使和自己销售的商品没有相关性，但是只要客户很感兴趣，商家就可以在社群中进行相应的分享。因为知识分享的目的就是让客户感觉到有收获，这样他们就会对商家的社群产生黏性，与商家建立良好的信任关系。这样商家就为后续的成交打下了好的基础。

3. 资源置换

作为商家，肯定都希望自己能到更多的社群中进行引流。其他商家也是一样的，希望在你的社群中获取到更多流量。所以，商家与商家之间可以进行资源置换，只要彼此之间不是竞争对手，且发布的营销内容不冲突，就可以利用双方的社群进行广告互换，相互在彼此的社群中进行推广引流。例如，A商家是销售生鲜类商品的，B商家是销售厨具类商品的，他们就可以到彼此的社群中为自己的商品进行宣传推广。

一般情况下，其他商家到你的社群中进行推广引流，都会为你社群中的群友提供一些福利，如各种小礼品、免费体验卡或者红包抽奖等。由此可见，商家之间的资源置换，不仅能为你社群的群友谋取福利，还能增加社群的活跃度和客户的黏性，并且你也能从其他商家的社群中获取到更多流量，是一举多得的好事。

> **名师点拨**
>
> 在进行资源置换的过程中，商家一定要注意控制广告的数量和质量，社群中的广告信息不能泛滥。对方商家在你的社群中发布的广告信息，营销意味最好不要过于强烈，否则很容易遭到社群中客户的反感。商家一旦发现对方商家发布的广告信息，使社群中的客户产生了不满情绪，要立刻要求对方商家停止发布广告信息，以确保自己群友的利益不受伤害。

总之，商家要多从客户角度出发，给客户提供更多有价值的东西或内容，不断通过"变魔术"的手法，让他们保持对社群的期望，从而使社群保持热度。

14.4 如何通过将"特别的爱给特别的客户"，和客户成为朋友？

俗话说："世上无难事，只怕有心人。"商家对客户实实在在的心意，客户都是能感知到的。哪怕只是生日时的简单问候，商家对客户兴趣爱好的关注，都能让客户深深地感受到商家对自己的关爱。这份"爱的感动"，必然能促使商家和客户成为亲密的朋友。由此可见，维护客户关系的关键在于"用心"二字，商家需要用心为客户建立档案信息，用心将"特别的爱给特别的客户"。

14.4.1 特别的爱给特别的客户

什么是"特别的爱给特别的客户"呢？我们常常可以看到，有些商家记不住客户的姓名和基本情况，或者是记混、说错，从而导致客户失望，商家自己也很尴尬。作为客户，如果商家每次见面都能及时问候和关心自己，将自己最关心的问题放在心上，比如，"你家小宝贝钢琴考几级了""你妈妈的痛风好点了吗，我认识一位专家，治疗痛风很专业"等，就能让客户觉得商家对自己的事很上心，对自己也很重视，从而对商家产生信任感。

例如，某鲜花店铺的商家，在经营和维护客户关系方面就做得非常不错。该商家会把每一个进店客户的生日都记录下来，然后到客户生日的时候，就会录制一个祝福的小视频到发朋友圈，并@该客户。

在社群中，该商家会在会员生日和特殊纪念日时送上特别的电子祝福，并告知会员，在生日时可以到店铺中领取一份小礼物，领取时限为两周。这样做不仅大大提高了会员对店铺的黏性，还有效增加了店铺的销量。

由此可见，"特别的爱给特别的客户"就是说，在特定的日子给予客户问候和关心，从而打动客户，使他们对对应商家产生信任。实际上，不一定非得是特定的日子，当商家和客户聊天时，商家一开口就能叫出客户的名字，问候与客户生活或工作相关的内容，聊天的话题也都是客户关心的问题，就会让客户感动。因为这些话题都是客户和商家在之前的交流中，不经意间聊起的，没想到商家不但没有忘记，还在特定的时间给予客户关怀，足以说明商家对客户的重视。

要将"特别的爱给特别的客户"，首先需要记住客户的相关信息。要做到这一点，其实并不难，商家平时就要收集客户信息，为客户建立档案，以便在需要时能够及时给予客户问候和关心。

14.4.2 巧设客户备注，以方便查找

利用社群建立客户信息档案，首先要把最关键的客户信息写到他的备注里，以便记忆和查找。图14-4所示为设置微信联系人备注的界面。

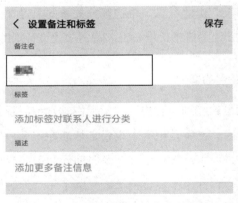

图14-4 设置微信联系人备注的界面

至于具体备注客户的什么信息，需要根据产品和客户情况来定。一般来说，可以重点从以下几个方面，选择合适的关键词来设置备注。

（1）姓名。商家如果能清楚地知道客户的姓名，那么在以后的交流和沟通

中就更容易引起客户的共鸣。比如，在商家与客户打招呼时，直接称呼对方"张姐""李哥""刘阿姨"等，就会让他们感觉到亲切；相对应的，客户听到这样有亲近感的称呼时，也更愿意与商家进行深入的交流。

（2）业务。在设置客户备注时，商家可以将客户从事的业务标注出来，这样就可以知道该客户是干什么工作的了。标注业务是人脉合作的关键，只有在清楚对方是干什么的前提下，才能有更多的话题，才能在业务上相互帮助，加深合作，增进感情。

（3）职务。如果方便，应该尽量将客户的职务也标注到备注中。标注职务，一是方便称呼，二是对于了解客户的层次和能力都有很大的帮助。

（4）地址。备注中最好标注客户的办公地址或者家庭住址，以便登门拜访客户或者给客户邮寄一些小礼品。

（5）介绍人。在备注中标注清楚该客户是由谁介绍的有很多好处。一是商家在与客户沟通时，可以适当提起介绍人，这样容易增加亲近感；而且因为介绍人也购买过商家的商品，所以该客户与商家会更容易建立信任关系。二是商家要了解该客户的一些情况，也可以向介绍人咨询。三是一旦介绍成功，商家需要对介绍人进行答谢，从而促进更多裂变销售行为的产生。

（6）兴趣爱好。了解客户的兴趣爱好后，既能投其所好地寻找更多的话题，又能更好地与客户拉近关系。

（7）消费习惯。包括客户购买的商品品类、消费层次、消费偏好、型号尺寸，以及客户喜欢的服务方式、对促销信息的接受情况等一系列和消费相关的信息。

（8）其他有特点的信息，如年龄、生肖、星座、母校、身体状况、性格、价值观、拥有的资源等，只要信息有特点、有价值，就都可以通过关键词在备注中标注出来。

备注的设置要言简意赅，最多不超过16个字。商家要尽量在备注中记录更多的信息，但一定要精简，使用自己能看得懂的关键词简单标注一下即可。例如，某客户的名字为李明，是理财金融类公司的总经理，那么他的备注就可以设置为"财金 李总"。

14.4.3 1分钟学会建立客户信息档案

在社交平台，商家要如何建立和修改客户的信息档案呢？下面就以微信平台为例，为大家讲解如何建立客户信息档案。

客户信息档案的建立一般是在微信好友个人主页中的"设置备注和标签"页面完成的。方法很简单：在微信中点击对应好友的头像进入他的个人主页，然后点击"设置备注和标签"，如图14-5所示，即可进入"设置备注和标签"页面进行相应设置，如图14-6所示。

图14-5 微信好友的个人主页　　图14-6 "设置备注和标签"页面

"设置备注和标签"页面有5个项目可以设置，分别是备注名、标签、电话号码、描述和附加图片，商家将这5个项目逐一完善以后，即可获得一份基础的客户信息档案。

（1）备注名。具体怎么设置备注名可以参见14.4.2的内容。

（2）标签。标签是一个很好的分类管理工具，能够有效地帮助商家对客户进行分类管理。标签的设置方法如下。

第1步 进入微信的"通讯录"页面，选择"标签"选项，如图14-7所示。
第2步 跳转到"所有标签"页面，点击"新建标签"按钮，如图14-8所示。

第 14 章　如何通过社群管理维护粉丝？　291

图14-7　"标签"选项　　　图14-8　"新建标签"按钮

第3步　跳转到"选择联系人"页面，勾选需要添加标签的联系人，选择完毕后点击页面右上角的"完成"按钮，如图 14-9 所示。

第4步　跳转到"保存为标签"页面，设置标签名字，然后点击页面右上角的"保存"按钮，如图 14-10 所示。

第5步　标签保存完毕之后，自动返回"所有标签"页面，即可看到建立好的标签，如图 14-11 所示。

图14-9　"选择联系人"页面　　图14-10　"保存为标签"页面　　图14-11　查看建立好的标签

至于商家要为客户设置什么样的标签，需要根据具体的客户分类情况来看，商家也可以为一个客户设置多个标签。假设某商家是销售家电商品的，那么他在为客户设置标签的时候，就可以从以下几个维度来考虑。

- 客户的忠实程度：铁粉、一般客户、潜力客户。
- 购买过的产品：洗衣机、电视机、电冰箱、空调等。
- 购买力：高购、中购、低购。
- 年龄段：20~30岁、31~40岁、41~50岁、51~60岁、60岁以上。
- 职业：工人、白领、企业家、公务员等。
- 其他属性：老乡、同学、养生、美肤、健康等。

（3）电话号码。添加"电话号码"，可以方便商家随时联系客户。

（4）描述。备注名的字数不宜过多，对于备注名中标注不下的客户信息，可以填写到描述中。

（5）附加图片。这里可以放置一张客户的照片，以便清楚地掌握客户的样貌；或者放置客户的一张名片，从而更详细地了解客户的基本情况。

第15章 如何通过社群变现?

如今的电商营销方式多种多样,无论哪种营销方式,都需要私域流量的加持以及各类流量的互动,这样才能形成更好的营销效果。因此,商家在运营店铺的过程中要形成自己的"营销组合拳"打法,"社群+直播"就是目前最火爆也最有效的营销方式之一。选择"社群+直播"的营销方式,首先要设定好剧本,全程引导客户成交。另外,还要通过客户转介绍的方式实现销售业绩的裂变式增长。本章将为大家详细讲解如何通过社群变现,以及如何利用社群形成持续的销售裂变。

15.1 通过"社群+直播"方式实现粉丝集中成交

随着移动互联网的普及和5G时代的到来，观看直播的人越来越多，直播带货已经成为如今市场上最受大众欢迎的商品销售方式之一。商家进行直播带货，必然需要流量的支持，如果没有流量，就无法实现有效成交。但现实的情况是，随着众多电商纷纷涌入直播行业，直播带货这条"赛道"已变得非常拥挤，平台能够给予商家的陌生流量也就越来越少。那么，商家如何才能打破僵局，获取到更多的流量呢？下面我们以抖音平台为例，来看看目前市场上短视频平台和直播平台的流量推荐机制到底是怎样的。

抖音平台对短视频的推荐机制如图15-1所示。从图中可以看出，抖音的后台系统会根据短视频作品的点赞量、评论量、转发量、完播率和关注比例等数据来判定该短视频的优劣，从而考虑是否对其进行流量推荐。

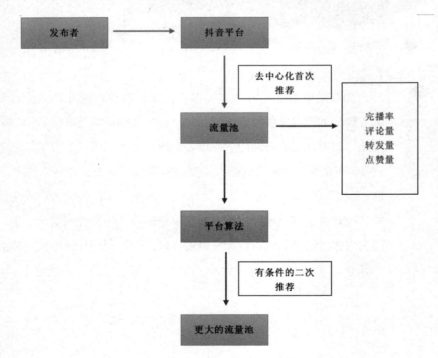

图15-1 抖音平台对短视频的推荐机制

抖音平台对直播的推荐机制与短视频类似，系统会根据直播间的相对热度，也就是人气值，来判断该直播间是不是受欢迎，从而决定是否将该直播间推送给更多的人。下面我们来探讨一下影响直播间人气值的关键因素。

通常来说，影响直播间人气值的关键因素主要有两个。一个是直播间互动率，即直播间观众点赞、评论以及转发的数量；另一个是观看时长，即用户进入直播间后能观看多久。

直播间互动率和观看时长越长，抖音越会将该直播间推荐给更多的用户，该直播间获得的陌生流量也越多。商家应该利用平时积累的粉丝来提升直播间的互动率和观看时长，使直播间拥有一个较高的热度，这样平台才有可能为其推荐更多的陌生流量，从而实现更多的成交目标。当陌生流量进入直播间后，商家要通过直播互动、引导成交等一系列操作，将这些陌生流量变成自己的粉丝，并将他们引入自己的私域流量池。这样一来，商家的私域流量池中就拥有了更多的粉丝，商家只要运营维护好这个粉丝"大本营"，等到每次直播的时候，这些粉丝就会积极观看直播、参与互动，为商家提供源源不断的支持，使商家能获得更好的销售业绩和更多的粉丝，从而形成良性的循环。

由此可见，社群私域流量的重要性。商家要使直播带货取得好的营销效果，就必然需要社群私域流量的加持。在"社群+直播"这一组合营销方式中，商家首先需要通过社群来引流，并对粉丝进行运营和维护；然后利用直播的形式引导粉丝集中成交。

> **名师点拨**
>
> "社群+直播"这一组合营销方式，通常采用优惠促销的形式进行带货。下面为大家推荐两种非常适合"社群+直播"组合营销方式的带货模式："以课带客"的直播带货模式和拍卖式的直播带货模式。
>
> - "以课带客"的直播带货模式，即在直播中通过知识分享或者内嵌式宣传等方式进行带货。
> - 拍卖式的直播带货模式，即在直播中通过拍卖的形式吸引粉丝注意，以实现带货的目的，直播过程中可以适当加入公益元素进行宣传。
>
> 在直播带货中的同质化现象越来越严重的情况下，以上两种直播带货模式比较新颖，能够更好地获得粉丝的关注，更容易使粉丝产生代入感和价值感，也更容易实现成交。

15.2 利用"营销七部曲"进行剧本式营销

商家进行营销的核心目标,就是要引导消费者按照既定路线认识并购买商品,从而实现商品的成交,最好还能形成裂变。任何商品都有自己的优缺点,商家需要通过合理的营销方案将客户的注意力引导到商品的优势上来。为此,商家需要提前设定营销剧本,一步一步引导客户成交,这就是我们所说的"剧本式营销"。

15.2.1 剧本式营销的执行路线

一个好的营销剧本能够有效提升商品的知名度,吸引到大量消费者的关注,甚至使他们成为店铺的"死"忠粉。那么,如何才能做好剧本式营销呢?商家可以通过营销七部曲来设计营销剧本。

营销七部曲实际上就是社群活动的执行路线,分为活动调查、话题发酵、预告剧透、活动公布、活动"爆炒"、秒杀抢购和盛况分享7大步骤,如图15-2所示。商家在进行各种主题的营销活动时可以将这7大步骤的内容嵌套进去,根据具体内容再做一些调整即可。

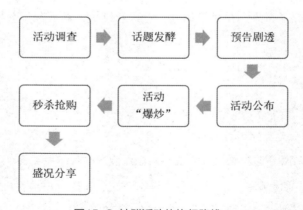

图15-2 社群活动的执行路线

1. 活动调查

活动调查属于社群营销主题活动的预热工作。活动调查主要有两个目的,一是商家可以通过调研客户的需求,及时对活动方案进行修正和完善;二是可以让客户知道,商家的营销活动是根据他们的呼吁和需求设计的,这样能有效提高他们的参与度。

2. 话题发酵

在社群营销主题活动正式开始之前，商家应该积极引导客户对即将展开的活动主题进行讨论，使话题保持热度，在社群中持续发酵，从而让更多的人参与进来。

3. 预告剧透

通过活动预热以及持续的话题发酵后，商家就可以正式提出活动的主题方向，并发布上新预告，向客户剧透活动的相关内容，比如，商品信息和优惠福利等，从而激发客户对活动的兴趣。

4. 活动公布

正式公布活动内容和细则时，除了要公布活动商品和活动福利以外，商家还可以公布一些抽奖信息，这样往往能吸引到更多的人前来参与。

5. 活动"爆炒"

社群营销主题活动正式开始以后，商家要通过红包互动、各种形式的抽奖活动、赠送小礼品等操作，将活动的热度"炒"起来。

6. 秒杀抢购

活动热度上去以后，商家就可以隆重推出活动商品，并发布特惠政策了，以此引导客户进行秒杀抢购，实现商品成交。商家在秒杀抢购环节，可以采用一些技巧来促进成交，比如，通过"说相声"的方式来活跃气氛、实时解答客户疑问、晒付款截图、库存更新+倒计时逼单等。

7. 盛况分享

社群营销主题活动结束后，商家要继续在社群中分享抢购场面的截图、付款截图、客户抢购商品的喜悦之情，以及后续的发货进程、到货后客户的体验分享等，为活动持续地造势。进行盛况分享的好处主要有两点：一是很多在本次活动没有购买商品的客户，在看到商家分享的活动盛况以后，就会想："下次我不能再错过这么好的活动福利了，一定要抢购商品。"从而为下次活动造势，并使客户形成期待；二是很多在本次活动中购买了商品的客户，也许会因为冲动消费而选择退货，但在看到商家分享的活动盛况和部分客户的购物体验后，就可能会打消退货的想法。

15.2.2 剧本式营销的策划表

商家为了更好地开展各种社群营销主题活动，可以根据剧本式营销的7大步骤，制作一张剧本式营销的策划表，用于规划社群营销活动中每一个环节的内容。剧本式营销的策划表模板如表15-1所示。

● 表15-1 剧本式营销策划表

步骤	进程	内容参考	海报	执行情况	备注
第1步	活动调查				
第2步	话题发酵				
第3步	预告剧透				
第4步	活动公布				
第5步	活动"爆炒"				
第6步	秒杀抢购				
第7步	盛况分享				

针对剧本式营销策划表有以下两点需要注意。

（1）剧本式营销一共分为7步，每一步的工作不一定要在一天内完成，可以视情况分多天执行一个步骤；也可以将几个步骤合并在一天内执行。

（2）每一步最好都提前设计好海报宣传稿，这样既能让客户通过海报非常清晰地获知所有的活动内容，又便于客户对活动内容进行转发，从而形成裂变。

下面为大家展示一个剧本式营销的实战案例，该营销剧本为某新品空调的上市活动。商家为了更好地开展新品空调的上市活动，专门制作了剧本式营销策划表，如表15-2所示。

● 表15-2 某新品空调上市活动的剧本式营销策划表

步骤	进程	内容参考	海报	执行情况	备注
第1步	活动调查	您用的是什么空调，多少年了，您了解耗电量吗？怎么选择		该内容每日发布3~5次	活动调查持续进行2~3日
第2步	话题发酵	不说不知道，变频和定频的区别竟然有这么大！我家的"电耗子"耗电很严重			

续表

步骤	进程	内容参考	海报	执行情况	备注
第3步	预告剧透	看来大家都很需要一款节能省电的空调产品。最近,公司会发布一款新的空调产品,会有××、××等的特点值得期待			
第4步	活动公布	公布活动规则,参与猜价格、点赞、转发,以及邀请好友进群参与抽奖			
第5步	活动"爆炒"	进一步"爆炒"活动,红包互动,各种形式的抽奖、赠送小礼品等			
第6步	秒杀抢购	隆重推出新产品,并发布特惠政策,组织客户进行秒杀抢购,活动中多次组织抽奖活动			
第7步	盛况分享	分享抢购场面的截图、付款截图,以及由客户体验分享;持续造势:因很多人没抢到商品,又申请到60个特惠抢购名额			体验分享持续1周

提示　以上剧本式营销策划案例仅供参考,商家需要根据具体的活动主题和产品,来合理规划剧本式营销的相关内容。除了上述上新活动剧本以外,还有特惠活动剧本、换季活动剧本、周年庆活动剧本等。

15.2.3 剧本式营销的要点

进行剧本式营销,除了要掌握剧本式营销所涉及的7大步骤,制作合理的剧本式营销策划表以外,还必须知道以下几个关于剧本式营销的要点。

1. 主题明确

作为商家,经常会进行各种营销活动,要使这些营销活动取得好的效果,活动的针对性就必须要强。营销剧本主题将决定营销内容的走向和规划,商家需要针对要营销的对象，从市场需求、消费者观念、产品特点等方面入手去确定剧本主题。商家在进行剧本式营销时，每次只需设定一个明确的主题，使活动能够吸引一类群体即可，不需要每次都想着"一网打尽"。

2. 创意构思

营销剧本的内容需要从消费者的角度出发，满足大众审美的需求，并符合当下市场风向。一个好的创意能够有效增加剧本内容的吸引力，为营销活动带来不错的宣传效果。

3. 台词设置

剧本式营销主要依靠营销人员在社群中对客户进行一步步引导，使其能够顺利购买商品，实现成交。商家进行剧本式营销时，一定要提前为营销人员设置好台词。剧本式营销的台词要针对商家所推广的商品来设置，表述时不能太过僵硬，广告味儿也不要太过于明显。既然是剧本，营销人员的台词就要与剧情相呼应，通过顺其自然的表述将活动促销信息传递给客户。

15.3 让客户主动发朋友圈的4个绝招

对于店铺中销售的商品，往往是商家夸100句，都不如客户夸一句。在线上营销中，客户分享的价值非常大，因此，很多商家通常都会利用"客户转介绍"的方式来帮助自己实现销售裂变。让客户通过朋友圈分享相关商品和促销信息是非常好的一种客户分享方式，但客户一般不会主动帮助商家分享和传播相关信息。要激发客户主动分享的欲望，商家就需要线上线下相结合，制造有吸引力的场景，提供拍照的辅助道具，从而促使客户主动地、自发地拍照发朋友圈。下面就为大家分享4个可以让客户主动发朋友圈的绝招。

15.3.1 制造新奇美景

在社群营销的过程中，商家要利用线下活动或者门店，制造一些有意思、有意境的场景，让客户一看到这些新奇的场景就有拍照发朋友圈的欲望。

例如，某糖果品牌的商家利用线下门店进行场景营造，通过独具创意的店铺装修吸引了不少消费者前来打卡拍照，如图15-3所示。

很多消费者在打卡拍照的过程中，也会对该品牌做一些了解，对该品牌销售的商品产生兴趣后，便会购买该品牌的商品。其中，有些消费者就会习惯性地发个朋友圈，将自己发现的这个打卡拍照的好去处分享出去。这样一来，照片背景上的品牌名、品牌Logo和宣传语等

图15-3 线下门店独特创意的场景

商家信息也会随之获得传播的机会。即使消费者分享的朋友圈照片中没有展示商家信息，他的朋友在看到他发的朋友圈以后，也会出于好奇，向他打探一下这个地方是哪里。

如果商家没有条件利用大面积的场地营造拍照场景，也可以制造一些占用空间较小，但能吸引消费者驻足拍照的景观。例如，某家电品牌举办线下推广活动，通过有趣的道具和背景墙吸引消费者拍照，如图15-4所示。这种商家临时搭建的景观，占用不了多少空间，花费也不多，只要商家稍微花点心思，精心布置一番，很容易就能吸引消费者主动拍照，然后其中一部分消费者

图15-4 利用临时搭建的景观吸引消费者拍照

就会将照片发到朋友圈或社群中，从而形成进一步的自发宣传。

> **名师点拨**
>
> 无论是大场景的营造还是小景观的设计，都需要根据目标客户群体的喜好来设定。比如，年轻人大多喜欢唯美浪漫的场景，如果商家的目标客户群体刚好是年轻人，那么营销的场景或制造的景观，就要使客户拍的照片呈现出唯美浪漫的效果，这样才能最大限度地激发客户拍照和分享的欲望。

15.3.2 提供拍照道具

利用空间造景，装修成本往往比较高，对于一些中小商家来说经济压力相对较大。因此，中小商家可以借用一些拍照道具，来提升客户的拍照意愿。只要好好利用这些拍照道具，即使没有新奇的美景，客户们也能拍出好看的照片。有了好看的照片，他们自然会愿意将这些照片分享到朋友圈。

拍照道具可以是常见的玩偶、大型相框，也可以是餐具、商品陈列台等。例如，某互联网旅游品牌举办了一次线下徒步活动，活动中商家特地为前来参加活动的客户准备了大型相框供他们拍照使用，吸引了不少客户纷纷上前拍照，如图15-5所示。

图15-5 商家为客户提供的拍照道具

15.3.3 替客户走心表达

那些走心的品牌文案和商品文案，往往是客户晒单的有效动力。例如，白酒品牌"江小白"的品牌营销向来做得非常好，主要归功于该品牌的文案设计得特别走心，如图15-6所示。"江小白"通过一段段精心编辑的文字，将很多客户的心声表达了出来，使客户看到文字后都很有感触，进而引发了他们的情感共鸣。客户在看到这些走心的文案内容后，自然而然就会想将它们分享到自己的朋友圈。

图15-6 "江小白"品牌的走心文案

例如，某奶茶品牌的文案为，"你说这一天天的，不喝奶茶还有什么意思"。如果是喜欢喝奶茶的消费者，看到这样的文案，必定会有很深的感触，觉得这句话说到了自己的心坎上，从而会不自觉地拍张照片并发个朋友圈。

 商家在设计文案内容时，一定要从客户的角度出发，对其进行全面的分析，了解他们的所思所想。这样才能精准地表达出客户的心声，引发他们的情感共鸣，进而让他们产生分享的欲望。

15.3.4 爆款产品夺睛

商家如果能让客户分享自己店铺中的代表性产品，那么往往会比让客户单纯分享环境所取得的效果要好，也更容易使大家在看到某一客户分享的产品以后，到店铺进行消费。所以，如果商家能设计一些吸睛的产品，这将是促使客户拍照分享的最好道具。

例如，有一款在抖音上爆火的儿童益智玩具，叫"会躲猫猫的小熊"。该玩具可以和小朋友玩躲猫猫的游戏，常常把小朋友搞得大笑不止，如图15-7所示。很多短视频创作者会在抖音上竞相发布作品，分享自家小朋友和"会躲猫猫的小熊"玩耍的搞笑场面。这款产品就是一款很好的爆款吸睛产品，不仅能为店铺引流，还能很好地激发客户的分享欲望。

15.4 巧妙提醒和引导客户拍照分享的7个技巧

商家在进行营销的时候，即使为客户营造了很多新奇的美景，也提供了很多拍照的道具，但仍然有客户不愿意拍照和发朋友圈。可能是因为客户担心自己的拍照技术不好，或者没有想好适合发朋友圈的文案。这时商家就需要运用一些技巧，来巧妙地提醒和引导客户拍照，增加他们发朋友圈的概率。下面就为大家介绍7个提醒和引导客户拍照分享的小技巧。

1. 替客户找好拍照景点

要让客户主动拍照并将照片分享到朋友圈，有一个很好的办法，就是帮助客户找到好的拍照素材。只要客户拍出来的照片质量较高，那么他们自然愿意将照片分享出去。

例如，某糖果点心品牌的线下门店，在装修设计时有这样一个规定：每个门店至少需要为客户提供9个拍照点。为什么会有这样的规定呢？该品牌创始人说："因为大多数客户更喜欢凑齐九宫格发朋友圈，在店里准备9个拍照点，能够有效促使客户拍照分享。"该品牌创始人每次验收新店，都会拿出手机，按照客户的消费路线走一遍，看看能不能凑齐9张值得分享到朋友圈的照片。

又如，某服装品牌的营销活动中，打造了非常多适合拍照的景点，活动现场有非常多可供客户拍照的素材，客户很容易就可以凑够9张满意的照片，然后心满意足地将它们分享到自己的朋友圈，如图15-8所示。

图15-7 儿童用品类的爆款产品示例

图15-8 用九宫格照片发朋友圈

商家在布景时，一定要让景点处于明显的视觉位置，这样才能让客户及时发现并进行拍照。另外，还要帮助客户布置好拍照的光线，选择好合适的角度，便于他们能够轻松地拍出优质的照片。

2. 用已有美照吸引客户拍照

为了吸引客户主动拍照分享，商家还可以将一些拍摄质量较高的优质照片展示在显眼位置，起到提醒客户的作用。客户可以参照商家提前选好的最佳拍照位置和角度进行拍照。或者商家也可以布置一面照片墙，收集客户的美照。如果某位客户拍摄的照片被商家选中，会在照片墙上进行展示，那么该客户就可以获得优惠券，并且可以将这些优惠券分享给他的朋友。这样不仅能引导客户主动拍照分享，还可以起到裂变的作用。

例如，某品牌的商家在自己的线下门店挑选了一个区域，将其布置成了照片墙，专门用于收集和展示部分客户的美照，如图15-9所示。

图15-9 商家布置的照片墙

3. 预留好拍照空间

为了便于客户拍照，商家不仅要学会打造适合拍照的场景，还要为客户留出拍照空间。现在很多网红店铺的线下门店都为客户搭建了可以拍照的场景，并为客户预留了拍照空间。例如，某网红品牌的线下门店前，不仅有可供客户拍照的卡通雕塑，还特意预留了可以让客户坐下拍照的位置，如图15-10所示。

图15-10 某网红店铺为客户预留了拍照空间

4. 帮拍帮写促转发

很多客户参加活动或者到一家店铺消费时,虽然最初有发朋友圈的想法,但往往会因为照片没拍好、不知道怎么编辑文字内容等原因,最终选择放弃发朋友圈。那么,商家要怎么帮助客户解决这些问题呢?其实,在客户不知道怎么拍照和编辑文字内容的情况下,商家可以主动帮客户拍好看的照片,并为他们提供朋友圈文案的模板。

活动组织人员和店铺工作人员,应该最清楚在什么位置、以什么角度拍摄照片是最好看的,这些工作人员在看到有客户拍照时,就应该主动上前指导客户拍出好看的照片。甚至,商家可以组织店铺中摄影技术较好的员工,让他们亲自帮客户拍照。

提示 在为客户拍照时,工作人员最好使用手机拍照,以方便客户进行分享。如果工作人员使用自己的手机为客户拍照,那么还可以趁机加客户为好友,以便后期对客户进行进一步营销宣传。

5. 直接用文字提醒

为了提醒客户拍照分享,商家还可以专门设置一个提示牌,写上"我今天真好看,拍照留念""这里适合拍照哦!"等内容,这样往往会起到不错的引导效果。例如,某品牌线下店铺中放置了"欢迎拍照"的提示牌,如图15-11所示。

图15-11 某店铺中放置的拍照提示牌

提示

需要注意的是,提示牌要尽量放置在拍照时拍不进照片的地方。

6. 员工提供更明显的暗示

商家还可以利用一些更明显的暗示,提醒客户及时拍照分享。例如,在一些卖烤鸭的餐馆,大厨会在为客户端上烤鸭之后,问一句:"大家需要拍照吗?我马上给各位切烤鸭啦!"相信听到这句暗示后,不少客户不管发不发朋友圈,都会用手机先拍一张照片。

在一些线下推广活动中,商家也可以使用这种暗示的方式提醒客户及时拍照分享。比如,提示客户跟现场的老师或者名人等拍照留念,这往往能促使他们积极地进行转发分享。

7. 现场提供照片打印服务

在很多线下门店和活动现场,大家常常可以看到商家提供的照片打印机,为客户提供免费的照片打印服务,如图15-12所示。一方面可以帮助客户将美照打印出来,提高客户拍照的积极性;另一方面可以有效地提醒和引导客户拍照。

图15-12 免费的照片打印机

　　应用以上7个小技巧,可以提醒和引导客户拍照、分享、发朋友圈,从而增加店铺和活动的曝光率,进行裂变式引流。

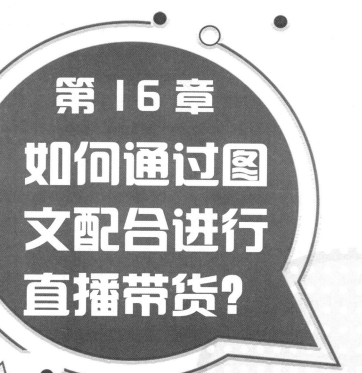

第16章
如何通过图文配合进行直播带货？

直播带货要取得好的营销效果，就离不开图文内容的配合。直播前，商家需要通过图文内容宣传预热直播活动；直播中，商家也需要利用图文内容吸引更多粉丝观看直播；直播后，商家还需要借助图文内容进行直播总结和复盘。总之，商家只有通过多渠道的图文内容进行宣传，实现全域"种草"营销，才能使直播带货的成绩越来越好。本章将为大家详细讲解如何通过图文配合进行直播带货，以帮助各位读者掌握图文全域营销的各种玩法。

16.1 图文结合的三大目的

在直播带货领域,图文结合可以实现"种草""宣传活动"和"带货"三大目的。在日常直播或活动直播中,商家可以通过图文海报、九宫格及长文章等内容形式,推送直播活动信息,加深客户对活动的印象,进而做好直播带货的宣传和预热工作。

16.1.1 图文内容"种草",加深粉丝对商品的印象

在直播带货领域,图文内容的第一大作用就是,通过"种草"让更多的人喜欢上商家销售的商品,从而产生购买商品的欲望。"种草"是近年来兴起的网络流行语,根据百度百科的解释,"种草"一词共有4种含义,如图16-1所示。

> 第一,"种草"是指分享推荐某一商品的优秀品质,从而激发消费者产生购买欲望的行为
>
> 第二,"种草"是指消费者根据外界信息,对某种事物产生体验或拥有的欲望的过程
>
> 第三,"种草"是指一个人将某一事物分享推荐给另一个人,让另一个人喜欢上这一事物的行为
>
> 第四,"种草"是指某种事物让你由衷地喜欢

图16-1 "种草"的4种含义

1. 分享推荐某一商品的优秀品质,从而激发消费者产生购买欲望的行为

怎么理解"种草"的第一种解释呢?例如,某男装店铺在手机淘宝订阅(原微淘升级)中介绍了棉服商品"简约不单调""自带显白效果"等特点,以及活动开场首小时全场三件6折等优惠信息,如图16-2所示。

这种推荐类文案其实就是商家向用户或粉丝进行"种草"的一种行为,因为用户或粉丝在看到相关图文描述时,会对商品的价格和样式产生购买欲望,从而在印象中增加对该商品的好感度,如图16-3所示。

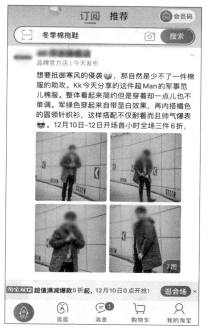

图16-2 通过图文推荐商品的优秀品质

图16-3 用户或粉丝表达自己的感受

2. 消费者根据外界信息，对某种事物产生体验或拥有的欲望的过程

很多达人会把自己购买商品的体验，通过图文结合的形式分享在小红书、淘宝订阅等平台，平台用户在看到达人分享的这些购物体验后，就会产生想要体验或购买的欲望，这也是一种"种草"。例如，某达人在小红书上分享了两套秋天的服装穿搭，从服装所在的店铺、品牌，以及服装的颜色、样式及保暖性等方面，详细描述了亲身体验，如图16-4所示。

3. 一个人将某一事物分享推荐给另一个人，让另一个人喜欢上这一事物的行为

很多达人还会分享推荐好物或教程给粉丝，让他们也对这样的好物或教程产生喜爱之情，从而达到"种草"的目的。例如，某达人在小红书中创建了"男生改造计划"话题，通过该话题来教男性用户如何用500元从头到脚进行一次改造，并在推文中分享了对用户有帮助的商品，如图16-5所示。

 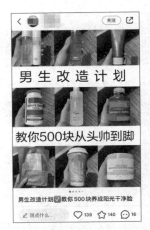

图16-4 达人分享对商品的亲身体验　　图16-5 达人分享对用户有帮助的商品

在这篇推文中,达人除了分享商品图片并进行了基础的文字介绍以外,还在评论中和用户进行了互动,进一步介绍了商品的优点和购买渠道,如图16-6所示。

4．某种事物让你由衷地喜欢

"种草"其实类似于网络用语"安利",可以用来表示某种事物让你由衷地喜欢,从而间接地影响其他消费者也喜欢上该事物。例如,小红书中某作者通过文章的形式,从男士服装穿搭的角度出发,介绍了一套简洁耐看又百搭的服装,字里行间都流露出作为一名普通消费者,对这套服装的喜爱之情,如图16-7所示。其他消费者看到这篇文章以后,也会在作者潜移默化的影响下逐渐喜欢上该商品。

图16-6 达人在评论中和用户进行互动　　图16-7 通过文章形式表达对某商品的喜爱

16.1.2 借助图文宣传短视频和直播活动

每一次直播或发布短视频之前，商家都可以借助图文来宣传短视频和直播的内容。通过向粉丝预告短视频和直播福利等信息，能够有效增加短视频和直播活动的曝光量，起到预热的效果；同时也可以提高粉丝在观看短视频和直播时对内容的关注度。

例如，某商家在店铺动态（原店铺微淘）中发布了店铺直播活动的图文预告，告诉了粉丝：店铺在直播中为大家准备了惊喜礼物，更有每日坚果限量半价秒杀、联名毛衣一件八折等优惠活动，从而促使粉丝积极地关注店铺的直播活动，如图16-8所示。

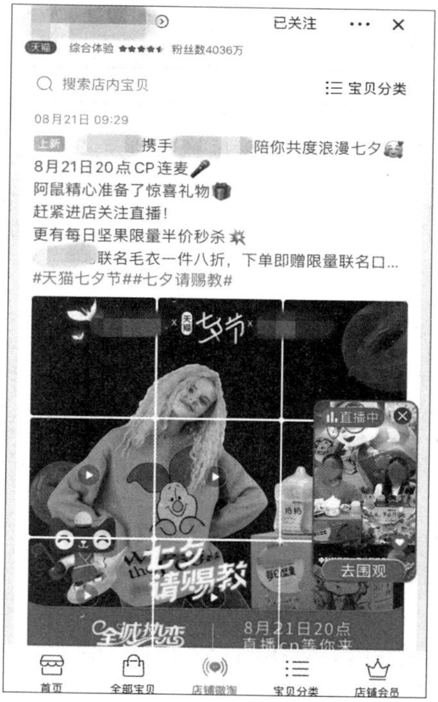

16.1.3 通过图文影响用户决策，实现带货

图16-8 通过图文形式预热宣传直播活动

图文内容除了能起到"种草"和"宣传活动"这两个作用外，还能促进用户通过图文内容所传达的关键信息，产生购买欲望，实现商品成交。达人或主播通过图文结合的方式展示商品之后，对商品感兴趣的粉丝，除了会表达对商品的喜爱和赞美之外，通常还会在评论中向图文发布者询问商品的购买渠道，如图16-9所示。

图文内容配合直播带货的商品销售模式与传统的商品销售模式不同。传统的商品销售模式是用户自己搜索商品，查看商品信息和评论，经过再三比较后，再决定是否购买商品。而图文内容配合直播带货的商品销售模式是用户会因为喜欢某一达人或主播的推荐，而直接选择购买商品。

图16-9 通过图文影响用户决策

16.2 九宫格、海报和长文章

常见的图文结合的传播形式主要包括九宫格、海报和长文章3种，区别主要体现在内容制作的难易程度、耗费的时间、设计优化、呈现的信息和传播效果等方面。下面我们就一起来了解一下这3种内容形式的特点和区别。

16.2.1 九宫格形式

九宫格形式主要是将文案和图片相结合，通过图片拼接组合的方式，将图文内容呈现给用户。相较于其他图文形式，九宫格的制作相对简单，内容创作者只需要把要表达的文案写出来，再加上与之对应的图片，即可发布给用户。

这里所说的九宫格主要是指采用图片拼接组合的方式展示内容的一种形式，并不是说一定要采用9张图片来拼接组合。内容创作者也可以根据实际情况选用3张图片或者6张图片进行拼接组合，向用户呈现图文内容，吸引用户关注。

九宫格这一形式目前在微博、微信朋友圈中都比较常见。例如，某女装品牌通过九宫格的形式，在微博中发布了一则推荐商品的内容，以此来向粉丝"种草"，希望能够加深粉丝对商品的印象和购买兴趣，如图16-10所示。

图16-10 通过九宫格的形式推荐商品

> **名师点拨**
>
> 　　在制作九宫格形式的图文内容时，内容创作者需要挑选精致优美的图片来进行拼接组合，尽量选择原创的优质图片作为内容创作的素材，避免选用有网络版权争议和带有"牛皮癣"的图片。因为使用不符合规定的图片，不仅容易产生经济纠纷，还会影响该内容在平台上的公域流量。

16.2.2 海报形式

海报形式是以海报作为内容载体，向用户呈现和展示具体的图文信息。这种图文形式，在制作方面相对要复杂一些，文案和图片的创作都需要具备更多的创意。内容创作者要把海报包装得更加精美，就必须在图文的设计与配合上多下一些功夫。

例如，某商家在微信公众号中发布了一组图文海报，该图文海报将活动主题、活动时间和商品信息等内容清晰明了地呈现给用户，如图16-11所示。

在图文海报中，创作者还可以将活动的折扣信息、优惠福利等重点内容，通过不同的字体和颜色标注出来，以提高用户对重点信息的关注度，加深他们对活动的印象，如图16-12所示。

当然，在图文海报中也可以把具体的商品展示出来，并将商品名称、卖点和优惠价格等信息逐一呈现到海报中，如图16-13所示。精心设计过的海报，往往能比原图传递更多的信息和内容。

图16-11 通过图文海报呈现活动主题和时间

图16-12 在图文海报中标注重点信息

图16-13 在图文海报中标注具体的商品信息

16.2.3 长文章形式

长文章是一种以文字描述为主，以图片展示为辅的内容呈现形式。相较于九宫格和海报这两种图文形式，长文章的创作难度要更大一些。因为在文案的构思和图片的搭配上，内容创作者都需要花费更多的心思才能撰写出一篇优秀的长文章。

长文章形式的优点是可以把大量的信息更加细致地呈现给用户。例如，在手机淘宝"消息号助手"的品牌号中，商家会利用长文章的形式详细介绍某一款商品或某一活动，如图16-14所示。

虽然长文章形式能够解决其他内容形式信息量不足的问题，但在用户阅读体验方面却存在不足。现在很多用户的阅读习惯已经发生了改变，他们不再习惯阅读篇幅较长的文章，反而更喜欢通过短视频、直播等方式来获取信息。正是受此影响，近年来以长文章形式创作的内容，其点击率和阅读率都在降低。

图16-14 通过长文章的形式详细介绍商品或活动

内容创作者在选择图文形式时，既要考虑不同形式的特点和呈现效果，同时也要根据自身创作的能力和情况，合理选择最佳的图文内容传播形式。

16.3 图文配合直播营销的5大重点渠道

目前市面上，图文配合直播营销的重点渠道主要包括微信、今日头条、微博、手机淘宝订阅和小红书等，如图16-15所示。商家和主播无论是在直播前还是在直播中，都需要借助这5个渠道以图文内容进行宣传，向用户传播直播信息，从而更好地提升直播前的曝光量和直播中的流量。

图16-15 图文配合直播营销的5大重点渠道

16.3.1 微信

在微信上,商家主要是通过朋友圈、微信群和公众号3种渠道来发布图文内容,以吸引微信上的粉丝关注直播。

1. 利用朋友圈发布图文内容

在直播前或直播中,为了提高直播的被关注度,商家和主播可以在自己的朋友圈发布关于直播的图文信息。例如,某经营图书类商品的商家利用自己的朋友圈发布了直播信息,希望能够吸引更多粉丝到直播间观看直播,如图16-16所示。

> 需要注意的是,一般在直播前一天或者直播当天发布朋友圈,宣传效果最好。因为如果直播时间与发布朋友圈的时间相差较大,就有可能使朋友圈的好友忘记直播信息。

在发微信朋友圈时,除了匹配相应的直播预告文案外,还可以通过"活动海报"或者九宫格的形式来展示图片信息。另外,在编辑朋友圈信息时,可以重点提醒某位粉丝关注;或者提前建立标签,只向自己的粉丝展示直播信息,如图16-17所示。

第 16 章　如何通过图文配合进行直播带货？　319

图16-16　通过微信朋友圈宣传直播信息　　图16-17　发布微信朋友圈时可设置谁可看

2. 利用微信群发布图文内容

商家和主播通常都会建立自己的微信粉丝群，或者加入相关的行业类目微信群。这样商家和主播就可以利用自己手上的这些微信群来发布直播信息，从而提升群内粉丝对直播的关注度。例如，某商家在自己的粉丝会员群中发布了直播信息，并将直播的优惠信息简单地告知了群内的粉丝，以吸引粉丝们准时观看直播，如图16-18所示。

图16-18　在微信群发布直播信息

3. 利用公众号发布图文内容

商家和主播如果拥有自己的微信公众号,那么也可以在公众号中进行直播宣传预热。在微信公众号中发布直播消息时,可以采用长文章和"图文海报"相结合的方式,向关注公众号的粉丝告知相关的直播消息。另外,内容创作者除了要在公众号中发布文章外,还需要在留言区与粉丝互动,向他们解释直播活动的一些细节,帮助他们更好地关注直播。

例如,某品牌商家就曾利用公众号文章对直播进行宣传预热,并在留言区解答粉丝关于直播的相关疑问,如图16-19所示。

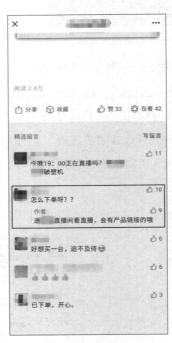

图16-19 利用公众号对直播进行宣传预热

16.3.2 今日头条

在今日头条中,商家和主播可以通过"发微头条"和"写文章"两种方式来预告自己的直播,如图16-20所示。

图16-20 今日头条中的两种发布直播消息的方式

1. 通过"发微头条"的方式发布直播消息

在今日头条上发布的"微头条"会被推荐到关注和其他频道中,能够获取到的流量十分可观。商家和主播通过"微头条"聚集到一定数量的粉丝之后,就可以利用淘宝站内的"手机淘宝订阅",将具体的直播时间和商品信息告知粉丝,并引导粉丝关注直播账号。

例如,某知名带货主播在今日头条上发布了"微头条",为自己的直播间引流,如图16-21所示。

2. 通过"写文章"的方式发布直播消息

图16-21 某知名带货主播通过"微头条"发布直播消息

在今日头条中,通过"写文章"的方式发布直播消息时,既可以采用图文海报的形式(见图16-22),也可以采用长文章的形式(见图16-23)。不管采用哪种形式,其预告的直播内容都包括直播时间、直播商品以及直播优惠力度等信息。

图16-22 图文海报形式　　图16-23 长文章形式

在今日头条中，商家和主播要充分利用好其巨大的流量优势和推荐的算法，聚集粉丝，通过"发微头条"和"写文章"等方式预告直播内容，增加直播信息的曝光度，从而为直播间引入更多的流量。

16.3.3 微博

目前微博的用户以年轻群体为主，商家和主播们可以根据粉丝的年龄特点，在微博中吸引和聚集自己的粉丝群体。在微博中，商家和主播一般可以通过发布九宫格图文或者写文章等方式来预告直播内容。

1. 在微博中发布九宫格图文

九宫格图文形式因为操作简单，只需搭配精练的文字和优质的图片即可完成，是微博中比较常见的一种图文呈现形式，也是商家和主播们进行直播预告时的首选宣传形式。例如，某主播在微博中通过九宫格图文的形式预告了直播内容，如图16-24所示。

发布九宫格图文内容时，可以在手机相册中选取图片，定位所在位置，自制或参与官方话题，同时也可以@好友，添加表情和GIF动图等，如图16-25所示。

内容创作者在微博中发布九宫格图文内容之后，可以通过平台的付费推广渠道，将内容投放至热门位置，

图16-24 在微博中通过九宫格图文形式预告直播内容

以此提高直播预告内容的曝光度。例如，某主播发布的九宫格图文内容，通过平台的付费推广，被展示到了微博首页的热门类目，如图16-26所示。

图16-25 发微博的页面　　图16-26 发布内容后在微博中进行付费推广

2. 在微博中发布长文章

微博中除了可以发布像九宫格这样简单精练的图文内容外，也可以通过"头条文章"板块（见图16-27）发布长文章形式的图文内容。在微博中发布长文章的方法，与在微信公众号中发布长文章的方法类似，都需要添加标题、正文，并设置封面图和编辑导语，如图16-28所示。

图16-27 "头条文章"板块　　图16-28 编辑"头条文章"的相关设置

在撰写微博"头条文章"的过程中,内容创作者既可以采用图文海报的形式来撰写内容,也可以采用文字结合图片的形式撰写内容。例如,某主播采用文字结合图片的形式,在微博中撰写了一篇标题为《8月31日直播预告清单汇总》的文章,如图16-29所示。

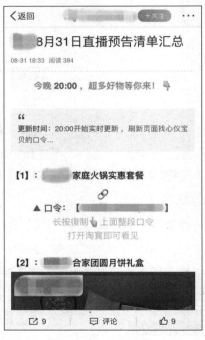

图16-29 直播预告

16.3.4 手机淘宝订阅

在手机淘宝订阅(原微淘)渠道中,商家可以通过图文内容预热直播,例如格力官方旗舰店,在订阅中介绍来格力官方旗舰店看直播,下单以下冰箱型号备注"直播间",确认收货后就能拿到50元福利,21号直播间还有限量200元冰箱购买福利金抽奖活动,如图16-30所示。

图16-30 手机淘宝订阅精选频道图文预热直播

也可以在订阅直播间频道直接展示店铺正在直播的内容,用户可以直接点击直播封面图片进入直播间,需要商家把直播标题和封面做好优化,吸引用户点击,如图16-31所示。

图16-31 手机淘宝订阅直播频道图文直播

在淘宝天猫电脑端千牛工作台上，商家通过内容运营中心"发订阅"发布图文作品内容（原阿里·创作平台发微淘部分功能逐渐下线，以商家内容运营中心为主），如图16-32所示。

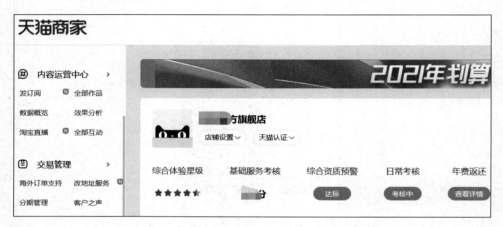

图16-32 手机淘宝订阅电脑后台内容运营中心"发订阅"

在内容运营中心中，主要包括发订阅、全部作品、数据概览、效果分析、淘宝直播和全部互动等板块。发布工具包括多品上新、买家秀、图文评测、清单、店铺派样和粉丝专享券等内容和粉丝福利活动，如图16-33所示。

图16-33 手机淘宝订阅电脑后台内容运营中心订阅内容

订阅发布工具主要包括文案设置、宝贝设置和添加互动，通过后台图文编辑之后，展现在手机淘宝订阅前端，发布后台如图16-34所示。

第 16 章　如何通过图文配合进行直播带货？

图16-34　手机淘宝订阅电脑端发订阅后台样式

商家可以发布图文评测、上新清单和买家秀等不同类型的内容，还可以在文案中添加直播预告等相关内容，对于浏览订阅的用户粉丝进行预告提示，关注即将直播的内容和福利优惠，为直播活动预热积累热度，在全部作品中可以查看具体数据，如图16-35所示。

图16-35　手机淘宝订阅电脑端订阅后台全部作品和数据

16.3.5　小红书

小红书可以发布的内容包括直播、短视频和图文笔记。如果内容创作者要发布图文笔记，既可以根据素材模板添加内容，也可以根据自己拍摄和制作的图片编辑内容。

发布小红书图文笔记时，内容创作者首先需要填写笔记的标题，添加正文内容；其次可以选择"参与话题"，并添加地点；最后点击"发布笔记"按钮（见图16-36），即可将笔记发布出去。

在小红书中发布直播预告，既可以选择图文海报的形式，也可以选择短视频的形式，这一点与微博等平台都有相似之处，具体选择哪种内容呈现形式，内容创作者可灵活掌握。例如，某商家在小红书上通过图文海报的形式发布了直播预告，如图16-37所示。

图16-36 发布小红书图文笔记　　图16-37 某商家在小红书上发布的直播预告

16.4 案例实战：多平台配合直播玩法

商家和主播在直播前、直播中和直播后等各个环节，都需要通过不同形式的图文内容进行造势和推广宣传，并借助微信、今日头条、微博、手机淘宝订阅和小红书等多个渠道，吸引更多粉丝关注，从而实现全域营销和曝光。

下面我们就以LOVO家纺为例，来看看该品牌是如何利用图文内容在各渠道中进行推广引流，配合直播活动实现全域营销，并取得不俗成绩的。

LOVO家纺在成立十周年之际，联合了9家品牌与天猫合作举办超级品牌日活动，并在手机淘宝订阅"盖楼"、淘宝直播、微博和微信公众号传播等方面，都获得了不错的宣传效果。LOVO家纺通过全域营销的方式开展超级品牌日活动，不仅实现了对粉丝内容运营的升级，还形成了平台、店铺和粉丝三方互利共赢的良好局面。

16.4.1 利用手机淘宝订阅"盖楼"活动向粉丝"种草"

2019年3月18日，LOVO家纺联合天猫超级品牌日活动，举行了"LOVO家纺十周年庆生Party暨天猫超级品牌"盛典。在LOVO家纺联合天猫超级品牌日活动期间，商家还参与了手机淘宝订阅的"盖楼"活动，并通过各种渠道进行活动宣传，进而吸引了大量粉丝前来参与。

LOVO家纺的手机淘宝订阅"盖楼"活动从2019年3月14日开始，截至3月21日23∶59结束，LOVO官方旗舰店在手机淘宝订阅"盖楼"活动中的盖楼评论楼层数为1 688 689层，创造了手机淘宝订阅"盖楼"活动的新纪录，如图16-38所示。

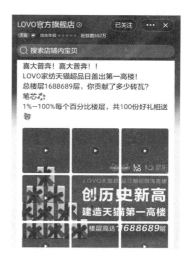

图16-38 LOVO家纺在手机淘宝订阅"盖楼"活动中的纪录

"阿里·聚石塔"的数据显示，LOVO家纺在手机淘宝订阅"盖楼"活动期间的累计访问次数为1399万次，如图16-39所示。

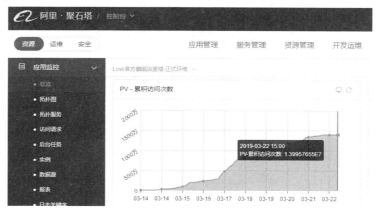

图16-39 LOVO家纺在手机淘宝订阅"盖楼"活动中的累计访问次数

从店铺的角度来看，商家希望借助天猫超级品牌日和"盖楼"这种大型的官方活动，来为店铺的粉丝池"蓄水"，吸引大量的粉丝进入店铺，并向他们"种草"商品，从而实现销售转化。在活动期间，LOVO家纺采用两者相结合的方式为店铺新增粉丝8.6万人。店铺中的某一爆款商品，单日销量更是达到了8103件，下单转化率为11.94%，支付金额超过了67万元，如图16-40所示。

图16-40 店铺中某爆款商品的单日销售成绩

LOVO家纺在"盖楼"活动中之所以能取得这么惊人的成绩，还要归功于图文内容的宣传和活动页面的设计。据LOVO家纺此次天猫超级品牌日活动和"盖楼"活动的策划负责人介绍，本次LOVO家纺"盖楼"活动页面的设计采用的是淘宝商家小程序H5页面形式，粉丝只需要在活动宣传海报中点击相应的按钮，就可以跳转到详细的活动页面，如图16-41所示。

图16-41 LOVO家纺"盖楼"活动的宣传海报

详细的H5活动页面分为三个部分。第一部分的主题为"天猫超级品牌日LOVO家纺10年赋新"，粉丝只要点击页面中的"立即参与盖楼"按钮，即可进入"盖楼"；第二部分的主题为"十周年纪念款床品走心推荐"，是对店铺内几款热销商品的推荐；第三部分就是"盖楼"评论区域了，"盖楼"评论区域上方还有"连点100次盖楼以上能大大提高中奖几率"等暗示，如图16-42所示。

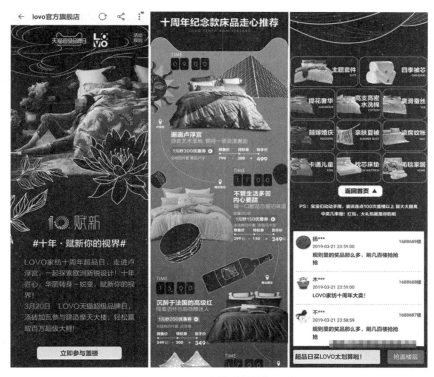

图16-42 LOVO家纺"盖楼"活动页面

16.4.2 利用店铺私域营销渠道，助力"盖楼"活动

LOVO家纺的"盖楼"活动能在短时间内吸引众多粉丝参与，除了因为精美的活动页面设计和具有强大吸引力的奖品以外，店铺私域营销渠道的推广也非常关键。店铺私域营销渠道包括店铺首页、商品详情页面、店铺会员页面、店铺淘宝群和店铺淘宝直播等。

1. 店铺首页

在活动期间，LOVO家纺的店铺首页中不仅展示了直播预告，还展示了带有"盖楼"活动入口链接的图文海报，如图16-43所示。

2. 商品详情页面

活动期间，LOVO家纺在商品详情页面还设置了"聚划算直播"链接和"盖楼"活动的图文海报，如图16-44所示。

图16-43 店铺首页的"盖楼"活动海报　　图16-44 商品详情页面的"盖楼"活动海报

3. 店铺会员页面

活动期间，LOVO家纺在店铺的会员粉丝互动页面中也放置了带有"盖楼"活动入口链接的图文海报，如图16-45所示。

4. 店铺淘宝群

活动期间，LOVO家纺还在会员福利群中发布了带有"盖楼"活动入口链接的图文海报，如图16-46所示。

图16-45 店铺会员页面的"盖楼"活动海报　　图16-46 店铺淘宝群中的"盖楼"活动海报

5. 店铺淘宝直播

活动期间，LOVO家纺在店铺直播的过程中，为粉丝讲述了"盖楼"活动的参与方式和中奖礼品，如图16-47所示。

图16-47 在店铺直播中讲述"盖楼"活动

16.4.3 品牌联合营销，助力"盖楼"活动

在流量红利减少的情况下，商家如果可以联合消费人群相似但类目不同的品牌开发营销活动，那么往往能为店铺获取到更多的流量。

例如，对于此次LOVO家纺的天猫超级品牌日活动和"盖楼"活动，商家就邀请了巴拉巴拉、九阳、伊芙丽、索菲亚、欧普、慕思、茵曼、佐卡伊和丸美9家品牌共同参与，并通过淘宝直播、微博和微信公众号等平台进行宣传。

在品牌联合直播的过程中，9家品牌同时开播，并在直播间互挂活动商品的链接和活动贴片广告，还设计了品牌联合赠品，使各品牌直播间的流量得到了极大的提升。其中，仅茵曼这一家品牌的直播间的观看人数就达到了18808人，如图16-48所示。

图16-48 LOVO家纺联合茵曼进行直播

参与联合营销活动的品牌，会在各自的店铺首页放置活动的宣传海报，使活动的日点击量从单店的1000次左右，叠加到了上万次。除此之外，在LOVO家纺的"盖楼"活动中，LOVO家纺和9家品牌还联合为粉丝准备了十分丰富的礼品，如大礼包、儿童积木、扫地机、跑步机和现金红包等，如图16-49所示。

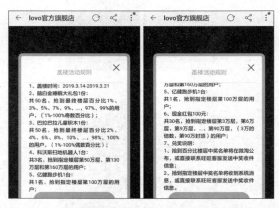

图16-49 LOVO家纺和9家联合品牌为粉丝准备丰富的活动礼品清单

16.4.4 利用图文微博，助力"盖楼"活动

新浪微博也是此次LOVO家纺天猫超级品牌日活动和"盖楼"活动的重要宣传阵地之一。在微博中，LOVO家纺认证的官方账号"LOVO睡务局"发布了关于LOVO家纺超品日"百万盖楼计划"的九宫格形式的图文内容，以此号召微博粉丝参与"盖楼"活动，领取红包等大礼，如图16-50所示。

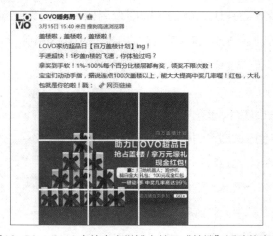

图16-50 LOVO家纺官方微博中关于"盖楼"活动的宣传

在微博中，LOVO家纺同样联合9家品牌同步进行营销推广，赋予品牌新态度，并设置了一份超级大礼，引发各品牌的粉丝纷纷转发微博，参与活动，如图16-51所示。

图16-51 LOVO家纺联合9家品牌同步进行微博营销

16.4.5 利用今日头条、微信公众号进行直播预热与总结

直播前，在今日头条和微信公众号等渠道中发布关于活动内容的长文章，可以有效为直播活动预热，将店铺的直播信息传播给更多的消费者。而直播后，在今日头条和微信公众号等渠道中发布关于活动内容的长文章，则有利于运营人员对整场直播活动进行总结和复盘。

LOVO家纺在直播和"盖楼"活动前后，均在今日头条和微信公众号等渠道中发布了相关的长文章，如图16-52所示和图16-53所示。这些与LOVO家纺超级品牌日活动相关的长文章，在今日头条、微信公众号以及其他一些门户网站形成了广泛传播，有效提高了LOVO家纺的品牌知名度。

图16-52 今日头条中关于LOVO家纺直播活动预热的长文章

图16-53 微信公众号中关于LOVO家纺超级品牌日活动的总结

综上所述，以图文配合直播活动进行营销推广时，商家可以借助微信、今日头条、微博、手机淘宝订阅和小红书等多个渠道，形成单次传播或者整体传播，助力商家提升店铺的流量、销售额和直播活动曝光率等数据。